21世纪经济与管理精编教材
金融学系列

中小企业投融资管理
（第二版）

Investment and Financing Management of Small and Medium-sized Enterprises

2rd edition

杨宜◎主　编
张峰◎副主编

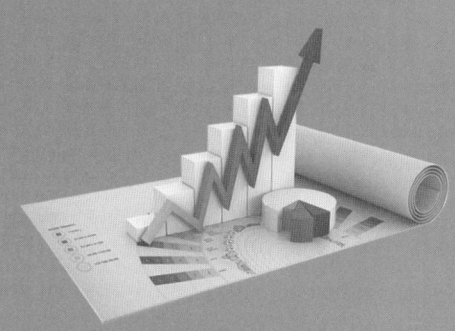

图书在版编目(CIP)数据

中小企业投融资管理/杨宜主编.—2版.—北京:北京大学出版社,2022.3
21世纪经济与管理精编教材.金融学系列
ISBN 978-7-301-32945-0

Ⅰ.①中… Ⅱ.①杨… Ⅲ.①中小企业—投资管理—高等学校—教材②中小企业—企业融资—管理—高等学校—教材 Ⅳ.①F276.3

中国版本图书馆CIP数据核字(2022)第047411号

书　　　名	中小企业投融资管理(第二版)
	ZHONGXIAOQIYE TOURONGZI GUANLI(DI-ER BAN)
著作责任者	杨　宜　主编
责任编辑	任京雪　李　娟
标准书号	ISBN 978-7-301-32945-0
出版发行	北京大学出版社
地　　　址	北京市海淀区成府路205号　100871
网　　　址	http://www.pup.cn
微信公众号	北京大学经管书苑(pupembook)
电子邮箱	编辑部 em@pup.cn　　总编室 zpup@pup.cn
电　　　话	邮购部 010-62752015　发行部 010-62750672　编辑部 010-62752926
印　刷　者	天津中印联印务有限公司
经　销　者	新华书店
	787毫米×1092毫米　16开本　14.5印张　315千字
	2016年1月第1版
	2022年3月第2版　2023年12月第3次印刷
定　　　价	39.00元

未经许可,不得以任何方式复制或抄袭本书之部分或全部内容。
版权所有,侵权必究
举报电话: 010-62752024　电子邮箱: fd@pup.cn
图书如有印装质量问题,请与出版部联系,电话: 010-62756370

第二版前言

本书第一版出版至今已有 6 年时间,中小企业投融资仍是理论与实务界关注的世界性难题,尤其是 2020 年年初开始在全球肆虐的新冠肺炎疫情,使得原本就经营不易的中小企业更是雪上加霜,甚至不少企业破产倒闭,中小企业投融资问题更加引发各界关注,各国政府纷纷出台一系列政策措施帮助中小企业渡过难关。党的二十大报告特别强调"加快发展数字经济""强化企业科技创新主体地位,发挥科技型骨干企业引领支撑作用,营造有利于科技型中小微企业成长的良好环境",对支持中小微企业发展、支持专精特新企业发展、促进数字经济和实体经济融合做出重大部署,为中小企业发展指明了方向,提供了根本遵循。在此背景下,本书编写团队积极响应北京大学出版社的要求,对第一版进行修订,充分体现中小企业投融资方面的最新发展变化,结合编写团队的最新相关研究成果,更新书中的案例和拓展阅读材料,希望对选用本书进行教学的高校师生以及选购本书自学的朋友有所帮助。

本书第一版是在北京联合大学金融学专业多位主讲教师授课讲义的基础上编写而成的。第二版则是在第一版的基础上,对章节内容进行了调整和更新,除了介绍中小企业的内部融资、债权融资、股权融资、项目融资、基金融资等典型的中小企业融资方式,在各部分增加了最新的金融科技手段带来的融资方式的创新。本书适用于金融学、工商管理、财务管理等经济管理类专业的本科学生,也可供高校师生、金融从业人员和中小企业经营者使用。

本书由北京财贸职业学院校长杨宜教授担任主编,北京联合大学应用科技学院院长张峰教授担任副主编,北京联合大学金融学专业部分老师和上海上股交金融服务有限公司总经理张银博士参加了编写工作。具体分工如下:第一章由杨宜教授撰写;第二、三章由张峰教授和张银博士撰写;第四章由赵睿教授撰写;第五章由陈春春博士撰写;第六、七章由邢秀芹老师撰写;第八、九章由李雅宁副教授撰写。最后,由杨宜、张峰负责全书的统稿工作。另外,为了满足任课教师对课程思政教学的需求,本书第二版在章首增加了"素养目标",以及在每章教辅资料中增加了课程思政的教学内容设计,可供任课教师参考使用。

在本书的编写出版过程中,编写团队参考了大量文献和不少学者的研究成果,在本书最后的参考文献一一列示;同时,编写工作始终得到北京大学出版社经济与管理图书事业部主任林君秀及责任编辑任京雪的关心和指导,在此一并向她们表示诚挚的感谢!由于作者经验及水平有限,恳请得到读者的批评、指正。

编　者

目录 Contents

◆ **第一章 中小企业投融资概述** / 1

    第一节 中小企业的概念和界定标准 / 2
    第二节 中小企业投资 / 7
    第三节 中小企业融资 / 11
    第四节 中小企业投融资与金融市场 / 19

◆ **第二章 企业内部融资** / 25

    第一节 留存盈余融资 / 26
    第二节 应收账款融资 / 30
    第三节 票据贴现融资 / 36
    第四节 资产典当融资 / 40

◆ **第三章 债权融资** / 46

    第一节 银行贷款 / 48
    第二节 债券融资 / 54
    第三节 信用担保融资 / 60
    第四节 融资租赁 / 69
    第五节 商业信用融资 / 78

◆ **第四章 私募权益融资** / 82

    第一节 权益融资概述 / 84
    第二节 天使投资 / 86
    第三节 风险投资 / 93
    第四节 私募股权融资 / 100

◆ 第五章　上市融资 / 107

第一节　上市融资概述 / 109
第二节　上市融资的方式 / 114
第三节　中小企业境内上市融资 / 126
第四节　中小企业境外上市融资 / 129

◆ 第六章　项目融资 / 138

第一节　项目融资概述 / 141
第二节　项目包装融资 / 147
第三节　项目融资的主要模式 / 152

◆ 第七章　中小企业扶持资金 / 166

第一节　政策性融资与中小企业扶持资金体系 / 168
第二节　中小企业发展专项资金 / 170
第三节　政府引导基金 / 180

◆ 第八章　中小企业融资风险管理 / 191

第一节　融资风险概述 / 193
第二节　中小企业融资风险的表现形式 / 196
第三节　中小企业融资风险的识别 / 197
第四节　中小企业融资风险的管理措施 / 198

◆ 第九章　中小企业投资管理 / 203

第一节　中小企业投资管理概述 / 205
第二节　中小企业投资项目管理 / 209
第三节　中小企业对外投资 / 213
第四节　中小企业投资风险管理 / 216

◆ 参考文献 / 223

第一章

中小企业投融资概述

学习目标

- 掌握中小企业投融资的相关概念
- 了解中小企业投融资的特点
- 了解中小企业投融资的风险及防范措施

素养目标

通过对拓展阅读和典型案例的分析,培养学生的人生观、价值观、消费理念、环保意识、制度自信、创业精神、风险意识,以及对惠民政策、国家发展、国家关怀的认识。

案例导读

2020年开年,新冠肺炎疫情突如其来,企业的经营节奏被打乱,大量中小企业陷入窘境,出现急切的融资需求。为了满足中小企业的融资需求,民生银行在疫情期间率先保障抗疫重点单位的信贷需求,支持疫情防控企业扩大产能,主动加强与医疗服务、卫生防疫、公共卫生基础设施建设等客户的服务对接,优先配套贷款资源。

民生银行某中小企业客户是国内领先的医疗设备及解决方案提供商之一,此次疫情中短期内收到大量医院订单。2019年年末,民生银行为该企业提供了1 000万元担保贷款,疫情暴发后又为该企业紧急追加审批通过1 000万元免担保授信额度,执行利率比照1年期LPR(贷款市场报价利率)下浮25个基点。在该笔贷款发放的同时,民生银行还主动为企业提供存量贷款低成本置换服务,执行优惠利率,进一步降低企业融资成本。

此外,民生银行积极与担保公司合作,合力破解中小企业融资担保难题,促进小微企业贷款提质增效。某公司是一家拥有多项专利的高新企业,独立开发用于环境抑尘的新技术。2017年民生银行北京分行通过引入北京首创融资担保有限公司(以下简称"首创担保"),向该企业授信1 000万元,完成首次授信合作,为企业解决了融资问题。随着业务规模的逐渐扩大,近年来,该企业对资金的需求也随之增加,通过与首创担保的深度合作,民生银行北京分行在将该企业的授信额度提升至5 000万元的同时,通过担保公司为客户申请贷款贴息,大大降低了企业的融资难度和融资成本。如今,该企业与民生银行北京分行已有多年的合作历史,成为民生银行北京分行的优质存量客户。

案例详情链接

打出金融服务组合拳 民生银行助力中小企业"乘风破浪"[N].北京商报,2020-08-07.

你是不是有下面的疑问?

1. 何为中小企业?中小企业有什么特点?
2. 在我国,中小企业融资困难的原因有哪些?
3. 上述企业是如何解决融资困难的?

进入内容学习

无论是国内还是国外,中小企业的数量都占绝大多数,而且在税收、国内生产总值(GDP)、技术创新以及就业等方面都发挥了重要作用,本章通过对中小企业的概念、界定标准及其投融资等问题进行概述,使我们对中小企业发展所面临的问题有更全面的认识。

第一节 中小企业的概念和界定标准

一、中小企业的概念

中小企业是指规模较小的或处于创业阶段和成长阶段的企业,包括规模在规定标准以下的法人企业和自然人企业。具体地说,一是指那些没有较大规模、企业人数不多的企业;二是指尚处于朝较大规模方向发展过程中的企业。中小企业有广义和狭义两种理解。广义的中小企业是指除国家确认为大型企业之外的所有企业,包括中型企业、小型企业和微型企业。狭义的中小企业则不包括微型企业。微型企业是指雇员人数在8人以下的具有法人资格的企业和个人独资企业、合伙企业以及工商登记注册的个体与家庭经济组织等。

二、中小企业的界定标准

中小企业是企业规模形态的概念，是相较于大企业而言的。对于中小企业的界定，国际上所设定的参照标准一般有三个：一是实收资本；二是企业职工人数；三是一定时期（通常为一年）的经营额。

知识链接

我国的中小企业划分标准曾做过六次更改：第一次是20世纪50年代，主要是按企业职工人数的多少作为企业规模的划分标准。第二次是1962年，改为按固定资产价值作为划分标准。第三次是1978年，国家计划委员会、国家建设委员会、财政部联合发布的《关于基本建设项目和大中型划分标准的规定》把划分企业规模的标准改为"年综合生产能力"。第四次是1984年，国务院颁布的《国营企业第二步利改税试行办法》（现已失效）对中国非工业企业的规模按照企业的固定资产原值和生产经营能力创立了划分标准，主要涉及公交、零售、物资回收等行业的国营小企业。第五次是2003年，财政部颁布的《中小企业标准暂行规定》（现已废止）根据企业的职工人数、销售额和资产总额，并结合行业特点，划分中小企业的规模。第六次是2011年，由工业和信息化部、国家统计局、国家发展改革委、财政部联合颁布并实施的《中小企业划型标准规定》，是在进一步落实贯彻《中华人民共和国中小企业促进法》的基础上，努力解决中小企业融资瓶颈而制定的。相较于之前的标准，此版标准主要有概念创新、体制创新、行业划分细致三大亮点。

2021年4月，由工业和信息化部牵头的《中小企业划型标准规定》修订工作已形成意见稿，正在征求意见，时隔十年工业和信息化部再次对中小企业划型标准进行大幅修订。本次修订的内容主要涉及以下几个方面：第一，关于行业分类。本次修订以门类为基础调整简并行业分类，如将住宿业、餐饮业合并，按"住宿和餐饮业"门类统一划型；增加划型标准尚未覆盖的行业，如"教育"门类和"卫生"大类；行业分类由原来的16类减少为9类，覆盖《国民经济行业分类》除金融业、公共管理和社会组织、国际组织三个门类之外的所有行业企业。第二，关于双指标并集转交集的调整。本次修订借鉴欧盟双指标交集模式，即双指标同时低于微型、小型、中型企业的阈值标准，才能划入相应规模类型，这样可有效地解决从业人员少但营业收入高或资产总额大的企业划入中小企业的问题，更为客观地反映中小企业的经营规模，并可降低从业人员统计口径对企业规模变化的影响。第三，增加定性标准。本次修订将大企业所属或直接控制企业排除在中小企业之外，由此可以解决实践中大企业所属子公司因符合中小企业划型定量标准，挤占中小企业有限的政策资源或悬空大型企业法律责任义务问题。

从按照现行中小企业划分标准进行统计的情况来看,我国中小企业的基本情况与世界一些国家相比,实际的人数规模相对偏高,但资产、资本和营业规模相对偏低,这反映了我国中小企业多为劳动密集型的基本国情。由于中小企业主要是以企业规模为标准划分的,而企业规模与企业制度类型是相关联的,因而个人业主制和合伙制相对应的是中小企业,股份制相对应的是规模较大的企业。从股份公司的类型来看,股份有限公司比有限责任公司的规模更大。通常,股份有限公司大都为大企业,而有限责任公司中的很大一部分可以划归到中小企业。

典型案例

专精特新:湖南中小企业高质量发展奏强音

湖南省中小企业贡献了全省61.9%以上的税收,61.4%以上的GDP,70%以上的技术创新,80%以上的城镇劳动就业,99%以上的企业数量。近年来,湖南省深入贯彻习近平总书记关于"培育一批'专精特新'中小企业"重要指示精神和党中央促进中小企业健康发展决策部署,紧扣一条主线,即培育专精特新"小巨人"企业,聚焦技术创新、数字化赋能、品牌能力提升、融资促进四个重点,夯实公共服务体系、发展环境两个基础,加快推动全省中小企业高质量发展。

支持创新型中小企业成长为创新重要发源地。加大对中小企业创新的支持力度,开展中小企业技术创新"破零倍增"行动,推进产学研合作,推动建立以企业为主体、市场为导向、产学研深度融合的技术创新体系。截至2020年年底,全省发明专利拥有量56 285件,增长20.43%,每万人发明专利拥有量达到8.14件,增长20.24%。

推动中小企业数字化转型。2018—2020年实施中小企业"上云上平台"行动,2021年升级实施中小企业"两上三化"三年行动计划,引导中小企业以"上云上平台"(简称"两上")为手段,以数字化改造、网络化协同、智能化升级(简称"三化")为路径,加快应用互联网、云计算、大数据、工业互联网、人工智能、5G等新一代信息技术,加快生产方式和企业形态根本性变革,实现安全提质降本增效,提升先进制造能力和经营管理水平。

提升中小企业品牌能力。2021年,启动实施"湖湘精品"中小企业品牌能力提升专项行动,引导中小企业追求卓越品质,提升品牌综合竞争力,着力打造一批"记得住、叫得响、走得出"的"湖湘精品"品牌,切实提升湖南省中小企业专业化水平和能力。每年组织100户左右"小巨人"企业实施"湖湘精品"中小企业品牌能力提升试点,带动1 000户以上中小企业参与品牌能力提升行动,培育30户左右"湖湘精品"中小企业品牌能力提升标杆企业。加强工业质量品牌建设,推动工业高质量发展。自2017年启动湖南省"小巨人"企业培育计划以来,已培育五批共1 301家专精特新"小巨人"企业。其中,8家"小巨人"企业成功登陆科创板;70家企业入选工信部专精特新"小巨人"企业,其中38家国家第一批重点"小巨人"企业获中央财政资金支持。

促进融资便利化。2018年,在全国率先建立产融合作制造企业"白名单"制度,整合税务、市场监督、海关等多方面信息,对中小企业"精准画像",已连续发布4批3 695家"白名单"企业,精准对接融资需求,引导金融机构实施差别化信贷政策,助力企业获得贷款1 000亿元以上。大力推进供应链金融,立足20条工业新兴优势产业链和先进制造业集群,确定了产业链"一链一行"第一批80家主办行和156家供应链金融核心企业名录。建立湖南省中小企业融资服务平台"湘企融",汇集16家单位核心数据、3.65亿条企业信息,注册企业5 360家,接入金融机构27家,上线金融产品133款。聚力推动股权融资,依托长沙岳麓山国家大学科技城建设"湖南省专精特新中小企业股权融资服务平台",定期开展以股权融资为核心的集中授课、项目推介、融资辅导与路演等常态化、专业化和规范化的系列融资服务。

资料来源:专精特新 湖南中小企业高质量发展奏强音[N].湖南日报,2021-07-27.

三、中小企业在国民经济中的地位

第一,中小企业对经济增长做出了重要贡献。中小企业是市场竞争机制的真正参与者和体现者,用其最擅长的特定产品的技术优势赢得客户的青睐,凭借其灵活和较为专业的经营机制在市场中站稳脚跟。不少中小企业已经从早期的加工、贸易等领域,向基础设施、高新技术等领域拓展,中小企业在不少地方已形成产业群,是产业链中的重要组成部分。

第二,中小企业是提供就业岗位的重要渠道。就业问题不仅制约着经济发展,同时还会对社会的和谐稳定产生影响。中小企业具有数量多、涉及领域广、经营方式灵活等诸多优点,能够提供大量的就业岗位,特别是能够吸纳大量经过专业化技术培训的从业人员,帮助改善就业问题。

第三,中小企业是促进科技创新的重要源泉。由于中小企业的经营机制灵活和高适应性,能够给市场带来创新的动力,因此保持经济体内中小企业的创新网络十分重要。中小企业在技术密集型、高科技领域具有创新优势,正因如此近年来新兴技术型的企业在互联网、新材料、半导体部件等领域取得了巨大的成功。

第四,中小企业是激发市场活力的有力抓手。社会需求的多层次决定了商品市场的多层次,和大企业相比,中小企业具有贴近市场、经营机制灵活等优势。中小企业的存在和发展可以保证市场活力,例如为新兴市场提供改造的产品和服务,推出新的措施提高某环节的生产效率,或者开发出新技术以扩大销售等,从而使整个市场活跃起来。

知识链接

（一）我国中小企业的快速成长

我国的中小企业占企业总数 90% 以上，为我国国民经济贡献了 50% 以上的税收、60% 以上的 GDP、70% 以上的技术创新成果、80% 以上的城镇劳动就业，在改善民生、稳定增长、促进创新等方面发挥了重要作用。截至 2018 年年底，我国中小企业数量超过 3 000 万家，近年来随着我国"大众创业、万众创新"的推进，新成立的中小企业数量快速增长，日均新设企业由 2012 年的 5 000 多户增加到 2017 年的 1.66 万户。2019 年，中小企业实现营业收入 60.0 万亿元，占规模以上企业营业收入的比重为 56.7%，同比增长 4.1%，比同期大企业增速高 0.6%。

依托互联网技术的发展，越来越多的中国中小企业积极拥抱海外市场，通过跨境电商平台实现一站式交易结算，融入全球产业链、供应链。中小企业借力互联网加速"出海"，不仅有利于自身转型升级，也在给中国经济高质量发展增添动力。例如，深圳市硕腾科技有限公司通过主营 B2B（企业对企业）业务的阿里巴巴国际站，运用 3D 看厂、视频会议同传等数字化高科技产品，拿到了公司自成立以来的单笔最大海外订单。通过互联网平台的 B2B 模式，中小企业碎片化、零售式的交易成为可能，有效降低了交易和流通成本，缓解了企业经营压力。

除此之外，近年来我国科技型中小企业也进入了高速发展的阶段。科技型中小企业具有中小企业和创新型企业的双重特征，在推进科技创新、增加就业岗位、发展壮大新动能等方面作用明显。以字节跳动为例，成立 8 年便由一家民宅办公的小企业，成长为全球第一家将人工智能应用到主产品的科技公司。时至今日，其旗下短视频软件已经形成亿万用户和创作者、商家互利共生的就业生态，直接及间接带动就业机会达 3 617 万个，无论是返乡创业青年，还是应届毕业生、退伍军人、农民等各种群体都能实现灵活就业。

2020 年年初暴发的新冠肺炎疫情使得大量中小企业短期内面临生存危机，生产订单锐减、资金链断裂风险加剧、复工复产困难重重。党中央、国务院高度重视中小企业所面临的现时困境，紧急出台扶持政策超过 150 项，其中包括按企业实际贷款利率给予 50% 贴息、首月免房租次月租金减半、企业社保免征 3 个月，等等。细化的配套措施支持中小企业共渡难关，充分体现了社会主义制度的优越性。

（二）蓬勃发展的德国中小企业

在德国，中小企业的占比达到 99% 以上，这些雇佣人数不超过 500 人的企业，对德国经济的贡献率高达 56%，创造了约 60% 的就业。第二次世界大战以后，数以万计的德国家庭企业如雨后春笋般应运而生，正是这些规模不大的家庭企业，开创了德国制造的新时代。20 世纪 70 年代，在世界各国大企业的经营状况纷纷不景气的时候，德国政府出台的一系列扶持中小企业发展的政策让德国中小企业进入了又一个快速成长期。

为了支持中小企业健康快速发展，德国政府制定了包括从国家立法、战略规划、机构设置、财税政策、信贷融资到培训制度等在内的一系列政策法规，全方位地扶持了德国中小企业的成长。首先，通过制定政策法规打破垄断，引导形成有效的市场竞争结构。其次，成立了为中小企业提供各项服务的机构来对中小企业进行指导和管理，各类银行不仅能为中小企业提供低息贷款，还能为中小企业提供各类信息咨询服务。再次，德国中小企业能够保持稳定发展的态势，其资金链的稳定是重要原因，而这与德国政府的融资扶持密不可分。贷款部门、担保部门等各个相关部门的相互配合和协调，共同组成了德国中小企业的融资支持体系。最后，政府还会积极给予财政援助、税收优惠等财税政策的支持，极大地增加了企业资金的流动性，为德国中小企业的可持续发展提供了保障。

如今为了适应科技信息化经济浪潮的新形势，德国中小企业的发展趋势也呈现新的特征，以计算机信息化和网络技术为主导的电商服务公司比重逐年上升。依靠新媒体和网络技术，德国中小企业在国际市场营销方面表现尤为出色，再加上政府为鼓励中小企业加速推进国际化进程，出台了相应的优惠政策进行辅佐，德国中小企业在国际市场上有着相当强的竞争力。

资料来源：为经济高质量发展增添动力 中小企业借力网络加速"出海"[N].人民日报（海外版），2021-08-06.

第二节　中小企业投资

一、中小企业投资的概念及分类

中小企业投资是中小企业将自己拥有的货币资金转化为资本的行为过程，是当期投入一定数额的资金而期望在未来获得回报。

根据投资资产形态的不同，投资分为实物投资、资本投资和证券投资。实物投资是以货币投入企业，通过生产经营活动获得一定的利润。资本和证券投资是以货币购买企业发行的股票或公司债券，间接参与企业的利润分配。

根据投资方向和范围的不同，投资分为对内投资和对外投资。对内投资是指把资金投放在企业内部，为对内扩大再生产购置各种生产经营用资产，即购置固定资产、无形资产和其他长期资产。对外投资是指企业以现金、实物、无形资产等方式或者以购买股票、债券等有价证券方式向其他单位的投资，是对外扩张的行为。从理论上讲，对内投资的风险要低于对外投资，对外投资的收益要高于对内投资，随着市场经济的发展，企业对外投资机会越来越多。

根据生产经营关系的不同，投资分为直接投资和间接投资。直接投资是指把资金投放于生产经营环节中，以期获取利益的投资。在非金融企业中，直接投资所占比重较大。间接投资又称证券投资，是指把资金投放于证券等金融资产，以期获得股利或利息收入的投资。随着我国证券市场的完善和多渠道筹资的形成,间接投资将会越来越广泛。

二、中小企业投资的特点

第一,中小企业投资的产业结构较初级。中小企业投资的第二产业项目,生产效率低下、加工程度粗糙、产品附加值低;中小企业投资的第三产业项目,较多集中于传统的服务行业,如批发零售业、修理业等初级化的服务行业,而一些新兴服务行业如金融保险业、咨询业等,则发展非常缓慢。

第二,中小企业投资的区域分布较分散。中小企业进入的领域较广,只要是产业政策允许的行业和产业,中小企业都能迅速进入,但是地域分布比较分散,难以进入激烈竞争的大市场。

第三,中小企业投资的专业化分工水平较低。我国企业产业分工不明确,无论是大企业还是中小企业,都是"大而全""小而全",专业化分工水平较低。

三、中小企业投资的风险

1. 利率风险

利率风险是指由于利率变化而导致中小企业投资损失的可能性。随着国家金融政策、宏观政策和市场行情等因素的变化,利率会发生升降,从而导致中小企业投资收益不稳定。

2. 汇率风险

汇率风险是指由于币种之间的汇率变化而导致中小企业投资损失的可能性。中小企业在对一些跨币种结构性外汇理财产品进行投资时,应该时刻警惕汇率风险。

3. 购买力风险

购买力风险是指由于货币购买力下降而引起中小企业投资损失的可能性。通货膨胀是指因货币供给大于货币实际需求而导致货币贬值,引起物价持续上涨的现象。在高通货膨胀时期,货币贬值,同等价值货币的购买力会下降。通货膨胀一旦在中小企业投资到期之前发生,就会引起中小企业投资所获的现金购买力下降。

4. 政策风险

政策风险是指由于国家政策变化而导致中小企业投资损失的可能性。比如中小企业由于没有考虑到国家某些政策限制而盲目地进行一些违背国家政策的投资,最后企业可能在还没有实现投资回收时就被国家要求停产。所以,中小企业在打算对特定项目进行投资时,应该对国家相关政策进行认真的研究。

5. 市场风险

市场风险是指由于市场供求变化而导致中小企业投资损失的可能性。一些中小企业看见市场某种产品获利很好,于是跟风对这种产品的生产进行投资,最后导致该产品供过于求,价格下降。同时,生产该产品的原材料也由于产品的大量生产而供不应求,价格上升。这样,一方面产品价格下降,另一方面原材料价格上升,导致投资这种产品的中小企业利润下降,一些企业甚至很难回收自己的投资。

6. 技术风险

技术风险是指由于某种生产技术变得落后而导致中小企业投资很难获得预期收益的可能性,具体有两方面的含义:一是技术的成熟度和可靠性经不起市场的检验,导致收益下降;二是围绕这一技术投资的收益预先难以确定。

7. 经营管理风险

经营管理风险是指由于中小企业的管理问题以及企业决策者的自身素质较低,导致中小企业在进行投资时因决策失误而引起企业投资损失的可能性。经营管理风险的其他表现形式在于中小企业不注重自身商标的保护,导致最后丧失自己的商标使用权;设备原材料供应出现问题、组织生产不合理、新技术试验失败、贷款回收不及时、产品推销不力等,都会导致中小企业的利润不确定。中小企业决策者管理水平低,缺乏财务、管理知识,会增加中小企业的投资风险。

8. 财务风险

财务风险是指由于中小企业举债经营而给企业财务成果带来的不确定性。举债经营简单地说就是指企业在一定量的自有资金基础上,为了扩大再生产,通过对外筹集资金(如发行长期债券、向银行长期借款等),保证企业正常生产经营活动对资金的需要。中小企业举债经营会对自有资金的盈利能力造成影响,还有可能导致中小企业自身陷入财务困境,面临破产的风险。

四、投资风险的防范措施

1. 注重投资组合

投资对象不同,投资的风险也不同。为了降低投资风险,企业应把资金分布在不同的投资项目上,进行不同的投资组合。因为每个投资项目的风险不同、收益不同,多个项目的组合就有可能在盈亏相抵后还有利润。

2. 改进投资决策方式

大多数中小企业的成长往往是创始人依靠自己的能力在市场上多年打拼而换来的。这些企业的"老板"往往认为自己有过人的判断能力、领导能力和决策能力。当中小企业还处于家庭作坊式生产时,这种"一言堂"的决策方式可能有效;但当企业逐渐成长壮大时,这种方式不仅不会产生效果,甚至会给企业招来较大的风险。为了控制投资风险,中小企业必须改变"一言堂"的做法,充分听取大家的意见和建议。

3. 建立和不断完善财务管理系统

我国大多数中小企业的财务管理系统在机构设置、规章制度等方面存在各种各样的问题,由此产生了中小企业的投资风险。为了防范投资风险,企业应设置高效的财务管理机构,健全财务管理规章制度,配备高素质的财务管理人员,强化财务管理的各项基础工作,使财务管理系统有效运行。

4. 编制详细的投资预算

中小企业在做出投资决策之前,应该根据投资对象和投资方案编制详尽的预算,并做到方法科学、内容全面。投资施行过程中,也要严格控制预算。

5. 加强中小企业业主和员工素质的培训

中小企业业主和员工往往缺乏财务管理知识,政府和有关部门应该充分认识到这个问题,帮助中小企业业主和员工提高投资决策水平。同时,中小企业应有具备丰富管理知识和经验的专职经理人员;在生产管理上,应有专门的技术人员,制订生产计划,使生产有条不紊地进行。

6. 改善中小企业投资的外部环境

政府应采取直接资助、利息补贴、税收优惠等方式给予扶持,并注意拓宽中小企业融资渠道,解决中小企业投资的资金短缺问题。

典型案例

从火遍全国到排队退款——ofo 小黄车的兴衰史

随着私家车数量的急剧增加,城市交通的压力与日俱增。因此经济实惠、便捷环保的交通工具就成了很多上班族的刚需以及填充"最后一公里"的工具。共享单车的出现,改变了从前定点骑车、人工办卡的缺点;在手机系统和 App(手机软件)功能日臻完善的时代,找车、骑车、付款更是方便。因此,直击城市生活痛点的共享单车悄无声息地火了。这其中最具代表性的,便是国内首家互联网共享单车企业——ofo。

2014 年 ofo 成立,初期仅在北京大学校园内供学生使用,而后迅速蹿红、扫码、无桩、电子锁等设计引爆媒体社交平台,共享单车在街头巷尾被热议。第一个吃螃蟹的人也牢牢占据着日后的行业榜单:据统计,截至 2015 年 10 月底,ofo 单车投放数量仅 2 万辆,2017 年这一数字达到了 2 300 万。从 2016 年年底开始,投资者对共享单车模式不断看好,大量的资金涌入这个行业。作为行业先行者的 ofo 获得了大量融资,开始了疯狂的扩张过程。在强大资本的支撑下,ofo 开始走出校园,在城市各处提供服务。从 2016 年 11 月起,ofo 开始了城市扩张战略,不但在成都、厦门等城市布局运营,而且向海外扩张,先后在新加坡等城市布局。在此前后,ofo 的融资也非常顺利,先在 2017 年 3 月获得了 D

轮 4.5 亿美元的融资,紧接着在 4 月获得了蚂蚁金服的战略投资,而后在 7 月又获得了超过 7 亿美元的投资。滴滴出行和阿里巴巴都成为其战略投资者。

但盛世之下却有危局,表面的疯狂扩张难以掩盖投资模式的缺陷。不考虑获客成本,共享单车公司的商业模型主要包括初始单车投入成本、单车生命周期、骑行收入以及运营成本。ofo 小黄车初始投入成本较低但单车寿命太短,车型并未针对公共骑行单独设计,损坏率非常高,2017 年年初投放的单车月损坏率达到 10%,其投放出去的单车平均使用寿命仅有 5 个月。此外,运营成本高企但骑行收入较低,小黄车损坏率太高导致后期维修费用也很高,同时各地政府纷纷出台政策规范单车停放,迫使 ofo 不得不增加调度人员,相关运营费用增加很多,再加上与竞品的价格补贴战,后续充值优惠活动力度很大并且不断有免费骑行月卡推出,因此其实际收入非常少。如此无休止的扩张和恶性竞争,是导致日后 ofo 资不抵债的重要因素。

除此之外,ofo 也存在严重的内部管理漏洞。2017 年 12 月财新报道称,ofo 挪用押金超 30 亿元用于供应链欠款,账面仅剩下 3.5 亿元,供应链回扣率达 2%～5%,仅供应链这块内部损失就达到了 1 亿～2 亿元,间接供应链损失至少在 2 亿～4 亿元以上。在 2017 年年中时,已有 ofo 前员工反映 ofo 内部管理糟糕、制度混乱,从高层到基层贪腐现象严重,彼时 ofo 每月仅运维(包括维修、调度)成本就约需 3 亿～4 亿元,其中既包括因硬件问题而带来的维修和调度成本,又包括因内部腐败、内外勾结而带来的外部成本。

2018 年,ofo 被爆出资金链紧张、大规模裁员、高管层变动等消息,各种压力之下,下半年押金问题集中爆发,排队退款用户数高达 1 600 万。从一夜爆红到人去楼空,ofo 的失败值得深刻反思。

资料来源:复盘商业史系列报告之一:从共享单车历史来看亏损公司的边界[EB/OL].(2020-04-20)[2021-12-12]. http://stock.finance.sina.com.cn/stock/go.php/vReport_Show/kind/search/rptid/640709204705/index.phtml.

第三节　中小企业融资

一、中小企业融资的概念及分类

企业融资方式从融资主体角度可以划分为三个层次:第一层次为外源融资和内源融资两部分,第二层次是将外源融资划分为直接融资与间接融资,第三层次则是对直接融资与间接融资做进一步的细分。

1. 内源融资

所谓内源融资,是指企业依靠其内部积累进行融资并将其用于投资。内源融资包括三种具体形式:资本金(除股本),折旧基金转化为重置投资,以及留存收益转化为新增投资。所谓外源融资,则是指企业通过一定方式从该企业外部融入资金用于投资。一般来说,相较于外源融资,内源融资可以减少信息不对称问题以及与此有关的激励问题,节约企业的交易费用,降低融资成本,也可以增强企业的剩余控制权。因此,内源融资在企业的生产经营和发展壮大中的作用是相当重要的。但是,内源融资能力及其增长要受到企业的盈利能力、净资产规模和未来收益预期等方面的制约。

自筹资金是一种重要的内源融资方式。它包括的范围非常广泛,主要有业主(或合伙人、股东)自有资金;向亲戚朋友借用的资金;个人投资资金,即天使投资;风险投资资金;企业经营性融资资金(包括客户预付款和向供应商的分期付款等);企业间的信用贷款(有些国家对此是禁止的);中小企业间的互助机构的贷款;以及一些社会性基金(如保险基金、养老基金等)的贷款;等等。

2. 外源融资

在企业融资理论中,外源融资一般分为直接融资和间接融资,这也是企业融资工作中最常用的两个概念。在实际工作中,人们经常对这两个概念产生误解和发生混淆。

直接融资是指以债券和股票的形式公开向社会筹集资金的渠道。显然,这种融资方式只有公司制中小企业才有权使用,而且一般公司制中小企业的债券和股票只能以柜台交易方式发行,只有极少数符合严格条件的公司制中小企业才能获得公开上市的机会,或进入"第二板块市场"进行融资活动。

间接融资是指企业通过银行等中介机构筹集资金的方式,主要包括各种短期和中长期贷款。贷款方式(金融产品)主要有抵押贷款、担保贷款和信用贷款等。

直接融资与间接融资的区别不仅仅在于有无中介机构,关键是要看中介机构在其中所扮演的角色。在直接融资中,通常也有中介机构的介入,但中介机构的作用仅仅是沟通,从而收取佣金,它本身不是一个资金供给或需求主体,不发行金融凭证。而在间接融资中,中介机构本身就是一个资金供给或需求主体,需要发行金融凭证,并将资金从最终供给者手中引到最终需求者手中。直接融资与间接融资的这种划分只是一种理论上的抽象,在现实中要复杂得多,并且随着全球金融创新的发展,二者的区别越来越模糊。

内源融资与外源融资方式的关系如表1-1所示。从总体上看,中小企业的资本构成主要以自筹资金为主(自筹资金的比重相对大企业要高得多)。其中,美国中小企业自筹资金的比重最高,一般要超过60%;欧洲国家,如法国、意大利等自筹资金的比重在50%左右。在自筹资金中,又以业主(或合伙人、股东)自有资金的比重最高;向亲戚朋友借用的资金次之。其次是直接融资或间接融资。美国、英国和德国等国家一般是直接融资的比重高于间接融资的比重;而法国、意大利、日本和韩国等国家则呈现间接融资比重高于直接融资比重的现象。

表 1-1　内源融资与外源融资方式的关系

资金性质	融资渠道或融资方式		来源
自筹资金	资本金		内源融资
	折旧基金		
	留存收益		
借入资金	发行股票	直接融资	外源融资
	发行债券		
	其他企业资金		
	民间资金		
	外商资金		
	银行信贷资金	间接融资	
	非银行金融机构(融资租赁)资金		
	商业信用		

根据各国中小企业资金来源的结构情况,可以将它们分为三种类型:一是以业主(或合伙人、股东)自有资金为主,注重直接融资的作用,强调企业的自主意识的自由主义类型,以美国和英国为典型代表;二是以家族融资为重要渠道,注重间接融资的作用,强调社会和政府作用的集体主义类型,以意大利和法国为典型代表;三是介于以上二者之间的类型,如德国、日本和韩国等。

现实中的资金供求矛盾总是存在的,并推动着外源融资的发展。外源融资的发展可以提高全社会对储蓄资源的动员和利用能力,优化社会资源的配置效率,有利于分散投资风险。内源融资与外源融资既存在竞争关系,又有互补关系。内源融资是外源融资的保证,由内源融资的发展所导致的企业净资产的增加有利于克服外源融资中债务融资的逆向选择和道德风险问题,进而有利于债务融资的发展。此外,外源融资的规模和风险要以内源融资的能力来衡量,其积极作用的发挥也必须建立在一定的内源融资基础之上。因此,任何企业都有一个内源融资与外源融资的合理比例问题。

3. 政府资金扶持

政府的资金扶持也是中小企业资金来源的一个重要组成部分。综合各国的情况来看,政府的资金扶持一般能占到中小企业外来资金的10%左右,具体是多少则取决于各国对中小企业的相对重视程度以及各国企业文化的传统。各国政府对中小企业资金援助的方式主要包括税收优惠、财政补贴、贷款援助、风险投资和开辟直接融资渠道等。

> **典型案例**

湖北省崇阳县税务局针对中小企业的"银税互动"

崇阳县华逸酒店管理有限公司(以下简称"华逸酒店")于 2017 年 6 月投资建成,主要经营酒店住宿。2020 年受新冠肺炎疫情影响,住宿业十分不景气,该企业曾一度出现资金周转难题。了解到该企业的情况后,崇阳县税务局第一时间与企业取得联系,向企业详细介绍了"银税互动"有关政策,及时与中国建设银行崇阳县支行进行对接,帮助企业获得了 59.2 万元的信用贷款。"2020 年,我们公司的发展遇到了不小的挑战,税务局不仅为我们提供了税费优惠政策,更是帮助我们解决了资金难题,天灾无情人有情,我们以后一定要积极诚信纳税,努力回馈社会。"华逸酒店法人尧细祥动情地说道。

银税互动是缓解小微企业资金压力、增加企业发展动能的一项重要举措。一直以来,崇阳县税务局坚持把银税互动作为扶持企业发展的重要抓手,同中国农业银行、中国建设银行、中国银行等多家商业银行续签了银税互动合作协议,努力将申请银税互动贷款的受惠企业范围由纳税信用 A、B 级扩大至 M 级,破解小微企业融资难题。

与华逸酒店一样,位于崇阳县经济开发区的湖北响叮当塑料股份有限公司也遇到了资金难题,不同的是,早在 2019 年湖北响叮当塑料股份有限公司就享受到了银税互动的"福利"。因此,2020 年当企业发展需要资金支持时,湖北响叮当塑料股份有限公司第一时间就向银行申请并获得了 30 万元的纳税信用贷款。获得贷款后,该企业财务负责人汪树文十分高兴地致电税管员:"银税互动真是好政策,在最需要资金的时候,解了我们企业的燃眉之急,不需要资产抵押,只凭借良好的纳税信用,就能申请到贷款,这样我们又能扩大生产规模了。"汪树文对企业未来的发展充满了信心。

2020 年以来,崇阳县税务局主动作为,深化银税互动,充分发挥纳税信用在普惠金融体系建设中的重要作用,聚焦小微企业发展过程中的难处,帮助全县 35 户企业解决资金难题,共计发放贷款 2 228.03 万元,以信用贷款为企业不断注入发展新动力。

资料来源:银税互动为小微企业"贷"来发展新活力[EB/OL].(2021-01-26)[2021-12-12].http://hubei.chinatax.gov.cn/hbsw/xianning/gzdt/ztzl/yhss/gzdt/583645.htm.

二、中小企业融资的特点

从中小企业的自身因素和外部环境对其影响来看,中小企业大多都是由低门槛进入市场,经营规模一般不大,面向市场经营的灵活性很高。但其自有资金较少,负债率较高,技术水平较落后,管理粗放,抵御风险能力较弱,资信水平不高,缺乏抵押担保。中小企业的这些特点,使得其在融资方面形成了融资难度大、融资成本高、融资风险大等明显的特征。

1. 融资难度大

(1) 直接融资渠道相对有限。对于大企业而言,通过资本市场直接融资往往是筹集企业生产经营所需资金的重要方式。但是,中小企业依靠传统的资本市场直接融资具有很大的障碍:现行的上市政策决定了中小企业很难争取到发行股票上市的机会,在发行企业债券方面,因发行额度小也难以获得批准。

(2) 银行信贷融资难。企业信用状况直接影响银行信贷资金的安全。一般来说,中小企业由于其资产数量少,生产经营规模小,产品市场变化快,人员流动性大,技术水平落后,经营业绩不稳定,抵御风险能力差,亏损企业偏多,加上部分中小企业财务管理水平低下,信息缺乏客观性和透明度,信用等级较低,资信相对较差,银行从信贷安全角度考虑不愿意对中小企业发放贷款。另外,对于从事高新技术等风险较高行业的中小企业,银行更不愿意向其放贷。特别是随着数字经济时代的快速发展,"互联网+"模式下的轻资产企业成为重要的企业类型,这一类企业具有固定资产占比低、无形资产占比高的特点,但由于价值较高的无形资产难以准确预估和计量,可以用来抵押的固定资产又较少,形成了轻资产企业获得融资难的现状。

2. 融资成本高

(1) 中小企业贷款成本较高。中小企业的贷款额往往较小、周期较短,但是手续繁杂,增加了贷款成本。另外,由于银行向中小企业提供贷款时会承受较高的风险,为此理所当然地要求从中小企业那里获得补偿。

(2) 通过信用担保增加了融资成本。中小企业获得银行信用贷款的难度较大。为了获得贷款,中小企业往往通过信用担保机构提供信用担保后获得银行的信贷支持。在办理信用担保手续的过程中,企业需要支付有关的手续费和担保费,从而增加了中小企业的融资成本。

(3) 非银行金融渠道融资成本较高。由于资金严重短缺,中小企业很多时候依靠典当业、民间亲朋好友借贷,甚至有时不得不转向成本高昂的高利贷为企业筹集资金,付出较高的资金成本,侵蚀企业利润。

3. 融资风险大

融资风险主要是指中小企业不能按期偿付债务本息的风险。与大企业相比,中小企业具有较高的融资风险,其风险高的原因主要在于:

(1) 由于中小企业难以筹集到足够多的长期资金,而更多地用短期资金来满足企业的资金需求,甚至包括部分长期资金需求,因此需要频繁偿债和举借新债,从而显著地增加了企业到期不能偿债的机会,使企业面临较高的融资风险。

(2) 一旦发生资金周转失灵,中小企业就缺乏应急能力。对于一个大企业而言,当遇到现金周转不畅、资金短缺时,比较容易采取应对措施。例如,从有关金融机构获得短期贷款,或者让供应商给予更为宽限的付款期等。但是对于中小企业而言,越是资金周转不畅,短期融资的难度就越大。

（3）由于融资成本较高,从而使企业背上了沉重的包袱,同样使企业承受到期不能偿付债务本息的风险。

三、中小企业融资的风险

市场经济总是机遇与挑战、利益与风险结伴而行的。融资对企业发展来说,无疑是一把双刃剑,正确的融资对企业来讲是护身的武器,错误的融资对企业来讲则是一把自杀的利器。因此,中小企业就要尽量规避融资的负面效应,在融资之前理性地掌握和识别融资的种种风险,以趋利避害。

中小企业融资的风险主要是指由于多重不确定性因素的影响,使其在融资过程中出于各种原因,出现债务负担增加、融资成本增加、经营效率低下而导致融资成本高于投资利润率,无力偿还贷款本息等现象。一般来说,中小企业融资的风险主要体现在以下五个方面：

1. 政府经济政策变化导致的融资风险

大多数中小企业生产经营的稳定性较差,政府经济政策的任何变化都有可能对其生产经营、市场环境和融资形势产生一定的影响。例如,投资于产业政策限制的行业,其直接融资和间接融资的风险都较大,如果企业经营得不到正常的资金供给,企业就难以为继。又如,在货币信贷紧缩时期,市场上资金的供给减少,中小企业通过市场融资的风险增大：一是筹集不到资金；二是融资成本提高、融资数量减少。这直接影响了企业资金链的连续性,并增大了中小企业的经营风险。因此,中小企业需要根据政府经济政策的变化做出敏锐的反应和及时的调整。

2. 经营亏损导致的融资风险

企业融资的目的就是提高企业自身的素质,提高盈利能力。但融资风险的不确定性决定了融资行为可能致使企业经营亏损,并由此产生融资风险。这种融资风险包含两种形式：一是企业的资金全部是自有资金,经营亏损就会造成自有资金的垫支,增加了企业的财务风险,造成企业资金周转失灵；二是企业的资金有一部分是外部融资得来,如果企业经营管理不善产生了亏损,那么企业只好用自有资金垫支融资的本金和利息,难免就要赔本经营,形成财务风险,陷入资金难以为继的泥潭。

中小企业对经济环境的依存度较大,除了对国家产业政策和金融政策有着较强的敏感性,还受到市场的冲击。经营风险的增大又使中小企业的经营稳定性遭到破坏,进而更难满足市场融资的条件,融资更加困难。

3. 资金运用不当导致的融资风险

企业生产经营的过程其实就是一个永不停息的资金流转的过程,企业融资就是为了使资产在"资金—原材料—产品—销售收入(现金)"这一过程中得到增值,在这一过程中企业的财务收支每时每刻都会发生,企业的债务也会发生在生产经营的各个不同的阶段。当企业集中付款和偿债同时进行时,企业的经营收益小于负债利息,就有可能产生融资风险;或者企业融资得来的资金用错了方向,将短期融资作为长期资金营运,财务管理跟不上,现金流量减少,使企业经营发展面临危机;或者企业将四处借来的资金分别投放到太多的项目上去,一些漂亮的厂房拔地而起,但机器设备以及后续投入所需的资金还不知道在什么地方,最终当无力支付巨额的融资利息时,企业的信用也会因此而全面崩溃。如果这种风险不能被很快地控制住,那么便会使企业失去信誉,影响企业形象,使企业从此一蹶不振。

4. 管理效率低下导致的融资风险

因管理理念落后,内部管理基础工作缺乏和管理环节薄弱,人员素质普遍不高,对市场的潜在需求研究不够,产品研制的技术力量有限,对市场的变化趋势预见性不足,开业率和废业率双高等,使中小企业的直接融资和间接融资都面临诸多障碍。

5. 信用危机导致的融资风险

有的中小企业会计信息不真实、财务做假账、资本空壳、核算混乱,有的中小企业抽逃资金、拖欠账款、恶意偷税,信息内部化、不透明,不但增大了金融机构与其他投资者向中小企业贷款和投资的成本,而且给中小企业的融资带来了困难,使中小企业的融资存在很大的不确定性。

四、融资风险的防范措施

(1) 提高企业财务工作人员、资金运作人员的业务素质,强化日常财务管理,防范融资风险。

(2) 加强企业投融资项目的审核与管理。第一,完善组织结构,建立经济业务处理的分工和审核制度,特别是建立严格、规范的财务工作体系,规范企业管理。第二,加强资金运作项目的可行性评价,避免盲目投资和盲目融资,关注融资成本、融资顺序与融资方式。第三,加强企业信用管理,完善财务工作中对偿债工作的监督与控制,健全各类融资活动的后续跟踪管理。第四,建立并实施融资风险预警管理机制,将企业融资风险预警过程中所涉及的信息的采集与管理、分析与加工等程序常规化,明确员工在信息采集、信息传递过程中的责任和义务。

(3) 建立与企业发展阶段相适应的融资方式。企业在发展的不同阶段应利用不同的渠道融资。由于企业的财务状况、生产能力、信用水平、社会认可的程度等不同,需要从不同的金融市场来筹集资金。

> **拓展阅读**

互联网+供应链金融：中小企业融资新思路

"融资难"和"融资贵"像一对"魔咒"一直困扰着我国实体经济的发展，尤其是在中小企业、"三农"等领域，问题更是突出。中小企业由于财务信息不透明、缺乏完善的治理结构以及轻资产运营等，在实现企业创新发展的过程中受到融资难等问题的制约。

近年来，依托核心企业的供应链融资模式的兴起与发展，实现了资金供给方与需求方的匹配。特别是"互联网+"背景下的供应链金融，依托互联网技术，将供应链上的物流、资金流、商流、信息流等信息实现数据化，从而具备管理精细化、信贷精准化、网络化、大数据化等优势。

探寻融资难的成因，中小企业有自身的原因：经营风险大、缺乏抵押物，尤其在经济下行阶段，确实让不少银行"市场化"地选择了退避三舍。但真正追究起来，融资不畅是造成中小企业融资难的根本原因。而互联网金融是在互联网技术发展与中小企业融资难双重挤压下催生的互联网技术和传统金融的创新，天生具有"破冰"中小企业融资难的基因。

互联网金融模式的出现，打破了传统的以资本市场直接融资与商业银行间接融资为主的融资方式，为中小企业的融资拓展了新的路径。

(1) 电商平台的发展模式提供便捷：电商平台利用自身的平台优势，能够便捷地归集整理整个供应链上的物流、资金流、商流和信息流等交易行为信息，从而扮演信用担保角色或者运用自有资金来为中小企业提供资金融通服务。此外，用户可以运用云计算、大数据等技术深入地挖掘平台积累的各种交易数据信息，对申请信用贷款的中小企业的信用状况等进行评估，从而对风险进行合理的定价，有效地控制风险，降低运营成本。

(2) 区块链技术助力构建信用体系：区块链技术可以从根本上解决交易背景真实性的问题，供应链上的企业与商业银行等金融机构可以运用区块链技术形成并共享各自在该供应链各环节中的交易，各方从源头上获取第一手真实有效的数据，重新构建全新可靠的供应链信用体系，降低了供应链金融服务中的信用风险，使中小企业能够更便捷、高效地获得信用贷款，提高中小企业的融资效率。

(3) 平台融资降低中小企业融资门槛：在互联网金融模式下，资金供给方可以通过资金需求方的消费、收入等历史信息或者通过第三方获取资金需求方的信用信息，这大大降低了资金需求方和资金供给方之间的信息不对称，进而降低了中小企业的融资门槛。

资料来源：根据和讯网资料整理。

第四节　中小企业投融资与金融市场

一、金融市场的概念

金融市场是资金融通市场。所谓资金融通,是指在经济运行过程中,资金供求双方运用各种金融工具调节资金盈余的活动,是所有金融交易活动的总称。资金融通一般分为直接融资和间接融资,前者是指资金需求者直接通过金融市场向社会上有资金盈余的机构和个人筹资;后者则是指通过银行等中介机构所进行的资金融通活动,即资金需求者采取向银行等中介机构申请贷款的方式筹资。二者之间的主要区别不在于是否有银行等中介机构参与进来,而是看中介机构在其中所扮演的角色。

金融市场是交易金融资产并确定金融资产价格的一种机制。具体地,金融市场是指资金供给者和资金需求者通过信用工具进行交易而融通资金的市场,是实现货币借贷和资金融通、进行各种票据和有价证券交易活动的市场。

金融市场有广义和狭义之分。广义的金融市场泛指一切金融交易活动,包括金融机构与客户之间、金融机构与金融机构之间、客户与客户之间的金融交易活动,交易对象包括货币借贷、票据承兑和贴现、有价证券买卖、黄金和外汇买卖、国内外保险、生产资料等产权交换等;狭义的金融市场则限定在以票据和有价证券为交易对象的金融交易活动,即股票与债券的发行和买卖市场。一般意义上的金融市场是指狭义的金融市场。

二、金融市场的分类

金融市场是由许多功能不同的具体市场构成的。对金融市场可以按不同的标准进行分类。

1. 有形市场与无形市场

以市场活动的特点为标准,可以把金融市场分为有形市场与无形市场。有形市场是指有固定交易场所和固定组织结构的市场;无形市场是指没有固定交易场所和固定组织结构的市场。

2. 短期资本市场与长期资本市场

以期限为标准,可以把金融市场分为短期资本市场与长期资本市场。短期资本市场又称货币市场,是指融资期限在一年以内的金融市场,包括同业拆借市场、票据市场、大额定期存单市场和短期债券市场;长期资本市场又称资本市场,是指融资期限在一年以上的资本市场,包括股票市场和债券市场。

3. 发行市场与流通市场

以功能为标准,可以把金融市场分为发行市场与流通市场。发行市场又称一级市场,主要处理信用工具的发行与最初购买者之间的交易;流通市场又称二级市场,主要处理现有信用工具所有权转移和变现的交易。

4. 资本市场、外汇市场和黄金市场

以融资对象为标准,可以把金融市场分为资本市场、外汇市场和黄金市场。资本市场以货币和资本为交易对象;外汇市场以各种外汇信用工具为交易对象;黄金市场则是集中进行黄金买卖和金币兑换的交易市场。

5. 现货市场和期货市场

以交割时间为标准,可以把金融市场分为现货市场和期货市场。现货市场是指买卖双方成交后,当场或几天之内买方付款、卖方交出交易标的的交易市场;期货市场是指买卖双方成交后,在双方约定的未来某一特定的时日才交割的交易市场。

6. 地方性金融市场、全国性金融市场和国际性金融市场

以地理范围为标准,可以把金融市场分为地方性金融市场、全国性金融市场和国际性金融市场。地方性金融市场只为某个区域内的企业提供资金融通服务,例如各省的地方股权交易市场只为本省的企业提供股权、债券的转让和融资服务;全国性金融市场为全国范围内的企业提供资金融通服务,例如上海证券交易所和深圳证券交易所都属于全国性证券交易场所,为全国范围内的企业提供直接融资服务;国际性金融市场则是国际资金融通与资金交易的市场,为全球的企业跨越国境开展投融资活动提供便利。

三、中小企业投融资与金融市场的关系

简要说来,金融市场具有这样的作用:第一,它为金融资产的持有者提供变现机会,变现能力的大小是金融资产最重要的特征之一;第二,它能减少金融资产的交易费用,还能减少收集各种金融资产未来所得情报以及投资者活动情报的费用。对于中小企业投融资而言,金融市场具有如下作用:

1. 金融市场是中小企业投融资的场所

金融市场上有很多种筹集资金的方式,并且比较灵活。当中小企业需要资金时,其可以到金融市场上选择适合自己需要的方式筹资;而当中小企业有剩余资金时,其也可以灵活地选择投资方式,为其资金寻找出路。

2. 中小企业通过金融市场使长短期资金互相转化

中小企业持有的股票和债券是长期资金,在金融市场上随时可以转手变现,成为短期资金;远期票据通过贴现可以变为现金;大额可转让定期存单可以在金融市场上卖出,成为短期资金。与此相反,短期资金也可以在金融市场上转变为股票、债券等长期资金。

3. 金融市场为中小企业投融资提供有意义的信息

金融市场的利率变动反映资金的供求状况,有价证券市场的行市反映投资者对企业经营状况和盈利水平的评价。这些都是中小企业投融资的重要依据。

> **知识链接**

多层次资本市场概述

（一）多层次资本市场的含义

对于多层次资本市场，不同学者有不同的看法。有学者认为，中国资本市场应当包括证券交易所市场、场外交易市场（OTC市场）、三板市场、产权交易市场和代办股份转让市场等几个层次。也有学者认为，多层次是指资本市场应由交易所市场、场外交易市场、区域性市场、无形市场等多个层次的市场构成。还有一种说法则认为，多层次资本市场是指为满足不同投融资主体的资本要求而建立起来的有层次的配置资本性资源的市场。

中国多层次资本市场体系主要包含场内市场和场外市场两大部分，前者包括国内主板市场、科创板市场、创业板市场，后者包括新三板市场和区域性股权交易市场；同时，借助境外及中国香港地区二板市场、境外交易市场所组成的满足多样化的市场主体，形成了适应不同规模、不同所有制结构以及不同行业特点的开放的、网络式的、分层次的资本市场组合。

为了适应全方位全球化和可持续发展的战略需要，随着市场化取向达到一定程度，中国中小企业将进入新的发展阶段，对资本市场的效率和功能提出了更高的要求。而中国资本市场的层次结构还不够完善，在一定程度上制约了资本市场的效率与功能发挥，造成了中小企业融资难的现象，完善多层次资本市场体系，服务中小企业的可持续发展日益迫切和重要。

（二）中国多层次资本市场框架结构

1. 继续发挥主板市场功能

上海证券交易所和深圳证券交易所依然是中国大中型企业上市融资的主要市场，从总量与规模上看，沪深市场依然是未来中国多层次资本市场体系的主要组成部分。

2. 进一步推进股票发行制度市场化改革

全面实施注册制不仅有利于促进企业通过资本市场进行融资，提升中国直接融资占比，同时还有利于提升资本市场中创新型企业的占比，从而促进整个资本市场的繁荣与发展。党的十八届三中全会明确指出，要加快制定从核准制向注册制转变的具体方案。秉持循序渐进的原则，科创板和创业板试点注册制以来，中国新股发行速度明显提升，同时资本市场也保持了稳定运行，证明中国全面实行注册制的条件已经愈加成熟。由于中国资本市场中存在大量的个人投资者，需要在全面推行注册制的同时做好个人投资者的教育工作，引导个人投资者树立正确的投资观念，从而促进资本市场的有序运行。

3. 建立多层次资本市场间的联通机制

中国已经建立起多层次资本市场体系。2021年9月3日，北京证券交易所注册成立；11月15日，北京证券交易所正式开市。北京证券交易所以新三板精选层为基础组建，牢牢坚持服务创新型中小企业的市场定位，与沪深交易所、区域性股权市场错位发展、互联互通，与新三板现有创新层、基础层坚持统筹协调、制度联动，发挥好转板上市功能的同时维护市场结构平衡，这标志着中国迈出了建立多层次资本市场间联通机制的重要一步。多层次资本市场之间的联通不仅有利于便捷企业在不同发展阶段的融资，同时还有利于给各级资本市场注入新的活力，增强整个资本市场的流动性，从而促进中国多层次资本市场实现更好的发展。

4. 进一步推进资本市场国际化进程

针对中国多层次资本市场国际化程度不足的问题，应当从两个方面同时推进：一方面，完善相关政策制度，满足国内创新型企业的上市融资需求，提升资本市场服务实体经济的能力；同时，吸引境外公司在国内完成上市，扩大中国资本市场的国际影响力。另一方面，进一步推进中国资本市场对外开放，提升中国资本市场开放水平，早日实现与国际重要资本市场之间的互联互通，便于境外投资者参与中国资本市场。

（三）多层次资本市场与中小企业融资

第一，多层次资本市场是中小企业获得外部融资的主要渠道，它将大幅改善中小企业的资本结构。第二，将中小企业和大量民营企业推向市场，有利于民营企业规范经营与发展，促进广大民营企业完善公司治理结构，建立现代化企业的运作模式。第三，多层次资本市场将促进资本与中小企业的融合，推动科技创新与高新技术成果产业化。从发达国家的经验来看，大多数中小企业尤其是成长中的科技企业的融资方式都是首先进入非证券资本市场，通过交易，增强了资本的流动性；反过来又吸引更多的投资者进入市场交易，形成良性循环。第四，多层次资本市场为资本提供了便捷的退出通道，从而促使资本与中小企业更大规模、更高效率的融合，进而促进中小企业迅速发展。

资料来源：根据相关资料整理。

典型案例

科技助力普惠——交通银行小微企业"线上抵押贷"

一直以来，国内小微企业都面临融资难的困境，近期经济周期调整与国际环境恶化使得资金供求关系矛盾更加突出。小微企业主常常遇到经营急需周转资金，虽有房子等固定资产可做抵押贷款，但申请手续繁杂、时间较长，常常导致贷款到账时已错过了扩大投资规模的机会。

供应链金融是解决中小企业融资需求的有效方式之一。对企业而言,供应链金融能够依托核心企业信用及交易数据,将金融服务批量延伸至上下游小微客户,由点及面,扩大金融服务广度和深度,使单个原本很难获得银行信贷支撑的小微企业获得经营资金;对银行而言,借助供应链金融能够通过全链的信息交互和经营行为闭环管理实施一体化风险防控,保障资产质量,确保健康可持续发展。

交通银行顺应"大数据+金融"新形势,以解决客户"手续繁、融资慢、成本高"为切入点,创新推出"线上抵押贷"产品。该产品面向符合交行准入标准的企业主,只要借款人能够提供交行认可的满足线上评估条件的抵押物,通过"线上评估授信审批+线下标准化核实调查"就可以轻松贷款,通俗地讲,它就是将抵押物评估、授信申请、额度审批环节通过微信扫描二维码在线上完成,而像抵押物核实、贷前调查、合同签订、抵押办理等环节则放在线下由交行工作人员协助办理。客户手机端填写抵押物信息,不用找资产评估公司,系统实时反馈评估价格和可贷金额,贷款最多3天即可到账,且免除担保费、抵押费等收费,将融资成本降至最低。"线上抵押贷"从客户角度出发,实现让数据多跑路,客户少跑腿,银行多费心,客户省成本。

"传统供应链金融模式应收账款和贸易背景真实性难以确认,线下办理流程烦琐,业务办理效率不高、客户体验欠佳等因素是制约供应链业务发展的痛点。"交行普惠部相关负责人表示。为了突破线下业务模式的局限性,交行不断加快创新步伐,推出多种线上业务模式,力求提高业务办理效率和客户体验,满足更多小微客户的融资需求,为小微企业生产经营及就业稳定提供保障。

作为首批与中国人民银行征信中心签署中征应收账款融资服务平台(以下简称"中征平台")战略合作协议的银行,交行充分利用平台优势,发挥核心企业和政府信用在融资中的增信作用,为供应链上的小微企业解决融资难题。近年来,交行更是积极发挥中征平台权威性和公信力优势,积极拓展医院和教育类客户上游小微企业服务空间。例如,交行青岛分行与青岛第五人民医院的合作,通过系统直联将企业、中国人民银行征信中心和银行连接成一个有机的整体,实现了应收账款信息的权威性确认和传输,为医院上游小微企业提供在线快捷保理融资服务。

特别是在2020年年初新冠肺炎疫情期间,为贯彻落实党中央、国务院要求的对中小微企业的优惠扶持,考虑到链属小微企业资金链紧张状况,交行紧急筛选重点企业清单,并制定精准支持、纾困策略;结合"稳企保就业"内容,重点就核心企业上下游小微企业资金需求,开展供应链全链融资推进服务;时至年末,针对企业结算融资需求旺盛特点,推进新一轮普惠供应链金融配套服务。截至2020年9月末,交行已促成普惠供应链项目超千个,服务链属小微客户过万户。

资料来源:根据交通银行网站资料整理。

关键术语

中小企业划型标准　投资风险　内源融资　外源融资　融资风险　金融市场

复习思考题

1. 中小企业的含义是什么？
2. 我国《中小企业划型标准规定》的修订有何含义？
3. 中小企业在国民经济发展中有哪些重要性？
4. 我国的中小企业为国民经济做出了哪些贡献？
5. 中小企业投融资具有哪些特点？
6. 中小企业投融资的风险有哪些？
7. 如何防范中小企业投融资的风险？
8. 金融市场的含义是什么？如何分类？对中小企业投融资有何作用？
9. 什么是注册制？创业板实施注册制试点对中小企业有何意义？

第二章

企业内部融资

> 学习目标

- 了解企业内部融资的各种渠道和方法
- 理解各种企业内部融资方式的优缺点
- 掌握各种企业内部融资方式的操作要点

> 素养目标

通过对拓展阅读和典型案例的分析,培养学生的创新意识、金融利义观、大局观,以及对金融的本质与初心、企业(金融)的生命线、供应链中核心企业的作用等问题的认识。

> 案例导读

我国中小企业融资状况

中小企业是我国国民经济和社会发展的生力军,8 000万户中小企业贡献了50%的税收、60%的GDP、70%的技术创新成果、80%的城镇劳动就业以及90%的企业数量。长期以来,在注重财务报表、抵押物和担保人的传统信贷模式下,中小企业由于规模小、资产轻、管理弱、风险高,一直面临融资难、融资贵、融资慢的发展难题。

改革开放以来,广东的民营经济发展迅速,一直在全国的经济发展中遥遥领先。从广东民营中小企业的发展情况来看,其融资具有三大特点:第一,以自我融资为主,即依靠内部积累,外部融资比重较小。第二,融资渠道狭窄,银行信贷是民营中小企业的主要融资渠道。第三,民间借贷发展迅速,成为民营中小企业资金来源的重要补充。

根据《2019年中国银行业社会责任报告》,2019年年末,我国小微企业融资贷款余额约36.9万亿元,仅占社会融资存量总规模的14.68%。另据世界银行联合国际金融公司等单位共同发布的《中小微企业融资缺口:对新兴市场微型、小型和中型企业融资不足与机遇的评估》,目前,我国有2 300万户的小微企业存在融资困难,我国小微企业潜在的融资需求高达4.4万亿美元,但是市场上的供给仅有2.5万亿美元,这一数据说明我国小微企业的融资缺口高达1.9万亿美元,融资缺口占比43.18%。从这些数据可以看出,融资的供给达不到市场融资的需求,融资缺口巨大,这些都不利于小微企业融资的发展。

案例详情链接

《2019年中国银行业社会责任报告》《中小微企业融资缺口:对新兴市场微型、小型和中型企业融资不足与机遇的评估》。

你是不是有下面的疑问?

1. 我国中小企业为什么内部融资比重大?
2. 我国中小企业为什么融资难、融资贵?
3. 企业内部融资的方式有哪些?
4. 企业内部融资有何优缺点?

进入内容学习

内部融资是指企业将其储蓄(折旧和留存盈余)转化为投资以及通过盘活企业自有资产获得资金的过程。企业内部融资具有原始性、自主性、低成本性和抗风险性等特点,是企业生存与发展不可或缺的重要组成部分。与外部融资相比,内部融资的优点主要表现为:不需要实际对外支付利息或股息,不会减少企业的现金流量;资金来自企业内部,不发生融资费用,成本远低于外部融资。企业内部融资的主要方式包括留存盈余融资、应收账款融资、票据贴现融资和资产典当融资等。

第一节 留存盈余融资

留存盈余融资的核心就是制定有效的股利政策。

一、制定股利政策需要考虑的因素

股利政策受公司内部和外部多种因素制约。合理确定股利政策,就是在诸多因素的约束下,使股利分配既有利于公司的发展,又使股东满意。影响股利政策的因素主要有以下几方面:

1. 法律因素

(1) 资本保全的规定。公司股利的发放必须维护法定资本的安全、完整,即公司股利只能从当期的利润和过去积累的留存盈余中支付。

(2) 资本积累的规定,即要求公司在分配收益时,必须按一定比例和基数提取各种公积金。另外,在具体分配时要贯彻"无利不分"的原则。

(3) 无力偿付债务的规定。如果公司已经无力偿付到期债务或者支付股利将使其失去偿还能力,则公司不能支付现金股利,否则就是违法行为。

(4) 超额积累限制。如果投资者因接受股利而缴纳的所得税要高于进行股票交易获得的资本利得所应缴纳的税金,则公司就可以通过保留盈余使股价上涨的方式来帮助股东避税。

2. 股东因素

(1) 保证控股权。股利支付率提高,必然导致留存盈余减少,这意味着公司将来发行新股的可能性加大,现有股东的控制权可能被稀释。另外,流通在外的普通股增加,最终会导致普通股的每股收益和每股市价下降,从而对现有股东产生不利影响。

(2) 取得固定收入。许多股东往往靠定期的股利维持生活,要求公司在一定时期内维持固定的股利,不希望把盈余全部留存。

(3) 逃避风险。有些股东认为,通过留存盈余引起股价上涨从而获得资本利得存在风险,因此比较喜欢现在获得较少的股利而不喜欢未来获得较多的资本利得,要求支付较多的股利。

3. 公司内部因素

(1) 资产的变现能力。公司现金越多,资产的变现能力越强,流动性越强,则公司支付现金股利的能力就越强。

(2) 投资机会。当公司预期未来有较好的投资机会,且投资收益率大于投资者预期收益率时,公司往往采用低股利、高留存盈余的政策。一般的,成长中的公司所需资金超过其盈余,可能采用低股利或不支付股利的政策;而处于缩减期的公司往往采用高股利或全股利政策。

(3) 融资能力。公司如果拥有较强的融资能力,随时能够筹集到所需资金,就具有较强的股利支付能力。这种融资能力可以用银行存款、发行债券等能力来表示。

(4) 盈余稳定状况。盈余相对稳定的公司能够比盈余不稳定的公司支付更高的股利。

（5）融资成本。一般来说，将税后盈余用于再投资，有利于降低投资项目融资的外部成本。

（6）公司现有经营状况。处于扩张期的公司一般采用低股利政策；盈利能力较强的公司可以采用高股利政策；经营上有周期性变动的公司一般采用固定股利加额外股利的政策，在经营周期的萧条阶段采用较低的固定股利，而在经营周期的高峰阶段采用固定股利加额外股利。

4. 合同限制因素

在公司债券与贷款合同上，通常有限制公司支付股利的条款。例如，除非公司的盈利达到某一水平，否则公司不得发放现金股利；或者将股利发放额限制在某一盈利额或盈利百分比下。

二、企业常用的股利政策

（一）股利政策分类

股利政策有多种分类方式，具体包括以下三种：

（1）按股利支付率高低可分为不支付股利、低股利、高股利和全部发放股利的政策四类。

（2）按股利发放是否稳定可分为稳定股利、变动股利、阶梯式股利，以及正常股利加额外股利的政策四类。

（3）按股利支付方式可分为现金股利、股票股利（送股）、财产股利（用现金以外的资产支付股利，如公司所拥有的其他企业的债券、股票等）和负债股利（用应付票据或发行的公司债券支付股利，该票据或债券一般带息，并有一定的期限）。

（二）股利政策实务

实务中，各公司经常采用的股利政策有以下五种：

1. 剩余股利政策

剩余股利政策是指公司较多地将盈余用于增加股东权益（即增加资本或公积金），只有当增加的股东权益达到预定的目标资本结构（最佳资本结构）时，才将剩余的盈余用于向投资者分配。实行这种政策主要是考虑到未来投资机会的影响，即当公司面临良好的投资机会时，在目标资本结构的约束下，公司最大限度地使用留存收益来满足投资方案所需增加的股东权益数额。

公司采用剩余股利政策时，应遵循以下基本步骤：

（1）确定公司的目标资本结构，即权益资本与债务资本的比率，在此资本结构下，加权平均资本成本将达到最低水平；

（2）进一步确定为达到目标资本结构所需增加的股东权益数额；

（3）最大限度地使用留存盈余来满足投资方案所需增加的股东权益数额；

(4) 投资方案所需股东权益已经满足后若有剩余盈余,则再将其剩余部分作为股利发放给股东。

> **案例链接**
>
> 某公司2020年提取了公积金、公益金后的税后净利润为800万元,2021年投资计划所需资金为1 200万元,该公司的目标资本结构为权益资本占60%,债务资本占40%。则按照目标资本结构的要求,该公司投资方案所需的权益资本数额为1 200×60% = 720(万元)。
>
> 该公司2020年全部可用于分配的盈余为800万元,可以满足上述投资方案所需的权益资本数额并有剩余,剩余部分再作为股利发放。该公司2020年发放的股利额为800-720=80(万元)。

公司实行剩余股利政策的根本目的在于保持理想的资本结构,使加权平均资本成本最低。案例中,该公司如不按剩余股利政策发放股利,将可分配的800万元全部留存用于投资(这样当年将不发放股利),或者全部作为股利发放给股东,然后再去筹措资金,则都会破坏目标资本结构,导致加权平均资本成本提高,不利于提高公司的价值(表现为股票价格)。

2. 固定股利政策

固定股利政策是指公司在较长的时期内都将按期支付固定的股利,股利不随经营状况的变化而变动。固定股利政策有利于公司树立良好的形象,并保持公司股票价格的稳定,从而增强投资者对公司的信心。但是,这种股利政策会导致股利支付与公司盈余脱节。当盈余较低时仍要支付较高的股利,容易引起公司资金短缺,财务状况恶化。因而,该政策一般适用于正处在成长期的、信誉一般的公司。

3. 固定股利支付率政策

固定股利支付率政策是指公司确定一个股利占盈余的百分比,长期按此百分比支付股利。持该主张者认为,只有维持固定的股利支付率,才能使股利与公司盈利紧密地配合,体现多盈多分、少盈少分、无盈不分的原则,才算真正公平地对待每一位股东。但是,由于公司的盈利在年度间经常变动,因此每年的股利也随之相应变动,而股利通常被认为是公司未来前景的信息来源,如此极易给人留下一种公司盈利不稳定的印象,不利于稳定股票价格。

4. 稳定增长股利政策

稳定增长股利政策是指公司保持股利逐渐低速上升,即使利润减少,股利也照样上升而并不减少。在此政策下,每股股利呈梯形上升趋势,因此这种股利政策又被称为梯形上升股利政策。实行稳定增长股利政策的主要理由有:

（1）有利于向市场传递公司正常发展的信息，有利于树立公司良好的形象，增强投资者对公司的信心，稳定公司股票的价格。

（2）有利于投资者安排盈利收入和支出，特别是对那些对股利有着很高依赖性的股东更是如此；而股利忽高忽低的股票则不会受这些投资者欢迎，股票价格会因此而下降。

（3）可以消除投资者对未来股利的不安全感。公司管理者相信投资者将对股利稳定公司的股票支付更高的价格，可以降低公司权益资本的成本。

稳定增长股利政策的缺点在于股利支付与公司盈余脱节。当盈余较低时仍要支付固定的股利，就可能导致公司资金短缺甚至财务状况恶化。

5. 正常股利加额外股利政策

正常股利加额外股利政策是指公司在一般情况下每年只支付固定的、数额较低的正常股利，在盈余多的年份，再根据实际情况向股东发放额外股利（又称"红利"）。但额外股利并不固定，支付额外股利并不意味着公司永久地提高了规定的股利支付率。采用这种股利政策，公司在支付股利方面有较大的灵活性。这种以审慎原则为基础的股利政策受到不少公司的欢迎，特别是那些各年盈余变化较大且现金流量较难把握的公司。

但必须注意的是，一个连年采用正常股利加额外股利政策的公司，将冒着使股东们认为额外部分成为每年正常股利的组成部分的风险。这样，如果公司在某年忽然取消这种额外股利，就很可能造成公司信誉的恶化和公司股票价格的下跌，潜在的投资者或债权人都有可能因此而错误地判断公司的真实财务状况，这将影响公司的融资能力。

上面介绍的是在实际经济生活中常用的几种股利政策。其中，固定股利政策、正常股利加额外股利政策是普遍采用的为广大投资者所认可的两种基本政策。公司在制定股利政策时，可以比照上述政策的思想，充分考虑实际情况，选择适当的股利政策。

第二节　应收账款融资

应收账款融资是指中小企业利用应收账款质押取得贷款，或将其出售以取得所需资金的融资方式，属于保理业务的一种。这种融资方式在商业信用盛行的发达国家是很常见的。

一、基本概念和适用对象

1. 应收账款融资的概念

广义的保理业务是指一项集贸易融资、商业资信调查、应收账款管理及信用风险担保于一体的综合性金融服务。由于目前国内商业银行对保理业务融资的探索尚处于起步阶段，因此通常狭义的保理业务就是应收账款的转让与出售。应收账款的转让是指企业将其正常的应收账款转让给银行，由银行向企业支付贴现后的对价资金，企业承担回购责任的融资方式。应收账款的出售即通常所说的买断型应收账款保理，指企业将应收账款销售给银行,银行收取费用后支付对价给企业,并由银行独自承担应收账款的后续收款责任。

2. 应收账款融资的适用范围

在中小企业融资业务中,应收账款融资并非适合所有的企业,其主要适用于以下三类企业:

一是销售采用赊销方式,长期有真实、合法的一定金额应收账款余额的制造企业和贸易企业。由于合乎融资条件的应收账款的存在,因此企业可以此为担保品,向银行提出融资申请。

二是需要优化财务报表结构的上市公司和非上市企业。尽管世界各国资本市场各具特点,但较低的资产负债率要求却是共同的。当企业为上市公司时,为了募集新股或者改善年度财务报表结构,通常都有出售应收账款的融资需求,这意味着银行要买断企业的应收账款。同样,由于各国资本市场监管部门通常要求拟上市企业必须达到一定的、较低的资产负债率,因此拟上市企业也相应产生了出售应收账款的融资需求。

三是与大企业配套的中小企业,如果企业流动资产项目中应收账款所占比重较大,同时需要资金扩大再生产或扩张市场规模,则通常可用对大企业的应收账款进行融资。显然,大企业具有良好的信誉,中小企业以对其债权为融资担保品,足以使银行放心。因为对于应收账款融资,银行在很大程度上要考察应收账款债务人的信誉,否则即使没有任何瑕疵的应收账款,也可能由于拖欠、拒付而导致债务纠纷。所以,与大企业配套的中小企业,由于在与大企业的谈判中处于劣势地位,通常会有较大余额的应收账款,成为银行动产融资的潜在优质客户。

二、应收账款融资的特点

应收账款融资通常具有以下五个特点:

(1) 对应收账款本身具有严格的要求,如要满足以下条件:赊销贸易背景真实;卖方已经履行对应销售合同确定的义务,并能够提供有关证明;债权凭证完整、有效及单笔金额在规定金额以上,如 50 万元;产品赊销不涉及各种纠纷;如为买断型保理,则应收账款债务人具有良好的还款意愿;等等。

(2) 买卖双方原则上无产权关联关系,否则双方可能进行虚假交易,从而产生骗取银行信贷资金的行为。

(3) 应收账款债务人是银行重点调查的对象,一般要求其满足:为具备法人资格的企业组织,否则应取得上级单位的授权;无不良信用记录;财务现金流充足,具有到期支付应收账款的短期偿债能力;经营管理规范,财务管理体系健全;具有相当的资产规模且净资产比重较大;最终产品具有良好的销售前景。

(4) 商业银行通常明确规定,不接受以下几类应收账款:代销或其他约定销售不成可以退货形成的应收账款;试用期商品形成的应收账款;交易双方偶然发生的交易行为,属于一锤子买卖的;销售商向购买商供应其他货物,可能引发债务抵消的;购销双方正在发生贸易纷争的;由于关联交易形成的应收账款;销售合同规定不得转让应收账款的;应收账款被第三方主张代位权的;销售合同本身由于违反法律而无效的;债权存在其他权利瑕疵的;已经质押的应收账款。

(5) 应收账款融资的现实意义很强。如应收账款融资有利于企业将拖欠的债务通过贴现的方式迅速变成企业的现金,使企业资金周转速度加快;特别是在买断型保理情况下,可以从资产负债表上将应收账款抹掉,实实在在地降低企业的资产负债率;对于缺乏资金但有好项目、为大企业配套生产的中小企业而言,应收账款融资彻底解决了其融资难的问题,使这类中小企业能够扩张生产和销售规模,快速壮大起来。

三、应收账款融资的流程

在中小企业融资业务中,应收账款融资可分为回购型和买断型两种方式,下面分别对其加以说明。

1. 回购型应收账款融资流程

通常,企业申请回购型应收账款融资需经过以下五个步骤。

(1) 企业提出融资申请。具有应收账款债权的企业向银行提出融资授信要求,并提供以下文件:回购型应收账款融资业务申请书;经年审的营业执照;公司章程及董事会决议;法定代表人资格证明或授权委托书、身份证复印件;经会计师审计的近两年的财务报表及近期报表;应收账款明细账;等等。

(2) 银行贷前调查。调查主要分为两个方面:首先,银行要认真核实申请人提供的资料,重点审查会计师事务所的资信度,以使各种审计数据真实可信;以此为基础,银行要认真审查申请人的各种财务数据,如商务合同的真实性、银行对账单信息,以及应收账款明细账等有关情况。对于申请人应收账款周转次数、账龄、集中度、坏账率和坏账准备等问题,要结合申请人所处的行业特点进行具体分析。其次,银行要对债务人资信进行初步调查。由于转让应收账款的一方通常处于劣势谈判地位,因此债务人的资信调查、财务分析通常很难进行。但是,由于应收账款融资的特殊性,即债务人的支付能力将在根本上决定融资还款来源,因此银行通常会通过各种直接或间接的渠道对债务人进行尽可能深入、细致的调查。

(3) 银行核定授信额度。由于应收账款通常变动频繁,因此银行常常为申请人设定一个合理的融资授信额度,允许企业在额度内循环使用。所谓合理,是指一方面额度不能太小,从而难以满足企业流动资金需要;另一方面不能太大,从而助长企业从事高风险业务的道德风险趋向。额度的核定是一项具有很强技术性的工作,因为它涉及企业流动资金的合理流量、每个债务人所能承受的最大偿债额度、应收账款项下产品的市场前景等多种因素分析。其实,单就每个主要债务人的分析,就需要投入大量精力进行充分的调查论证。

（4）签订合同及协议。通常，获得上级行批准后，申请人要与银行签订保理合同及相关协议；同时，银行要进行贷时审查。银行在审查上级行批复的同时，应重点审查合同、发票、运输单据、申请书、贷前调查报告；合同约定的付款条件、方式、期限、权利、义务等可能影响款项回收的条款；买卖双方的合作是否稳定而长久；债务人的营业执照以及经审计的近两年财务报表所体现的债务人短期偿债能力等。

（5）转让通知和收款。银行与申请人签订保理合同及相关协议后，申请人或银行应向债务人发出一式三份的《债权转让通知书》，使债务人了解这一转让行为。转让通知书发出后，银行将购入事先约定的应收账款，并相应地将扣除贴现利息后的资金划转到申请人结算账户上。转让后的应收账款由申请人和银行共同催收。债务人偿付应收账款资金原则上应直接划转到银行名下。当然，申请人如果收到已经转让的应收账款，则要立即无条件地将收到的资金划转给银行偿付本息。如果应收账款到期仍未归还，则原则上要由申请人回购其转让的应收账款；否则，银行将启动法律程序进行催收，买卖双方都有偿付银行本息的义务。

2. 买断型应收账款融资流程

买断型应收账款融资不同于回购型应收账款融资。回购型应收账款融资通常可以在销售商具有一定实力的前提下进行，但买断型应收账款融资不同，它使银行直接面对债务人进行债务催收，银行的风险完全取决于债务人的实力和信用。通常，买断型应收账款融资需要经过以下六个步骤。

（1）企业提出融资申请。具有应收账款债权的企业向银行提出融资授信要求，并提供买卖双方的以下文件：买断型应收账款融资业务申请书；经年审的营业执照；公司章程及董事会决议；法定代表人资格证明或授权委托书、身份证复印件；经会计师审计的近两年的财务报表及近期报表；应收账款明细账；等等。可见，买断型应收账款融资不仅需要提供申请人的有关文件，而且需要提供债务人的有关文件。

（2）银行贷前调查。调查主要分为两个方面：首先，银行要认真核实申请人提供的资料，重点审查会计师事务所的资信度，以使各种审计数据真实可信；以此为基础，银行要认真审查申请人的各种财务数据，如商务合同的真实性、银行对账单信息，以及应收账款明细账有关情况。对于申请人应收账款周转次数、账龄、集中度、坏账率和坏账准备等问题，要结合申请人所处的行业特点进行具体分析。其次，银行要对债务人资信进行尽可能深入的调查。由于债务转移到银行后，银行信贷资金安全完全决定于债务人的实力和信誉，因此银行通常会通过各种直接或间接的渠道对债务人进行尽可能深入、细致的调查。其中应该重点分析的是，债务人的主营产品及其市场销售前景，债务人的资产负债水平和现金流量状况，债务人的短期偿债能力，债务人的应付款项构成，等等。

（3）银行内部单笔审批。尽管应收账款通常变动频繁，但银行通常不会为申请人设定一个合理的融资授信额度，以免难以控制买断债务的风险。一般而言，银行会对申请人主要的债务人逐个进行生产经营分析，筛选有实力、有信誉、经济发达地区的部分债务人入围,形成打包后的一批应收账款。买断型应收账款融资由于涉及高风险授信业务,一般需要报请银行总行批准。

(4) 签订合同及协议。通常,获得上级行批准后,申请人要与银行签订买断型应收账款保理合同及相关协议;同时,银行要进行贷时审查。银行在审查上级行批复的同时,应重点审查债务人的地区风险和偿债能力;合同、发票、运输单据、申请书、贷前调查报告;合同约定的付款条件、方式、期限、权利、义务等可能影响款项回收的条款;买卖双方的合作是否稳定而长久;债务人的营业执照以及经审计的近两年财务报表所体现的债务人短期偿债能力等。

(5) 转让通知和收款。银行与申请人签订保理合同及相关协议后,申请人或银行应向债务人发出一式三份的《债权转让通知书》,使债务人确认这一转让行为。转让通知书发出后,银行将购入事先约定的应收账款,并相应地将扣除贴现利息后的资金划转到申请人结算账户上。转让后的应收账款由银行独自催收,债务人偿付应收账款资金必须直接划转到银行名下。当然,申请人如果意外收到已经转让的应收账款,则要立即无条件地将收到的资金划转给银行偿付本息。

(6) 违约起诉。如果应收账款到期仍然没有归还,则债务人必须承担清偿应收账款以归还银行贷款本息的义务。否则,银行将启动法律程序进行催收。显然,申请人此时已经与该应收账款无关,应收账款是否清偿完全是银行与债务人之间的债权债务关系。

拓展阅读

ABCP 解决我国中小企业融资困境的机制分析

资产支持商业票据(Asset-backed Commercial Paper, ABCP)是一种以应收账款等为基础资产,具有资产证券化性质的短期直接融资工具。其最大的优势就是能够通过基础资产池的设置以及多样化的增信措施来降低发行风险,从而能够有效地缓解我国中小企业由于信用风险较高而面临的融资压力,同时循环融资的模式在一定程度上实现了短期融资的长期化。

1. 降低风险,节约成本

具体来看,首先,ABCP 利用多个中小企业多种资产构建的基础资产池,有效分散了我国单一中小企业的高违约风险。由于企业各自经营状况、财务特征不尽相同,企业资产种类繁多,因此由中小企业资产组成的 ABCP 基础资产池具有多样化、相关性低的特征。其次,增信手段的运用有效降低了 ABCP 的风险。ABCP 的增信措施可分为内部增信和外部增信两类。内部增信方面,优先级的设置通过对清偿顺序进行规定,使得不同等级 ABCP 能够满足不同投资者的需求。外部增信方面,银行、保险公司等金融机构的担保以及流动性支持,进一步降低了 ABCP 的风险。根据标准普尔 2004 年发布的一项研究报告,几乎所有的 ABCP 都能够满足投资者的高级别要求。

ABCP 的风险分散特征以及各项增信手段的运用，能有效化解中小企业融资风险，进而降低中小企业融资难度及成本。从融资难度来看，一方面，中小企业可以通过出售自身资产，在不恶化资本结构和扩大负债规模的情况下获得快速融资；另一方面，银行可以中小企业贷款为基础资产，发行 ABCP，进而增强银行向中小企业的放贷意愿。从融资成本来看，银行放贷风险的下降会降低其开展小微贷款业务所需的风险补偿，即降低贷款利率。同时，对于拥有应收账款的企业，通过发行 ABCP，能够以比银行贷款更低的成本为其营运资本融资。以 5 年期的 ABCP 为例，其票面利率在 3.9%～5.2%，加上各类费用综合成本也不高于 6%，比较同期的 5 年以上的贷款利率 7.2%，其成本优势明显。应收账款等资产的出售，使中小企业在以低成本获得资金的同时，还降低了资产管理费用，进一步提高了企业的盈利能力。

2. 降低参与门槛，扩大融资规模

ABCP 的多个出售方以及发起人数量灵活的特点为我国中小企业提供了一条相对低门槛的新融资渠道，同时扩大了融资规模。ABCP 根据发起人的角色以及融资目的，可以分为单一出售方项目和多个出售方项目，以及证券支持类项目。多个出售方项目中用于融资的基础资产来自多个资产出售方，发起人能够从不同的出售方手中购买大量不同的资产。由多家中小企业的资产汇集起的基础资产池，还能够扩大发行单次 ABCP 的融资规模，从而节约融资成本。

3. 可循环融资，实现短期融资长期化

以应收账款为基础资产的 ABCP 通常采用循环发放方式，因为应收账款通常是不断发生的。区别于一般的资产支持证券(Asset-backed Security, ABS)发行，循环发放可以通过滚动融资的方式偿还到期的 ABCP，实现短期融资长期化，起到管理成本与融资成本"双降"的效果。这样的循环发放机制使 ABCP 成为一种持续稳定的短期融资方式，能够进一步减缓中小企业的还款压力，为中小企业持续经营提供动力。

在我国资本市场还不发达、中小企业股票和债券融资普遍较难的情况下，ABCP 的上述优势使其能够成为中小企业有效的融资手段。ABCP 可以通过两种方式服务于中小企业融资：一是直接对中小企业资产进行收购，为中小企业提供资金；二是以银行小微贷款为基础资产池，发行 ABCP，从而转移银行开展小微贷款业务的风险，提高银行开展小微贷款业务的积极性，降低中小企业融资难度。而且国际经验表明，ABCP 融资是有效的。ABCP 自 20 世纪 80 年代出现以来，其在金融发达国家已经被广泛运用于中小企业融资，并且建立了较为成熟的运行机制。美国债券市场协会的数据显示，2004 年至 2018 年 5 月，美国票据市场 ABCP 的发行量累计达到 649 万亿美元，占同期美国票据市场发行总量的 36.3%。

资料来源：吴彦琳，兰玉，段兰怡，等.解决我国中小企业短期融资困境的路径研究：基于 ABCP 模式的思考[J].新金融，2020(1)：49-53.

第三节 票据贴现融资

票据贴现融资是指票据持有人在资金不足时,将未到期的商业票据转让给银行,银行按票面金额扣除贴现利息后将余额支付给收款人的一项银行授信业务。票据贴现是企业为加快资金周转、促进商品交易而向银行提出的金融需求。贴现率在中国人民银行规定的范围内,由企业和银行协商确定。

票据一经贴现便归贴现银行所有。贴现银行到期可凭票直接向承兑银行(或企业)收取票款。所以,票据贴现可以看作银行以购买未到期商业票据的方式向企业发放贷款。同时,银行对申请贴现企业保留追索权。

一、票据贴现融资的特点

在我国,商业票据主要是指银行承兑汇票和商业承兑汇票。

1. 银行承兑汇票贴现

银行承兑汇票贴现是指企业持银行承兑汇票到贴现银行按一定贴现率申请贴现以获取资金。在银行承兑汇票到期时,银行即向承兑人提示付款,当承兑人未予偿付时,银行对贴现申请人保留追索权。

银行承兑汇票贴现具有以下特点:

(1)银行承兑汇票贴现是以承兑银行的信用为基础的融资,是企业较容易取得的融资方式,操作上也较一般融资方式灵活、简便。

(2)银行承兑汇票贴现中,贴现率市场化程度较高,资金成本较低,有助于企业降低财务费用。

> **案例链接**

某玩具经销商A从三家玩具生产厂家B、C、D处分别批量购进各类玩具,用开户行中国民生银行北京某支行开立的买方付息银行承兑汇票,分别向B、C、D支付100万元、200万元、300万元,期限均为6个月。厂家B、C、D可以采取以下两种方式向中国民生银行在当地的支行进行贴现:

(1)卖方分别商谈贴现率方式。由厂家B、C、D与贴现银行商谈贴现率,分别为3.5%、3.5%、3.6%,分别扣收贴现利息1.75万元、3.50万元、5.40万元,合计10.65万元。A随后将10.65万元划给B、C、D,属于被动划款。

(2)买方统一商谈贴现率方式。A和中国民生银行商谈统一的贴现率3.3%,共计支付贴现利息9.90万元。

采取买方统一商谈贴现率的方式,买方可以获得批发贴现价格优惠,同时买方在开立银行承兑汇票时就可以确定将来贴现的价格,便于从容安排财务费用,获得了较优化的集团理财的效果。

分析与讨论:票据贴现与其他银行贷款业务相比有何优点?

---

2. 商业承兑汇票贴现

商业承兑汇票贴现是指企业持商业承兑汇票到银行按一定贴现率申请贴现以获取资金。在商业承兑汇票到期时,银行即向承兑人提示付款,当承兑人未予偿付时,银行对贴现申请人保留追索权。

商业承兑汇票贴现具有以下特点:

(1) 商业承兑汇票贴现是以企业信用为基础的融资,如果承兑企业的资信非常好,则持票人相对较容易取得贴现融资。

(2) 对中小企业来说,以票据贴现方式融资,手续简单,融资成本较低。

3. 协议付息票据贴现

协议付息票据贴现是指卖方企业在销售商品后,持买方企业交付的商业汇票(银行承兑汇票或商业承兑汇票)到银行申请办理贴现,由买卖双方按照贴现付息协议约定的比例向银行支付贴现利息后,银行为卖方企业提供的票据融资业务。该类票据贴现方式,除贴现时利息按照买卖双方贴现付息协议约定的比例向银行支付外,与一般的票据贴现业务处理完全一样。

协议付息票据贴现具有以下特点:

一般票据贴现利息由贴现申请人(交易中的卖方)完全承担,而协议付息票据贴现在贴现利息的承担上有相当的灵活性,买卖双方可以根据谈判力量以及各自的财务情况决定贴现利息的承担主体以及分担比例,从而达成双方最为满意的销售条款。

二、中小企业票据贴现融资操作实务

1. 申请票据贴现的条件

(1) 贴现申请人为企业法人和其他经济组织,并依法从事经营活动。

(2) 票据为按照《中华人民共和国票据法》(简称《票据法》)规定签发的有效票据,基本要素齐全。

(3) 票据的签发和取得遵循诚信原则,并以真实合法的交易关系和债务关系为基础。

(4) 承兑人具有银行认可的承兑资格。

(5) 承兑人及贴现申请人资信良好,并有支付票据金额的可靠资金来源。

(6) 票据的基础是合法的商品交易,并附商品交易合同及有关凭证。

(7) 票据的收款人、付款人、期限、承兑、背书等符合法律法规的有关规定。

2. 贴现申请人应提供的资料

（1）企业（法人）营业执照。

（2）票据贴现业务申请书。

（3）申请贴现的未到期的银行承兑汇票或商业承兑汇票复印件。

（4）企业法定代表人证明书或授权委托书及董事会决议。

（5）相应的商品交易合同及增值税发票复印件。

（6）贴现申请人和承兑人最近一期的财务报表。

（7）拟采用第三方保证、抵押或质押方式担保的，比照保证、抵押或质押贷款提供相应资料。

3. 票据贴现业务的操作程序

（1）贴现申请人持未到期的银行承兑汇票或商业承兑汇票，向银行申请办理票据贴现，并提交《银行承兑汇票贴现申请书》或《商业承兑汇票贴现申请书》。

（2）银行按照规定的程序确认拟贴现票据和交易背景的真实性、合法性。

（3）银行对企业提供的有关材料进行审查。银行审批同意贴现后，与贴现申请人签订票据贴现合同等相关合同文件。

（4）银行计算票据贴现的利息和金额，按实付贴现金额发放贴现贷款。

4. 票据贴现业务的相关规定

（1）每张票据的贴现金额不得超过1 000万元人民币。

（2）票据贴现期限计算一律从贴现之日起至票据到期日止（如遇法定节假日顺延），贴现期限最长不得超过6个月。

（3）票据贴现利率按中国人民银行有关规定执行，由企业和银行协商确定。

（4）票据贴现利息和实付金额按下列公式计算：

$$贴现利息 = 票据面额 \times 贴现利率 \times 贴现期限$$

$$实付贴现金额 = 票据面额 - 贴现利息$$

典型案例

"双链通"模式下的小微企业

蚂蚁金服（2020年7月更名为蚂蚁集团）是第一批"吃螃蟹的人"。2019年8月，蚂蚁金服和成都银行合作，用区块链技术改造传统的供应链金融，开创了"双链通"模式。基于区块链技术的供应链协作网络——蚂蚁区块链"双链通"全面升级开放，这一模式已在成都率先跑通。

在"双链通"的创新模式下，核心企业"上链"后，买方的真实交易背景连同付款承诺生成一笔笔付款凭证，由卖方认领后成为可流转、可融资的资产。银行通览供应链上的信息,可以知道订单最终供应到哪家大型企业的产品线,借的钱是否流向主营业务的正常供给,以及客户是否有偿还能力。贷款风险变得更加可控,银行对中小企业的融资需求可以做到"该出手时就出手"。

截至2020年2月,已有超过3万家企业在这一平台上获得融资服务。蚂蚁金服的"双链通"模式业务流程为:链上核心企业产生的付款,由核心企业来签发付款凭证,如果小微企业手中有核心企业的付款凭证,就可以向链上的合作银行在线申请贷款;而且,小微企业不需要跑柜台去完成各种手续,而是全部线上化,最快可以达到秒级放款;这些小微企业只要根据"双链通"的产品要求注册上链后,拿着核心企业的付款凭证就可以在授信额度内找银行贴现,同时贴现也非常灵活。上链前后供应链上企业的资金借贷情况如图2-1所示。

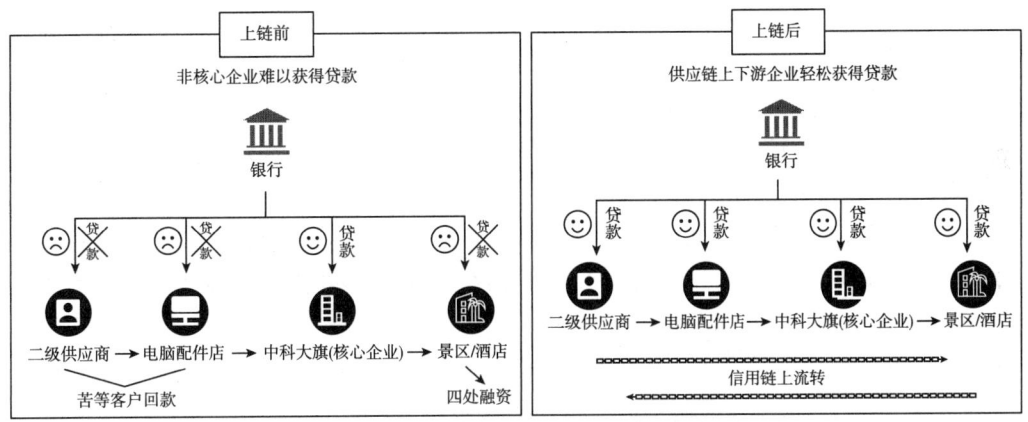

图2-1 上链前后供应链上企业的资金借贷情况

如图2-1所示,中科大旗是"双链通"上的一员。中科大旗是一家深耕于旅游业的科技企业,主要为全国景区/酒店开发智慧系统,年销售超亿元,是数字文旅供应链上的龙头企业。在它背后,有全国数百家小型厂商源源不断地提供硬件设备支持。在交易过程中,区块链不可篡改的特性使得银行和中科大旗都可以十分明确地掌握旅游景区线上交易的一些情况和流水。

中科大旗在上链的过程中也受益颇多,在新冠肺炎疫情下不仅帮助上下游的合作伙伴共抗危机,还变相做到了资产穿透,向上可以核查投资者,向下可以识别合作的配套企业,使得自身的数字化程度不断提升。

蚂蚁金服区块链专家郑浩表示,中科大旗这种供应链上的核心企业,不仅"欠条"能帮小企业拿到贷款,还能盘活整个链条上的融资需求和信用资产,"是区块链上的重要节点,供应链上的中流砥柱"。

资料来源:区块链+供应链金融,将成为中小企业的转折点![EB/OL].(2020-02-26)[2021-11-25]. https://baijiahao.baidu.com/s? id=1659604833299049960&wfr=spider&for=pc.

第四节　资产典当融资

典当融资是指企业将动产、财产权利作为当物质押或者将其房地产作为当物抵押给典当行,交付一定比例费用,取得当金并在约定期限内支付当金利息、偿还当金、赎回当物的融资行为。典当行是指专门从事典当活动的特殊金融企业。

一、典当融资的主要特点

1. 具有较高的灵活性

典当融资方式的灵活性主要表现在以下四个方面：

（1）当物的灵活性。典当行一般接受的抵押、质押范围包括金银首饰品、古玩珠宝、家用电器、机动车辆、生活资料、生产资料、商品房产、有价证券等,这就为中小企业的融资提供了广阔的当物范围。

（2）当期的灵活性。典当的期限最长为6个月,在典当期限内当户可以提前赎当,经双方同意可以续当。

（3）当费的灵活性。典当的利率和综合费率在法定最高范围内灵活制定,往往要根据淡旺季、期限长短、资金供求状况、通货膨胀率、当物风险及债权人与债务人的交流次数和关系来制定。

（4）手续的灵活性。对一些明确无误、货真价实的当物,典当的手续可以十分简便,当场即可付款;对一些需要鉴定、试验的当物,典当行会争取以最快的速度解决问题。

2. 融资手续简便、快捷

通过银行申请贷款手续繁杂、周期长,而且银行更注重大客户而不愿意办理小额贷款。作为非主流融资渠道的典当行,向中小企业提供的典当服务手续简便、快捷,除房地产典当需要办理产权登记以外,其他典当可及时办理。这种经营方式正是银行不愿做而且想做也做不到的。

3. 融资限制条件较少

典当融资方式对中小企业的限制较少,主要体现在以下两个方面：

（1）对客户所提供的当物限制条件较少。中小企业只要有值钱的东西,一般就能从典当行获得贷款。《典当管理办法》规定,典当行不得收当的财物包括：依法被查封、扣押或者已被采取其他保全措施的财产;赃物和来源不明的物品;易燃、易爆、剧毒、放射性物品及其容器;管制刀具、枪支、弹药,军、警用标志、制式服装和器械;国家机关公文、印章及其管理的财物;国家机关核发的除物权证书以外的证照及有效身份证件;当户没有所有权或者未能依法取得处分权的财产;法律、法规及国家有关规定禁止流通的自然资源或者其他财物。中小企业的财产,只要不在上述范围之内,经与典当行协商,后者同意,便可作为当物获得典当行提供的贷款。

（2）对企业的信用要求和贷款用途的限制较少。通常，典当行对客户的信用要求几乎为零，对贷款用途的要求很少过问。典当行向企业提供贷款的风险较小。如果企业不能按期赎当并交付利息及有关费用，则典当行可以通过拍卖当物来避免损失。这与银行贷款情况截然不同。银行对中小企业贷款的运作成本较高，对中小企业贷款的信用要求和贷款用途的限制较为严格。

但典当融资也有一定的缺点，即除贷款利息外，典当融资还需要交纳较高的综合费用，包括保管费、保险费、典当交易的成本支出等，因此其融资成本高于银行贷款。企业救急可以借助典当，但是不能依靠典当融资进行日常经营，典当融资只是解决临时性资金短缺的一种方式。

案例链接

典当融资解决燃眉之急

在南京经营了十多年电梯生意的陈先生，最近遇到了麻烦事。由于房地产行业不景气，上百万的电梯工程款一直未能到手。而刚刚谈好的一个项目，又急需现金采购一批电梯。小窟窿难倒英雄汉，陈先生急得像热锅上的蚂蚁。

陈先生想到了"打官司"，但上法庭走程序，没有一年半载，工程款是讨不回来的；到银行贷款，一大堆的烦琐手续让他犯晕，况且银行是否肯贷，还是个问题。

这时候，朋友建议他到典当行试一下，因此他揣着身份证和房产证走进了南京一家知名的典当行。

在向房产评估师介绍了自己的一套别墅所在地址、面积以及相关事宜后，典当行立即根据房子周围的具体环境和条件对房子进行了市场估算，出乎意料的快，陈先生的房子估价300万元左右，典当行最终确定为陈先生放款150万元。三天后，完成了房屋公证与抵押手续的陈先生拿到了资金。

陈先生算了一笔账：他提供了房产证、身份证等证明，从看房、评估、签约、登记到放款，一整套流程下来只用了短短三天的时间。虽说费用比银行贷款的利息高，但手续简便，抢出了宝贵的时间，而且自己能很快赎回别墅，特别适合"应急"需求。

陈先生计划当期为1个月，除本金外，融资成本是150万元乘以2.700%的月综合利率，即4.05万元，再加上利息0.70万元（月利率为0.467%），共计4.75万元。但这个项目让陈先生至少赚了15万元。这次典当，让陈先生不仅顺利解决了资金周转不灵的难题，还赚了一笔。

资料来源：赵国忻. 中小企业融资[M]. 2版. 北京：高等教育出版社，2014.

二、典当融资的一般流程

(一) 审当

审当的程序包括：

(1) 审查当户证照。出质人(抵押人，下同)属法人的应提交企业法人营业执照副本复印件、企业法人代码证、法定代表人身份证复印件。经办人非法定代表人的，应提交法定代表人委托书和经办人身份证复印件。出质人属个人的，应提交身份证复印件。所有复印件均需出示原件核对。

(2) 审查当物证照。核对发票、单证，确保当户、当物户名、证照一致。

(二) 验当

验当主要包括如下工作：

1. 价值评估

由专业评估师对当物按成新率及现行市价评估价值，价格较高的物品也可由权威部门评估核定。

2. 当金额度的确定和当期的确定

当金额度一般按评估价值的50%确定，变现率较高的当物，当金额度可至评估价值的90%。一般典当行的当期最长不超过6个月。

3. 典当当金利率和综合费率的确定

(1) 典当当金利率按中国人民银行公布的银行机构6个月期法定贷款利率及典当期限折算后执行。

(2) 典当的综合费用，由典当行遵照国家的政策和金融法规制定综合费率，在支付当金时一次性扣收。2005年4月1日起实施的《典当管理办法》将所有典当业务的综合费率上限进行了整体下调，该办法规定：动产质押典当的月综合费率不得超过当金的42‰；房地产抵押典当的月综合费率不得超过当金的27‰；财产权利质押典当的月综合费率不得超过当金的24‰；当期不足5日的，按5日收取有关费用。

(三) 收当

收当的程序包括：

(1) 签订典当协议书。

(2) 收当入库。当物凭通知单入库，入库时经办人及保管人在入库单上签字，并做好入库交接工作。

(3) 制票付款，收取费用。

(四) 保管

典当行对当物有妥善保管的责任。当物如有毁损(自然毁损除外)、遗失，则典当行应以评估价值为限酌情赔偿。

（五）赎当

赎当的程序包括：

（1）当户凭当票办理赎当手续。

（2）结清综合费用及典当本金。

（3）办理盘库手续。

（4）发票单证归还当户。

（六）转当

转当的程序包括：

（1）当户填写转当申请书。

（2）典当行核对发票，重新确定当期、当值、利率、综合费率，填写转当评审表。

（七）续当

续当的程序包括：

（1）审核原当票、居民身份证（或其他有效证明）。

（2）交纳前当期的利息和续当期的综合费用。

（3）查验当物，签订续当合同。

三、房地产、机动车及股票典当程序

1. 房地产抵押典当程序

验证——看房估价——签订抵押典当合同——办理公证——抵押登记——签订当票——发放当金——偿还本息——注销登记。

2. 机动车质押典当程序

验证——试车估价——质押登记——签订质押典当合同——办理公证——车辆入库——签订当票——发放当金——偿还本息——注销登记。

3. 股票质押典当程序

验证——查询——账户监管——签订协议及当票——发放当金——偿还本息——取消账户监管。

四、当票及赎当、续当、绝当的相关处理规定

1. 当票的印制与内容

典当过程中，当票是典当行收妥当物后开给当户的收据，也是典当的契约。当票应当按照规定印制，由双方签字盖章后生效，不能转让。当票应载明下列事项：

(1) 典当机构名称及住所；

(2) 当户姓名(名称)、住所(址)、有效证件(照)名称和号码；

(3) 当物名称、数量、质量、状况；

(4) 估价金额、当金数额；

(5) 利率、综合费率；

(6) 典当日期、典当期、续当期；

(7) 当户须知。

如果当票遗失，则当户应当及时向典当行办理挂失手续，交纳一定的手续费后可以补办当票。未办理挂失手续或挂失前被他人赎当的，典当行不负赔偿责任。典当行在当期内不得出租、质押、抵押和使用当物。

2. 赎当的含义与规定

在典当期内，当户可以提前赎当。当户提前清偿当金，可持原证件及当票提前办理回赎；当期届满，当户应及时如数清偿当金，持当票赎回当物。

3. 续当及相关规定

当物到期不能赎回的，当户应于典当期内或典当期限届满后5日内持当票来典当行申请续当，续当一次的期限最长为6个月。续当时，当户应当结清前期利息和当期费用，另换当票。

4. 绝当及其处理规定

绝当又称死当，指当户既不赎当也不续当的行为。死当同样标志着典当双方权利义务关系的解除。我国《典当管理办法》规定，典当期限或者续当期限届满后，当户应当在5日内赎当或者续当。逾期不赎当也不续当的，为绝当(又称死当)。典当行应按以下规定处理绝当物品：

(1) 当物估价金额在3万元以上的，可以按照《中华人民共和国担保法》的有关规定处理，也可以双方事先约定绝当后由典当行委托拍卖行公开拍卖。拍卖收入在扣除拍卖费用及当金本息后，剩余部分应当退还当户，不足部分向当户追索。

(2) 绝当物估价金额不足3万元的，典当行可以自行变卖或者折价处理，损益自负。

(3) 对国家限制流通的绝当物，应当根据有关法律、法规，报有关管理部门批准后处理或者交售指定单位。

(4) 典当行在营业场所以外设立绝当物品销售点应当报省级商务主管部门备查，并自觉接受当地商务主管部门监督检查。

(5) 典当行处分绝当物品中的上市公司股份应当取得当户的同意和配合，典当行不得自行变卖、折价处理或者委托拍卖行公开拍卖绝当物品中的上市公司股份。

关键术语

内部融资　留存盈余　股利政策　应收账款　票据贴现　商业汇票　典当融资

复习思考题

1. 企业内部融资的特点和主要融资方式有哪些?
2. 企业制定股利政策需要考虑哪些因素?
3. 企业经常采用的股利政策有哪些?
4. 简述应收账款融资的特点和业务流程。
5. 简述票据贴现的条件和业务流程。
6. 简述典当融资的特点和一般流程。

第三章

债权融资

> 学习目标

- 了解债权融资的方式
- 理解各种债权融资方式的优缺点
- 掌握各种债权融资方式的操作要点
- 关注中小企业贷款业务创新和信用担保模式创新,熟悉融资租赁与商业信用融资的现状和发展趋势

> 素养目标

通过对拓展阅读和典型案例的分析,培养学生的创新意识、和谐发展观,以及对企业(金融)的生命线、多方博弈主体间信任修复的关键问题的认识。

> 案例导读

"多方协同、风险共担"的债权融资新模式

提起极米,很多人都不陌生,但在创业之初,这家企业也曾面临融资难题:作为一家轻资产的科技企业,没有房产和固定设备,尽管前景不错,但要获得银行贷款却困难重重。

这样的问题并非个例。科技企业技术密集、高层次人才占比高,但这些最宝贵的"资产"却很难作为贷款抵押;对金融机构来说,很难准确定义企业的技术能力、产品收入等,

发放贷款又担心风险过大。

该如何破题？成都建起一座"资金池"，来增强银行对科技企业的信心。

为了解决轻资产科技企业的债权融资"首贷"问题，成都市科学技术局联合市财政局，协同推进财政科技资金使用方式创新：将原先无偿拨付给科技企业的资金，通过设立风险补偿资金池，建立"增信+补偿"机制，当企业发生贷款逾期时，对合作银行给予风险补偿。截至2019年年底，成都已联合15家银行、3家担保公司、1家保险公司、1家科技小贷和9个区县共同设立信贷资金规模达53.22亿元的科技企业债权融资风险补偿资金池，而其中的财政资金仅3.93亿元。

成都创新多元化风险缓释模式，健全科技金融风险分担机制，消除银行的后顾之忧。"科创贷"引入市区两级政府、保险公司、担保公司与银行共同设立风险补偿资金池，专项用于分担银行在开展"科创贷"业务过程中由于企业债务违约等失信行为而造成的经济损失；建立"银行+政府""银行+政府+保险""银行+政府+担保"的信贷融资模式；确立差异化风险分担比例，政府最高分担60%、银行最多承担40%的风险，形成"多方协同、风险共担"的债权融资新模式。

> **案例详情链接**

两大"利器"帮企业迈过融资"坎"[N].四川日报,2019-12-25.

> **你是不是有下面的疑问？**

1. 什么是债权融资？
2. 债权融资的方式和渠道有哪些？
3. 债权融资的优缺点有哪些？
4. 企业如何才能更容易地获得债权融资？

> **进入内容学习**

债权融资是指中小企业作为债务人从金融机构或其他企业获得资金的融资方式的总称。按照融资机构或融资工具的不同，中小企业债权融资方式各异，本章主要介绍几种中小企业常用的债权融资方式，包括银行贷款、债券融资、信用担保融资、融资租赁和商业信用融资等。

第一节 银行贷款

中小企业在经营过程中存在资金短缺的情况,此时需要开展融资活动,以弥补资金不足,保证经营目标的实现。如果企业需要一种风险小、成本低的资金,那么银行贷款是最合适的选择。在所有的国家,银行贷款在企业融资总额中所占的比重都是最大的,即使在美国这种股权市场和债券市场较发达的国家,银行贷款规模也是债券、股票融资的两倍。所以,中小企业合理利用银行贷款是解决资金困难、取得经营成功的重要手段。

一、银行贷款的特点

银行贷款是指银行以一定的利率将资金贷放给资金需求者,并按约定期限要求其归还的一种经济行为。作为一种有着悠久历史的融资方式,它具有如下特点:

(1) 贷款的主要条款制定只需取得银行的同意,不必经过国家金融监管机构、证券监管机构等部门的批准,因此与其他商业性融资形式相比,银行贷款手续较为简单,融资速度快。

(2) 在经济发生变化的情况下,如果需要变更协议的有关条款,则借贷双方可以灵活地协商处理。而采用债券融资因债券持有者较为分散,难以得到所有债券持有者的变更许可,与之相比银行贷款较为灵活。

(3) 银行贷款由借款人和贷款人直接商定信贷条件,无须做广泛的宣传与推广,无须大量的文件制作,因而融资成本较低,且贷款利率也低于债券融资的利率。

(4) 银行贷款利息可以计入成本,取得所得税税前抵减效应,从而相对减轻企业税负。股票和债券融资这两种形式仅适合公司制的大中型企业,而银行可以根据企业的信用状况相应给予适当的贷款,从而成为中小企业长期资本的主要来源。

当然,银行为了降低经营风险,保护自身的财产安全,保证存贷款的正常流动,一般都要制定相应的保护条款,包括一般性保护条款、例行性保护条款和特殊性保护条款,这自然就构成了对企业在生产经营活动中使用贷款的约束。

二、银行贷款的类型

1. 按资金性质划分

按资金性质划分,银行贷款可以分为以下三类:

(1) 流动资金贷款。它是银行为解决企业短期流动资金需要而发放的贷款,是企业流动资金来源的重要组成部分,也是整个银行贷款的主要部分,在各类贷款中占有重要的地位。流动资金贷款期限一般在1年以内,有特殊要求时可以申请1—3年的中期流动资金贷款。银行发放这类贷款时,一般会要求企业提供比较详尽的经营状况资料及相关的财务报表。

（2）固定资产贷款。它是银行为解决企业基本建设、技术改造等固定资产需求而发放的贷款，补充企业固定资产不足，有利于企业再生产的顺利进行。它包括基本建设贷款、技术改造贷款和其他贷款。

（3）专项贷款，包括扶贫专项贴息贷款、星火计划贷款、专项储备贷款、农业机械贷款等。这类贷款通常是国家为了鼓励和照顾特定地区的有特定用途的贷款，其利率一般比较优惠。

此外，交通、能源企业可以申请大修理贷款；城建开发公司、房屋建设开发公司等城市房地产综合开发经营的单位还可以申请土地开发贷款、商品房开发贷款等。

2. 按贷款归还期限划分

按贷款归还期限划分，贷款可以分为以下三类：

（1）短期贷款，是指贷款期限在1年以内(含1年)的贷款。目前主要有6个月、1年等期限档次的短期贷款。这种贷款称为流动资金贷款，在整个贷款业务中所占比重很大，是金融机构主要的业务之一。

（2）中期贷款，是指贷款期限在1年以上5年以下(含5年)的贷款。

（3）长期贷款，是指贷款期限在5年以上的贷款。在我国，中长期贷款主要是固定资产贷款，包括基本建设贷款和技术改造贷款，还包括房地产贷款、车船飞机购置贷款等。多年来，我国对固定资产贷款一直实行指令性计划管理。我国的固定资产投资总规模由国家发展改革委根据经济增长速度等国民经济和社会发展宏观目标，综合平衡各地区、各部门投资需求后确定，报国务院批准。固定资产贷款规模依据固定资产投资总规模和信贷总规模，经中国人民银行和国家发展改革委协调平衡后，报国务院批准实行。各银行必须依据中国人民银行批准的固定资产贷款计划发放。

3. 按发放贷款时有无担保品划分

按发放贷款时有无担保品划分，贷款可以分为以下三类：

（1）信用贷款，是指以借款人信誉为依据的贷款。

（2）担保贷款，包括保证贷款、抵押贷款和质押贷款。

（3）票据贴现，是指贷款人以购买借款人未到期商业票据的方式发放的贷款。

三、中小企业贷款的操作要求

我国中小企业融资难是一个不争的事实，这是由资金缺口的大量存在和信息不对称等因素造成的。即使中小企业有好的投资项目，银行也不一定会予以照顾。因此，在获得每一次可能的融资机会的情况下，中小企业贷款的操作要求便显得日益重要。

1. 建立良好的银企关系

与银行建立良好的关系，是中小企业与银行友好长期合作的开始，也是顺利取得银行贷款的关键。首先，企业要讲究信誉。因为企业经济效益和信誉的好坏直接关系到银行信贷资金的安全，所以企业在与银行的交往中，要使银行对贷款的安全性绝对放心。其次，企业要注意抓好资金的日常管理。由于银行与企业存在信息不对称，对企业的具体生产经营活动不甚了解，因此银行在对企业进行考察时往往是从企业资金的使用、周转和财务核算等方面入手。企业的财务核算是否规范、财会人员素质高低以及企业财务管理是否严格，是银行衡量企业管理水平的重要标准。企业要以良好的形象取得银行的信任，就必须抓好资金的日常管理。最后，企业应经常主动地向银行汇报其经营情况。

2. 写好贷款项目可行性研究报告

贷款项目可行性研究报告对于企业争取项目贷款以及获得银行贷款的优先支持，具有十分重要的作用。中小企业在撰写贷款项目可行性研究报告时，要注意解决好以下几个问题：一是报告的项目应符合国家的有关政策，重点论证技术上的先进性，经济上的合理性、效益性以及实际上的可行性等问题。二是要把重大问题讲清楚，对有关问题做出有力的论证。所谓重大问题主要包括企业现状、发展前景、技术能力、生产能力、基础设施和原材料、燃料、动力、产品销路等。如在论证产品销路时，必须对社会、行业和市场的现状及对该产品的需求、市场调查和预测以及将来的趋势等做出分析与论证。三是要把经济效益作为可行性研究的出发点和申请贷款的基础。

3. 突出贷款项目特点

中小企业在与银行商谈贷款事宜时，要学会善于实事求是地突出项目的特点。不同的项目都有各自内在的特点，根据这些特点，银行贷款也有相应的要求。例如基本建设项目，企业在向银行介绍项目情况时，要注意突出该项目在国家产业政策中所处的位置及在国民经济中的地位和影响；要讲清楚项目建设对促进本地区经济增长及产业和产品结构调整的重要意义；要向银行如实反映拟建项目的产品的市场供求状况；要说明项目建成投产后，单位产品的成本与市场销售价格的比较，以突出项目的经济效益；要介绍拟建项目的产品在同类产品的经济寿命周期中所处的阶段和时期等。

4. 选择合适的贷款时机

选择合适的贷款时机，要注意既有利于保证本企业所需资金及时到位，又便于银行调剂信贷资金、调度信贷规模。银行信贷规模往往是年初一次性下达，分季度安排使用，不允许擅自改变。因此，一般来说，中小企业如要申请较大金额的贷款，则不宜安排在年末和每季度末，而应提早将本企业的用款计划告诉银行，以免银行在信贷规模和资金安排上被动。企业除与开立基本账户的银行保持良好关系外，还可与其他银行建立银企关系。这样，企业在融资所需资金量大、一家银行出于各种原因不能全部解决时，可采用银团贷款方式加以解决，还可为企业下一步生产经营尽早筹集所需资金。

5. 争取中小企业担保机构的支持

如前所述，银行出于对自身信贷资金安全性的考虑，在贷款项目的选择上往往要求企业提供良好的贷款担保或抵押，且对担保的要求较为苛刻。中小企业由于自身资金少、经营规模小，很难提供银行需要的抵押、质押物，同时也难以取得第三方的信用担保，因而要取得银行的贷款非常困难。但如果能得到中小企业担保机构这些专门机构的支持，那么企业向银行贷款就要容易得多，所以中小企业应尽可能地争取中小企业担保机构的支持。

四、银行贷款的程序

中小企业向银行贷款的主要程序为：借款人提出借款申请——银行审批——签订借款合同——贷款发放——银行贷后检查——贷款的收回与延期。

（一）借款人提出借款申请

中小企业需要银行贷款，应向银行或其经办机构以书面形式直接提出信贷业务申请，填写包括企业基本情况、生产经营情况、财务状况、相关主要会计科目说明、企业发展前景、借款方式、还款方式、还款来源及申请借款金额、期限、用途等主要内容的借款申请书，并提供以下资料：

(1) 借款人及保证人的基本情况。

(2) 企业法人营业执照、法定代表人身份有效证明或法定代表人授权的委托书。

(3) 经会计（审计）部门核准的上年度财务报告及最近一期的财务报表。

(4) 原有不合理占用贷款的纠正情况。

(5) 抵押、质押物清单，有处分权人同意抵押、质押的证明及保证或者拟同意保证的有关证明文件。

(6) 项目建议书和可行性研究报告。

(7) 银行认为需要提供的其他资料。

（二）银行审批

1. 立项

该阶段的主要工作是确认审查目的、选定主要审查事项、制订并开始实施审查计划。

2. 对借款人进行信用等级评估

对借款人进行信用等级评估是指银行运用规范的、统一的评价方法，对借款人一定经营期内的偿债能力及意愿进行定量和定性分析，从而对借款人的信用做出综合评价。信用等级一般是根据借款人的领导者素质、经济实力、资金结构、履约情况、经营效益和发展前景等因素来评定的。评级可由贷款银行独立进行，内部掌握，也可由有关部门批准的评估机构进行。

3. 综合审查

综合审查是指银行对借款人的合法性、财务状况的真实性、借款用途等进行调查，了解借款人所在行业的相关业务数据，核实借款人提供的担保形式是否可靠，预测借款人按期还本付息的能力,以决定是否发放该笔贷款。

4. 贷款审批

在贷款审查的基础上,对有关抵押物进行了合法有效的抵押登记后,一般由银行的各级贷款审批委员会按照审贷分离、层级审批的原则进行贷款审批。

(三) 签订借款合同

银行同意贷款后,与借款人签订借款合同。在借款合同中约定借款种类,借款用途、金额、利率、期限,还款方式,借贷双方的权利、义务,违约责任,以及双方认为需要约定的其他事项。

对于保证贷款,还应由保证人与银行签订保证合同,或保证人在借款合同上写明与借款人协商一致的保证条款,加盖保证人的公章,并由保证人的法定代表人或其授权代理人签署姓名。

抵/质押贷款应当以书面的形式由抵/质押人与抵/质押权人签订抵/质押合同。

(四) 贷款发放

借款合同签订后,借贷双方即可按合同规定核实贷款。借款人可以根据借款合同办理提款手续,按合同计划一次或多次提款。提款时,由借款人填写银行统一制定的提款凭证,然后到银行办理提款手续。银行贷款从提取之日起开始计算利息。借款人取得借款后,必须严格遵守借款合同,按合同约定的用途、方式使用资金。

(五) 银行贷后检查

贷后检查是指银行在借款人提款后,对其贷款提取情况及有关生产经营情况与财务活动进行监督和跟踪调查。

(六) 贷款的收回与延期

贷款到期时,借款人应按借款合同及时足额归还贷款本息。通常,银行会在短期贷款到期前一个星期、中长期贷款到期前一个月,向借款人发送还本付息通知单。借款人应及时筹备资金,在贷款到期时主动开出结算凭证,交银行办理还款手续。对于贷款到期而借款人未主动还款的,银行可采取主动扣款的办法,从借款人的存款账户中收回贷款本息。

借款人如出于客观原因不能按期归还贷款,则应按规定向银行申请贷款延期,由银行审核办理。

五、中小企业如何获得银行青睐

(一) 加强内部管理,提高自身素质

俗话说,"打铁先得自身硬"。中小企业要想获得银行的支持,首先要加强内部管理,守法经营,不断提高经济效益和经营管理的透明度,确保会计资料真实、合法,树立良好的企业信誉。只有这样才能拿到银行贷款的主动权。

（二）依法纳税，树立诚信

企业应该认识到，依法纳税既能够证明企业的诚信度，又能够从另一方面反映企业的经营状况，是企业诚信和经营良好的最好证明。

（三）选择合适的融资对象和担保单位

在与银行的合作中，中小企业应选择一家比较合适的银行作为主要合作对象，2~3家银行作为辅助。合作银行不宜过多，否则容易导致资金分散，无法显示企业的实力。与银行相比，企业与担保公司合作的方式比较灵活。企业可以用土地、房屋、专利技术、存货、应收账款、个人存单、股票等多种形式提供反担保，以获得担保公司的担保。另外，企业也可以按照自愿、互利的原则寻找上下游的企业互保或联保。

拓展阅读

推进"信易贷"服务中小企业融资

2018年4月，国家发展改革委办公厅发布《关于探索开展"信易贷"工作的通知》，首次提出"信易贷"概念。2019年9月，国家发展改革委、银保监会联合印发《关于深入开展"信易贷"支持中小微企业融资的通知》，明确指出要深入开展"信易贷"工作，提出建立健全信用信息归集共享查询机制、建立健全中小微企业信用评价体系、支持金融机构创新"信易贷"产品和服务、创新"信易贷"违约风险处置机制、鼓励地方政府出台"信易贷"支持政策、加强"信易贷"管理考核激励等六大举措。这为破解中小微企业融资难题提供了新思路、新方法。

狭义上，"信易贷"是指金融机构基于企业信用大数据，自主构建智能信贷审批及风控系统，或者借助第三方企业信用评价及风险监测结果，对中小企业发放的纯信用类贷款。广义上，"信易贷"是指金融机构在传统信贷模式的基础上，借助云计算、大数据、区块链、人工智能等新技术，创新信贷审批及风控手段，增加或者放大对中小企业（含企业主）的贷款额度，让信用良好的市场主体更便利地获得贷款。

截至2020年8月，省市层面颁布的"信易贷"文件共计57份，其中省、自治区、直辖市颁布的政策文件30份，地市颁布的政策文件27份，以山东省、上海市颁布的政策文件最多，其次是青海省、天津市、重庆市，颁布2份以上政策文件的城市有温州、湖州、常州、泉州等。所颁布政策文件涉及"信易贷"支持中小微企业融资、推进"信易+"守信激励、金融支持民营经济发展、"先照后证"改革后加强事中事后监管、优化提升营商环境、社会信用体系建设、区域合作示范区建设等多个方面。

截至2020年8月，全国"信易贷"平台累计开通政府账号652个，涵盖31个省份、326个地市（区）及28个县级市；已有13个省转发《关于深入开展"信易贷"支持中小微企业融资的通知》，78个市正式发文组织本地金融机构入驻。其中，江苏、河南、陕西3省及杭州、台州、漳州、昆山、广州、松原6市地方自建平台已初步完成与全国"信易贷"平台的技术接入。上述9个地方自建平台累计注册企业485 226家；累计发布融资需求121 516笔、需求总额7 985.80亿元；累计授信82 946笔、授信总额4 338.53亿元；累计放款73 664笔、放款总额3 056.88亿元；累计信用放款11 582笔、信用放款总额277.65亿元。

截至2020年9月，国内已培育了一批优秀的"信易贷"第三方服务机构，包括"信易云"、微众信科、数联铭品、数知科技、百融云创、融联易云等。以数联铭品为例，该机构以"动态尽职调查系统"为基础，针对不同行业及企业属性，有针对性地开展风险评估和信用评级，根据金融监管部门、金融机构及司法部门等业务需求提供反欺诈解决方案，并根据发展状况实时跟踪我国新经济指数，为金融服务业提供数据参考，有效提升了中小企业融资服务效率，降低了融资服务成本，有利于进一步实现社会资本合理化配置。

资料来源：曾光辉. 推进"信易贷"服务中小企业融资[J]. 宏观经济管理，2021(4)：34-39.

第二节 债券融资

债券是债务人发行的，定期向债券持有人支付利息，并在债券到期后归还本金的一种债务凭证。债券可以在证券市场上自由流通与转让。就融资的期限结构和数量而言，一般来说，银行不愿意提供长期贷款，银行贷款以中短期资金为主，而债券融资则多以中长期资金为主。因此，一些企业采用发行债券的方式来筹集资金，通常要比通过银行贷款更加稳定，融资期限更长。企业通过发行债券筹集的资金一般可以自由使用，不受债权人的具体限制；而银行贷款有许多限制性条款，如限制资金的使用范围，限制借入其他债务，要求保持一定的流动比率、资产负债率等。总体来说，发行债券所筹集的资金期限较长，资金使用自由，且债券投资者无权干涉企业的经营决策，现有企业股东对企业所有权不变。从这一角度来看，发行债券在一定程度上弥补了股票融资和银行贷款的不足。

一、债券融资的主要特征

一般而言，在我国发行债券的主体是有实力的大中型企业。这些企业通过发行债券筹集资金，期限较长且可以自由使用，能够缓解资金困难。此外，债券融资具有以下特点：

(1) 资金成本较低。与股票的股利相比，债券的利息允许在所得税前支付，企业可享受税收上的利益，故企业实际负担的债券融资成本一般低于股票融资成本。

(2) 可利用财务杠杆。无论债券发行企业的盈利为多少，债券持有人一般只收取固定的利息，若企业用资后收益丰厚，增加的收益大于支付的债券利息，则会增加股东财富和企业价值。

(3) 保障企业的控制权。债券持有人一般无权参与发行企业的管理决策，因此发行债券一般不会分散企业的控制权。

（4）便于调整资本结构。在企业发行可转换债券以及可提前赎回债券的情况下，便于企业主动、合理地调整资本结构。

二、企业发行债券的资格条件

中小企业发行债券必须符合资格条件。按照《企业债券管理条例》的要求，企业发行企业债券必须符合下列条件：企业规模达到国家规定的要求；企业财务会计制度符合国家规定；具有偿债能力；企业经济效益良好，发行企业债券前连续3年盈利；所筹资金用途符合国家产业政策。

《中华人民共和国证券法》（以下简称《证券法》）第十五条规定，企业公开发行公司债券应当符合下列条件：具备健全且运行良好的组织机构；最近三年平均可分配利润足以支付公司债券一年的利息；国务院规定的其他条件。公开发行公司债券筹集的资金，必须按照公司债券募集办法所列资金用途使用；改变资金用途，必须经债券持有人会议作出决议。公开发行公司债券筹集的资金，不得用于弥补亏损和非生产性支出。有下列情形之一的，不得再次公开发行公司债券：①对已发行的公司债券或者其他债务有违约或者延迟支付本息的事实，仍处于继续状态；②违反《证券法》规定，改变公开发行公司债券所募资金的用途。

三、企业债券发行程序

我国企业债券的发行实行"统一管理，分级审批"制度。按照《企业债券管理条例》的规定，企业发行企业债券必须控制在国家计划的年度发行规模之内，并按照条例的规定进行审批；未经批准的，不得擅自发行或变相发行企业债券。企业债券的发行规模由国务院规定。国务院证券管理部门审批企业债券的发行，不得超过国务院确定的规模。因此，企业发行企业债券受到国家发行规模的限制。

（一）配额审核和发行审核

企业发行企业债券时，要经过配额审核和发行审核的双重审核。公司在得到债券发行配额后，应向有权审核发行申请的国务院证券管理部门报送相关的申请文件。证券管理部门在对发行申请进行审核时，主要考虑四个方面的问题，即发行人的资格、发行条件、禁止发行事由，以及债券募集方法中所列的各项；在对这几个方面进行审查后，做出批准发行或不予批准的决定，并就不批准发行的理由向企业进行说明。

企业债券的发行配额审核要经过下列环节：发行人在发行债券前，须向其行业主管部门提出申请，只有在行业主管部门推荐的前提下，才能申请发行债券；该企业主管部门向省、自治区、直辖市或计划单列市的中国人民银行分行申报发行配额；省、自治区、直辖市或计划单列市的中国人民银行分行、发展改革委共同编制全国企业债券年度发行计划，并报中国人民银行总行和国家发展改革委审核；中国人民银行总行、国家发展改革委综合各地申报的发行计划,共同编制全国企业债券年度发行计划,并报国务院批准;全国企业债券年度发行计划被批准之后,由中国人民银行总行、国家发展改革委联合将发行配额分给各省、自治区、直辖市和计划单列市;各省、自治区、直辖市和计划单列市中国人民银行分行与发展改革委共同将发行配额分给企业或主管部门,企业获得发行配额,需得到各省、自治区、直辖市和计划单列市的中国人民银行分行发放的"发行企业债券申请表";发行债券所筹的资金如果用于固定资产投资,则还必须被列入我国的"固定资产投资规模"。

（二）企业债券发行准备

企业在向国家证券管理部门申请发行企业债券之前,必须做好一系列的准备工作,以满足证券管理部门对企业所提出的提供各种有关详尽资料的要求。它主要包括以下三个方面。

1. 企业债券财务审计

企业债券财务审计是指对被审计企业财务报表的编制是否符合国家有关规定,是否客观公允地反映了企业的财务状况、经营成果和财务状况变动等进行的审计。该制度的主要目的是保证发行人向证券管理部门提交的以及向投资者公布的文件和资料是真实的、完整的,没有任何虚假记载或欠缺重要事项,以维护证券市场的稳定,保护投资者。

企业债券财务审计通常包括四个阶段,即计划阶段、内部控制的测评与评价阶段、经济业务与财务报表项目的确定性检查阶段,以及审计完成和报告阶段。

审计报告是审计人员向委托人及其利害关系人报告其审计过程的书面文件。审计报告一般应包括以下内容:审计概况,对审计发现问题的说明,审计意见,有关审计人员的签章,审计报告的日期,审计报告的附表和其他资料。

2. 债券发行条件的确定和债券信用评级

债券的发行条件包括发行的数额、债券的期限、债券的票面利率、债券的发行价格、债券的付息方式等内容,企业在发行债券前要详细地考虑这些基本条件,它们对债券发行能否顺利完成以及筹资成本有重要的影响。

债券的信用评级是债券发行的一项重要工作,其目的是保证投资者的利益,提高企业筹资的透明度。从 1992 年起,国家要求对面向社会公开发行的企业债券必须进行评级。任何企业发行债券必须经有关部门审批,而且审批前需要对债券信用进行评估。

3. 债券发行前的文件准备

一是准备申请发行债券的有关文件。企业申请发行债券,应向证券管理部门提交规定的文件。《企业债券管理条例》规定,企业应向审批机关报送下列文件:发行企业债券的申请书;营业执照;发行章程;经会计师事务所审计的企业近 3 年的财务报告;审批机关要求提供的其他材料。企业发行企业债券用于固定资产投资,按照国家有关规定需要经有关部门批准的,还应报送有关部门的审批文件。《证券法》第十六条规定,企业发行公司债券需报送下列文件:公司营业执照;公司章程;公司债券募集办法;国务院授权的部门或者国务院证券监督管理机构规定的其他文件。从这些规定中可以看出,企业申请发行债券时除了营业执照、公司章程外,其余各类文件都需要起草、编制。如财务报表编制后要经注册会计师审计。

二是准备债券的发行章程。《企业债券管理条例》规定,企业发行企业债券应当制定发行章程。发行章程应当包括下列内容:企业的名称、住所、经营范围、法定代表人;企业近3年的生产经营状况和有关业务发展的基本情况;财务报告;企业自有资产净值;筹集资金的用途;效益预测;发行对象、时间、期限、方式;债券的种类及期限;债券的利率;债券总面额;还本付息方式;审批机关要求载明的其他事项。

三是准备债券的承销合同。债券承销合同也称债券认购协议,是债券发行人授予承销商代理发行该企业债券的协议,它是发行债券的主要协议内容之一。承销合同一般包括下列内容:合同当事人、名称、地址及法定代表人;承销方式;承销债券的名称、数量、金额及发行价格;债券发行的日期;承销的起止日期;承销付款的日期及方式;承销费用的计算及支付方式和支付日期;剩余债券的退还方法;违约责任和其他需要约定的事项。

四是准备债券的募集和代理合同。这是指发行人在募集过程中与代理人签订的合同,代理人包括财务代理人、支付代理人和特约代理人。在债券发行过程中,发行中介机构除承销商之外,还有上述代理人。发行人也必须和他们签订相关合同,以保障其代理职责的正常发挥,维护双方的合法权益。

四、债券的发行、审批程序

《公司债券发行试点办法》规定,申请发行公司债券,应当由公司董事会制订方案,由股东会或股东大会对发行债券的数量、期限等事项做出决议,由保荐人保荐,并向中国证监会申报。保荐人应当按照中国证监会的有关规定编制和报送募集说明书及发行申请文件。

公司全体董事、监事、高级管理人员应当在债券募集说明书上签字,保证不存在虚假记载、误导性陈述或者重大遗漏,并声明承担个别和连带的法律责任。保荐人应当对债券募集说明书的内容进行尽职调查,并由相关责任人签字,确认不存在虚假记载、误导性陈述或者重大遗漏,并声明承担相应的法律责任。

另外,债券募集说明书所引用的审计报告、资产评估报告、资信评级报告,应当由有资格的证券服务机构出具,并由至少2名有从业资格的人员签署。为债券发行出具专项文件的注册会计师、资产评估人员、资信评级人员、律师及其所在机构,应当按照依法制定的业务规则、行业公认的业务标准和道德规范出具文件,并声明对所出具文件的真实性、准确性和完整性承担责任。债券募集说明书所引用的法律意见书,应当由律师事务所出具,并由至少2名经办律师签署。

中国证监会负责审核发行公司债券的申请。中国证监会在收到申请文件后,5个工作日内决定是否受理。中国证监会发行审核委员会按照《中国证券监督管理委员会发行审核委员会办法》规定的特别程序审核申请文件,做出核准或者不予核准的决定。

发行公司债券,可以申请1次核准,分期发行。自中国证监会核准发行之日起,公司应在6个月内首期发行,剩余数量应当在24个月内发行完毕。超过核准文件限定的时效未发行的,须重新经中国证监会核准后方可发行。

首期发行数量应当不少于总发行数量的50%,剩余各期发行的数量由公司自行确定,每期发行完毕后5个工作日内报中国证监会备案。公司应当在发行公司债券前的2至5个工作日内,将经中国证监会核准的债券募集说明书摘要刊登在至少1种中国证监会指定的报刊,同时将其全文刊登在中国证监会指定的互联网网站。

拓展阅读

降低发债门槛 鼓励中小企业创新债券融资

为缓解中小企业融资难题,提高我国债券市场的广度和深度,全国人大代表、中国银保监会信托部主任赖秀福向2020年全国"两会"提交了关于完善发展我国中小企业债券市场的建议。

(一)债券市场融资功能受限

目前,我国债券市场对发债主体的资格要求较为严格,更有利于大型国有企业和政府融资单位利用债券市场融资,许多中小企业难以满足发债条件,因此难以利用债券市场融资。这实质上限制了债券市场融资功能的发挥,也未体现按照市场利率配置资金的原则。

投资主体的缺位限制了中小企业债券市场的发展壮大。银行间市场的机构投资者受制于种种原因对这类债券的购买意愿不强,导致中小企业债券投资主体不足。

比如,根据规定,保险资金只能投资信用级别在 A-1 等级及以上的短期融资券;货币市场基金只能投资于信用等级为同一评级机构最高等级的短期融资券;虽然银行业还没有明确的规定,但是银行投资无担保的短期融资券要提取资本金,出于资本金和拨备的压力,银行也不会大比例持有。

此外,中小企业债券市场还面临涉嫌违规的"高收益"融资工具游离于金融监管灰色地带的问题。由于债券市场进入门槛过高,市场的定价机制存在结构性失灵的风险,资金供求严重失衡。一方面大量有需求的中小企业进不了市场,另一方面投资者又面临资金供应大于债券融资需求的问题和主体投资者缺位的怪象。

在这一社会背景下,一些民间高利贷、网贷(P2P)违规违法运作,变相向中小企业提供高利率贷款。这种所谓的"高收益"融资工具使中小企业承担了高额的融资成本,且经营过程不公开、不透明,对投资者而言也隐藏着巨大的风险,为社会稳定埋下重大的不确定性因素。

(二) 四方面完善中小企业债券市场

结合我国中小企业债券市场存在的不足,以及国外成熟市场的发展经验,为完善发展我国中小企业债券市场,赖秀福此次提出降低发债主体的准入门槛、丰富债券市场的投资主体、进一步发挥市场机制的作用、进一步加大中小企业债券创新力度等四方面建议。

具体来说,在降低发债主体准入门槛方面,建议进一步降低发债主体的净资产、负债率等硬性指标,多引入相对性指标,转向关注企业成长性和创新型发展的软实力,重视企业的潜在价值,投资于"潜力股"。

在丰富债券市场的投资主体方面,一方面,建议适度放宽对合格机构投资者的投资限制,允许其购买低级别债券,同时可考虑发展专项投资基金作为高收益债券的合格投资者,如私募证券投资基金。另一方面,建议比照对中小企业的贷款支持政策,制定鼓励中小企业债券投资的监管政策,如要求机构投资者对中小企业债券投资达到一定比例,或者在财政奖励及税收补贴方面对投资者给予一定的政策支持。此外,可考虑将我国高收益债券的投资者范围限定为合格机构投资者,并取消私募债券合格投资者人数不高于200人的限制。

在进一步发挥市场机制的作用方面,建议改进债券评级机制,逐步取消债券发行的强制评级要求,推动评级机构评级导向的重心从发行人向投资人转变,并鼓励市场采用双评级或多评级;强化信息披露和债券市场违约处置机制建设,完善债券违约处置的相关法规制度,降低司法救济的成本,提高债券违约处置的效率;探索建立全国统一的专业破产法院,发挥仲裁和市场化调解组织等机制作用,切实保护债券投资者利益,形成多层次、多元化的债券风险处置渠道。

在进一步加大中小企业债券创新力度方面,建议从发行模式、产品形式方面进一步加大中小企业债券创新力度。发行模式方面,可借鉴银行间市场中小企业集合票据进行创新,将多只中小企业私募债券进行整合,形成中小企业集合私募债券,统一发行。产品形式方面,一方面,可考虑在中小企业债券中引入可转股条款,明确在一定条件下债权可转化为股权,满足投资者在风险低于股权投资的前提下获得资本增值的需求,债权转化为股权可将中小企业债券市场与中小企业股权流通的场外市场联系起来,二者的紧密结合将有助于提高中小企业债券的流通性,使其具备更大的投资价值。另一方面,可考虑在中小企业债券中引入分级机制,进行结构创新,把中小企业债券与基金、理财、信托等产品捆绑之后,按照一定比例将产品划分为优先级、中间级和劣后级。优先级风险小,仅获得固定收益;中间级风险和收益均适中;劣后级风险高,可获得高收益。这样既可保障中小企业债券的发行和销售,又可满足投资者多元化的投资需求。

资料来源:全国人大代表、中国银保监会信托部主任赖秀福:降低发债门槛 鼓励中小企业创新债券融资[N].证券时报,2020-05-19.

第三节　信用担保融资

信用担保作为一种特殊的中介服务活动,介于银行与企业之间,它将信用证明与资产责任保证结合在一起。担保人通过提供担保来提高被担保人的资信等级。另外,由于担保人是被担保人潜在的债权人和资产所有人,因此担保人有权对被担保人的生产经营活动进行监督,甚至参与其经营管理活动。

由于担保公司的介入,原本在银行与企业二者之间发生的债权债务关系变成了银行、企业与担保公司三者之间的关系。担保公司的介入分散了银行贷款的风险,银行资产的安全性得到了更高的保证,从而增强了银行对中小企业贷款的信心,使中小企业的贷款渠道变得通畅起来。

一、信用担保融资的条件

1. 信用担保融资的一般条件

中小企业进行信用担保融资的一般条件包括:在本地市场监督管理部门注册登记;经营正常,管理制度健全;财务状况良好,有充足的还款来源;诚实信用,无不良信用记录;能按担保公司要求提供必要的反担保。

2. 融资企业需提供的基本资料

(1) 营业执照复印件;

(2) 组织机构代码证复印件;

(3) 税务登记证复印件;

(4) 公司章程;

(5) 法定代表人证明及身份证复印件;

(6) 董事会决议及董事成员签名样本;

(7) 公司简介及项目介绍;

(8) 验资报告;

(9) 近期财务报告及近两年审计报告;

(10) 其他要求的资料。

二、我国信用担保机构典型模式的比较分析

(一) 模式一:各级财政建立共同担保基金,委托专业机构管理

上海市采取的就是这一模式。上海市中小企业担保基金由市、区(县)两级财政共同出资 7 亿元。其中,市财政出资 4 亿元,20 个区(县)财政共出资 3 亿元。同时,一部分区(县)建立了小规模财政担保基金作为共同担保基金的补充,为一些微型小额贷款提供担保。2011 年,上海市财政共同担保基金是当时全国规模最大的财政出资的中小企业

担保基金。

上海市财政共同担保基金采取以下运作和管理机制：

一是委托专业机构运作和管理。由于专业担保业务在我国还处于发展的初级阶段，担保专业人才短缺。为了利用专业人员，实现政企分开，上海市财政局委托中国经济技术投资担保有限公司上海分公司（以下简称"中投保上海分公司"）运作和管理共同担保基金，政府与专业担保公司签订委托管理协议。

二是建立出资人之间的利益和风险分摊机制。担保基金的决策以担保公司为主。区（县）财政负责提供被担保企业的资信证明，具有担保项目的推荐权和否决权；中投保上海分公司最终决定是否担保。市财政基本不参与担保项目的决策过程，主要负责制定担保基金运作和管理规则，与受托担保公司签订合同，通过规范共同担保基金的运作机制来实现扶持中小企业发展的政策目标。担保责任由市财政与区（县）财政共担，并突出了市财政对高新技术企业的扶持。当发生担保代偿时，对一般中小企业，市财政和区（县）财政各承担50%的责任；对高新技术企业，市财政承担60%的责任，企业所在的区（县）财政承担40%的责任。根据市、区（县）财政各自承担的风险比例分配担保费收入，盈余部分提取坏账准备金。

三是上海市财政局与中投保上海分公司签订委托管理协议。《上海市小企业贷款信用担保基金委托管理协议》中明确规定，中投保上海分公司作为担保基金的日常管理机构，具有以下几方面主要职责：中投保上海分公司以政府的产业政策为导向，支持中小企业发展，不以营利为目的；严格按照上海市财政局制定的《关于小企业贷款信用担保管理的若干规定》和经批准的年度工作计划规范操作担保业务，接受上海市财政局的稽核、监督和检查；负责具体实施经上海市财政局批准的有关资金增值部分的分配和亏损弥补、核销呆账和坏账、变更资金规模的方案，并接受其稽核、监督和检查。

四是担保审批程序规范透明，防止政府行政干预。中投保上海分公司的中小企业担保审批程序是：第一步，企业向银行申请贷款。第二步，银行审查贷款要求。银行有意贷款但需要提供担保的报给担保公司。第三步，按企业所在区（县）分别考核企业的信用。由于大部分中小企业都是区（县）企业，企业所在区（县）财政局负责审查企业的纳税和财务情况，区（县）财政局根据审查结果签署同意推荐或不推荐意见。第四步，担保公司进行综合平衡，决定是否给予担保。第五步，担保公司与贷款银行签订担保合同。随着担保业务的开展，担保公司和银行的经验增加，为了规范和简化担保程序，方便中小企业融资，参与各方对担保程序进行了改进。一方面，担保项目审查方式发生变化，由原来的财政、担保公司和银行分别审查，转变为授信担保和专项信用担保。另一方面，放松了反担保规定，由原来的50万元以下免除反担保，提高到200万元以下免除反担保。但有些区（县）对部分企业要求提供反担保。

五是与有关银行建立贷款担保协作网络。上海市财政局、中投保上海分公司与10家银行建立了贷款担保合作关系，联合开展授信担保和专项信用担保；在全市共设立了

200个贷款担保受理点,方便了小企业,简化了贷款信用担保的操作程序。

上海模式主要有以下优点:首先,集中分散的资金,扩大担保基金盘子。当时,各级政府出资的担保机构面临的一个主要问题是,分散出资导致每个基金规模较小,担保机构很难靠担保费保持收支平衡,上海模式解决了小规模分散出资的问题。其次,有利于实行政企分开,减少政府行政干预,发挥专业人员的作用,提高担保质量。最后,有利于引入竞争机制。政府可以通过竞争招标的方式选择有信誉、业绩好的专业担保机构来运作和管理担保基金。

(二)模式二:互助担保基金委托专业机构代理担保

2001年,深圳市有两个区建立了企业互助担保基金,把分散的小额担保基金集中起来,形成约1亿元的互助担保基金,担保对象是互助担保基金的会员企业。互助担保基金委托民营专业担保机构代理担保,实现了互助担保基金与商业担保机构的结合。

深圳的企业互助担保基金建立了一套有效的运作和管理机制:

一是实行理事会管理制度。建立了专门负责管理互助担保基金的理事会,并制定了一套比较规范的管理办法和约束机制。互助担保基金理事会由互助企业代表、担保公司代表,以及经济、管理等方面的专家组成。

二是委托商业担保机构代理担保。互助担保基金理事会委托中科智担保服务股份有限公司(后更名为"中科智担保集团股份有限公司",以下简称"中科智担保公司")代理担保。互助担保基金理事会为决策者,中科智担保公司主要提供担保专业服务。其担保审查和决策程序是:互助担保基金理事会会员推荐担保项目;中科智担保公司负责项目初审和担保项目的文件准备;最终是否担保由理事会来决策。

三是建立代理担保的利益和风险分担机制。担保公司只收取担保费的1/3,其余2/3归互助担保基金。风险分担原则是,当发生代偿时,先由互助担保基金代偿,不足部分由担保公司代偿。

深圳模式的主要优点是:一方面,把分散的小额互助担保基金集中起来,利用专业担保机构提高互助担保基金的信誉。另一方面,有利于引入竞争机制,互助担保基金可以选择由信誉高、业绩好的专业担保机构进行代理担保。

(三)模式三:分层次再担保

2006年,安徽省进行了再担保的试点。安徽省中小企业信用担保中心以再担保业务为主,除自己直接从事少量担保业务以外,还有选择地与地市一级担保机构签订再担保协议。再担保的条件是,当地市担保机构出现破产时,债务清偿后仍不足以补偿贷款银行的部分由省担保中心代偿。再担保收费为被担保机构在担保期内全部应收担保费的5%~10%,其中50%返还给被担保机构,另外50%用于建立再担保体系。

(四)模式四:集投资和担保业务于一体

目前,不少投资担保机构集投资和担保业务于一体,主要有以下三种形式:

第一种是同时开展投资和担保业务。例如,深圳高新投集团有限公司的业务额中80%是担保,20%是小企业投资。

第二种是在进行担保时有股权要求。例如,深圳中科智担保公司通过股权要求来规避担保风险。该公司在进行担保时,通常与被担保企业签订延迟还款合同,当被担保企业不能如期偿还银行债务时,由担保公司进行代偿;一旦被担保企业不能在宽限期内偿还担保公司债务,担保公司就可以将代偿的债权变为股权。

第三种是担保公司成立专门的部门或分公司进行资本金运作,以保证担保基金保值增值。目前,不少担保机构在资本市场上进行资本金运作出现了一些问题。有的担保机构靠资本金运作盈利而不开展担保业务,还有的担保机构因资本金运作而造成了损失。

(五) 模式五:政府财政担保基金的补偿机制

政策性担保的一个重要特点是依靠政府信用。但是,目前大部分地方政府只是一次性少量投入,而且规模较小,因此即便是政府出资的担保机构也可能缺乏信誉,担保规模不可能做大。现在许多地方银行不愿意为中小企业提供担保贷款,其中一个主要原因就是担保基金规模过小,没有补偿机制。目前,有些地方政府已经或正在建立担保基金补偿机制,如北京市的《中关村科技园区条例》规定了财政担保基金补偿机制。

> **案例链接**

担保机构帮助违约企业重新获得银行贷款

(一) 案例背景

江苏省F公司成立于2009年,是一家专业从事阀门制造的企业。公司占地45 766平方米,有厂房20 000平方米。2016年和2017年主营业务利润分别为594.70万元、997.91万元。公司与当地某股份制银行自2013年开始便有授信业务合作,目前F公司在该银行共有4次授信记录,原最高授信500万元,最高贷款余额500万元,现贷款余额490万元,由N担保机构提供连带责任担保。但是阀门制造业受制于行业问题,产品竞争力较小,受经济大环境和外部冲击的影响较大,易出现利润率逐年降低、资金周转不畅等问题。此外,F公司受经济下行影响,大量的应收账款不能及时回笼,流动性短缺。公司下游客户结构较为单一,最大客户为苏南某公司,无法及时分散滞销风险。员工也由原先的108人缩减成22人维持生产。实际控制人在社会上多处借债,负债较高,据了解,公司各类负债达4 000多万元,流动资金出现短缺,最终导致公司贷款逾期。

(二) 案件过程

在F公司偿债失败后,N担保机构为公司实施了代偿,并且协助公司再次申请了银行贷款,F公司、银行和N担保机构的合作及博弈过程如图3-1所示。

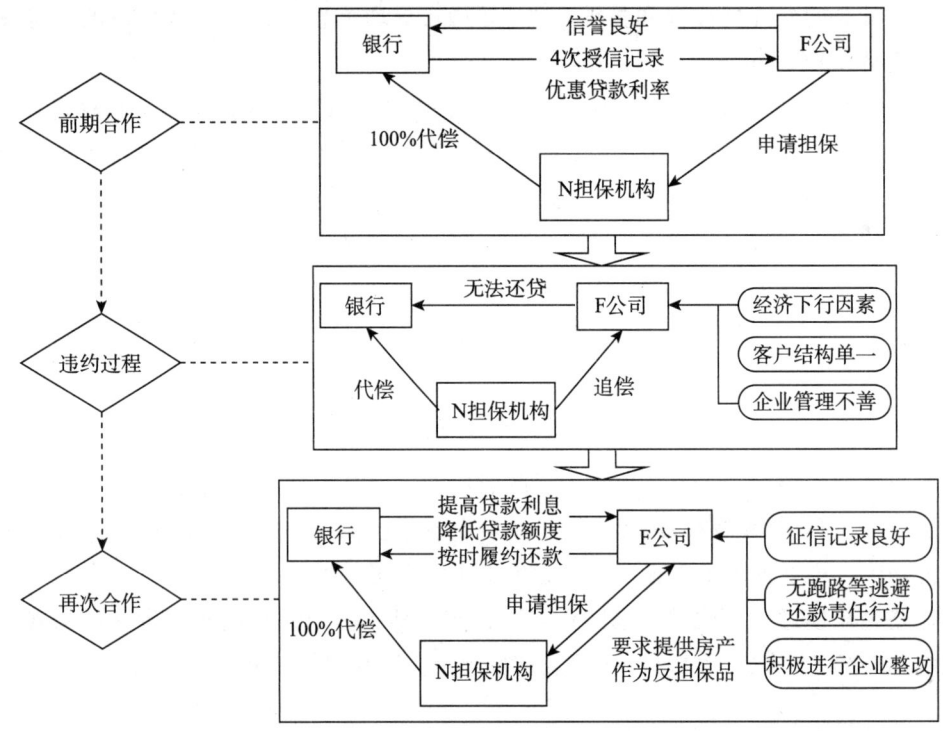

图 3-1　F 公司、银行和 N 担保机构违约前后合作及博弈过程

1. 前期合作

在 F 公司违约前，公司在银行共有 4 次授信记录，且因信誉良好享受了银行的优惠贷款利率。在前 4 次与银行的合作过程中，N 担保机构为公司提供担保，承担 100% 的担保风险。受经济下行影响，F 公司无法及时回笼应收账款，偿债能力下降。

2. 违约过程

在 F 公司无法按时偿还银行贷款后，N 担保机构为其实施了代偿。实施代偿之后，政府的风险补贴最高为 20%，无法完全弥补担保损失，因此担保机构需向 F 公司实施追偿。在追偿过程中，F 公司负责人表示，一旦企业盈利了，就会在第一时间弥补担保机构的代偿损失。但是出于企业发展的需要，F 公司表示急需银行资金的支持，因此公司再一次向 N 担保机构提出了担保申请，希望担保机构可以帮助公司获得银行贷款。

3. 再次合作

担保机构考虑到 F 公司虽为民营中小企业，但企业经营管理比较规范，实际控制人还款意愿良好，没有选择关停、跑路等消极逃避方式，而是积极进行企业整改。加之阀门制造业的经营情况有所回暖，整体经营效益向好。担保机构为了帮助公司渡过难关，表示可以适当降低担保费用，但出于降低风险的考虑，担保机构提出了以 20 000 平方米的厂房为反担保品的要求，并表示愿意与银行进行商讨，提出贷款申请。

银行考虑到 F 公司的征信记录和公司负责人的还款努力水平等因素，加上为公司提供担保的担保机构为财政出资组建的政策性担保机构，信誉良好，还款能力较强，因此银行承诺在新一次的贷款过程中不收贷、不断贷,但是公司无法享受此前的优惠贷款利率。此前,公司贷款征信记录良好,银行实行的优惠贷款利率为4.35%,在本次合作中,银行将贷款利率提升至7.82%,F公司表示可以接受该贷款条件。银行与担保机构之间的风险分担不变,还是由担保机构100%承担连带责任。通过"银担企"三方的协商,F公司获批贷款400万元,贷款期限为2017年2月至2018年2月。随着公司生产经营向好,最后F公司按时偿还了银行的贷款,并与担保机构以及银行之间达成了良好的合作关系,为公司日后的发展提供了坚实的资金基础。

资料来源:文学舟,蒋海芸,张海燕.多方博弈视角下违约小微企业融资担保圈各主体间信任修复策略研究[J].预测,2020(2):76-83.

三、中小企业如何选择可靠的信用担保机构

随着中小企业信用担保体系日趋成熟,越来越多的中小企业开始申请机构担保。中小企业要选择可靠的信用担保机构,评定信用担保机构的信用等级,可以从以下几个方面进行分析。

(一)风险管理是否完备、有效

对担保机构而言,风险管理主要包括信用风险管理、流动性风险管理、市场风险管理和操作风险管理等。一般而言,风险管理分析着重于担保机构的管理政策、技术、组织架构以及具体执行的有效性。

首先,分析担保机构信用风险管理文化和业务增长。关键在于理解管理层管理和控制信用风险的方法,以及担保审查及批准的程序,努力了解信用风险控制的各个环节中各部门的设置、职能及内在的激励与制约机制,探索其中可能出现的问题及管理层的应对方法。对管理层信用风险管理文化的理解不仅要注重当前情境下、当前领导的表现,还要注重其他情境下的表现。在担保前的审查中,担保机构普遍使用了内部评分系统来测度被担保人的信用风险,应对这一系统的有效性进行分析,并了解这一系统是否被真正且一致地应用。另外,应根据客户检查与分析报告等资料来分析担保贷款跟踪制度的完备性和执行的有效性。除了对单个信用进行审查,由于担保机构比其他金融机构的经营杠杆要大得多,担保组合的风险配置就更为重要。虽然各担保机构在较长的时期不能达到组合风险管理的技术要求,但是仍要考虑公司在此方面做出的努力和虽然粗略但可行的替代方法。

其次,由于担保机构处于建设初期,资金尚不允许投资到证券等领域,因此一般流动性风险不大。但不能排除在监管不力或制度不细致的情况下,担保机构可能将一部分资金运用于投资,应从其投资策略、技术、组织以及投资质量等几方面来分析担保机构可能遇到的流动性风险及其对代偿损失及时性的影响。

最后，担保机构一般都建立了一套内部控制制度，以防范由于工作失误、诈骗或其他内部控制制度不健全而可能导致的损失，应考察其内部控制制度的完善性和执行情况。

(二) 资本资源是否充足、确定

对高杠杆经营的担保机构而言，资本是其财务实力最重要的组成部分。资本可以分为两部分：一部分为硬资本，主要包括有效净资产、风险准备金和未确认担保收入。硬资本在吸收担保损失方面起着非常重要的作用，也是决定财务实力的最重要的因素。另一部分为软资本，主要包括分期收取的担保收入、再担保、防止资本金损失的协议及其他。软资本对增强财务实力也具有非常重要的价值，但其作为资本资源具有或有性质，即具有一定的不确定性。

然而，应该注意到的是，这些因素不是决定财务实力的所有因素，尤其是软资本作为资本资源具有或有性质。担保机构长期的财务实力取决于低风险政策、谨慎的定价策略以及完善的组合风险管理技术。偏离这些政策与技术要求将最终损害担保机构的盈利和其他软资本来源。因此，对担保机构资本充足性的评价不仅要分析当前的担保组合，还要考虑其业务和战略的持续性，以判断今天的资本是否能在未来准确地发挥代偿损失的作用。

(三) 再担保是否健全

再担保通过向担保企业提供有价值的附加资本资源而在担保业务发展中起着非常重要的作用。虽然再担保在我国还没有普遍开展，但从政策规划和发展趋势来看，再担保制度必将成为担保体系中不可缺少的组成部分。

使用再担保对担保机构的最终作用在于管理组合风险暴露和减缓资本损失。为了反映再担保的作用，应根据再担保折扣来调整担保余额，即用净风险暴露来反映担保机构本身承担的风险量。这里，再担保折扣主要取决于再担保机构的财务实力。若再担保机构的财务实力强，则折扣就等于再担保数量；反之，折扣就小于再担保数量。另外，折扣的程度还受再担保机构与担保机构风险组合的相关度、再担保机构的代偿意愿、担保机构向同一再担保机构转移较多风险时再担保机构不及时代偿的风险增大等因素影响。

对于担保机构来讲，用于代偿损失的资本资源的质量和充足性是其财务实力的关键因素，它涉及对担保合同风险、损失代偿能力、担保组合质量以及各种形式资本资源等的深入分析和评价。

(四) 管理战略是否现实、可靠

管理战略是一个过程，注重研究担保机构为实现战略目标所采取的具体方法和组织，而不是目标本身。因此，管理层的经验和风险偏好、信息来源与可靠性、决策流程等都将成为战略评价的主要因素。我们不应孤立地去看待风险，而应把风险与可靠的风险管理和收益结合起来,判断担保机构的信用度。因此,并不是担保业务越少、业务范围越窄,信用度就越高。

在定性分析中,以往的业绩常常成为判断管理战略、计划能否顺利实施的有效证据。因此,我们应把以前年度的计划与执行总结进行对比,分析其中的差异,例如是计划不可靠还是执行不力,是环境变化太大还是风险应对乏术等,这种分析为我们提供了管理层未来计划能否实现的重要线索。

拓展阅读

"融资担保"如何破局中小企业融资三大难题

我们都知道,风险大、信用缺失、抵押不足等一直是困扰着中小微企业的融资难题。作为解决中小微企业"融资难、融资贵"问题的排头兵,融资担保行业的发展情况会极大地影响到中小微企业与银行能否直接发生贷款关系。融资担保机构也一直在尝试如何破局,以发挥在普惠金融链条中应有的责任。

近年来,党中央、国务院高度重视融资担保在支持小微企业、"三农"和实体经济发展方面的重要作用。

李克强总理在2014年全国促进融资性担保行业发展经验交流电视电话会议上批示:发展融资担保是破解小微企业和"三农"融资难融资贵问题的重要手段和关键环节,对于稳增长、调结构、惠民生具有十分重要的作用;2015年8月国务院下发的《关于促进融资担保行业加快发展的意见》以融资担保的准公共产品属性为出发点,从政府作用、体系构建、监督管理和政策扶持等方面对融资担保行业的发展做出了详尽的规划与要求;2017年7月召开的全国金融工作会议强调了金融回归服务实体经济本源的重要性和发展普惠金融的重要意义;2017年10月1日正式施行的《融资担保公司监督管理条例》站在全局性和战略性的高度提出了融资担保的普惠金融属性,明确提出了国家设立政府性融资担保体系的要求;在2017年11月召开的全国小微企业金融服务电视电话会议上,谈到融资担保应发挥小微企业融资增信作用时,再次强调了政府要加大资本金补充和风险补偿方面的投入,并将其纳入本级财政预算。

(一)困扰着银行的三大问题——风险大、信用缺失、抵押不足

虽然融资担保行业的发展一直被高度重视,但风险大、信用缺失、抵押不足也困扰着银行是否应将贷款发放给中小企业。

某银行分行行长在"2017年中国担保高峰论坛"上表示,由于科技中小企业融资需求特点与传统银行体系存在结构性和功能性差异,很多银行和金融机构对科技中小企业望而却步,尤其是大量处于创业期企业的有效融资需求没有得到满足,致使创新资源优势没有得到充分发挥。

一是传统银行与科技中小企业风险偏好差异,降低了银行对科技中小企业发放贷款

的积极性,此外科技中小企业与传统银行信息不对称,在现有体系之下银行对科技中小企业贷款成本很高,使银行不会着重对科技中小企业提供金融服务。

二是现有金融监管体制下银行与创业投资分离,二者缺乏内在的紧密合作机制,从而不能充分发挥二者促进科技中小企业发展的协同效能。从企业方面来讲,科技中小企业融资需求具有阶段性强、单次融资额度小、频率高等特点,企业都是轻资产运营,虽然有较高的科技含量,但能作为银行贷款抵押的固定资产很少,存在抵押不足问题。

三是国内大量小微企业存在信用缺失问题,尤其初创期和成长期信用空白,与银行信贷要求存在背离,加大了企业融资难度。

公司总经理也直言表示,国家对融资担保行业重视程度可以说到了无以复加的程度,但是融资担保功能作用的发挥还是不尽如人意,主要症结是存在"三不现象",即逻辑不同、理念不对、体制不顺,严重阻碍了融资担保机构功能作用的发挥。

(二)六大建议——融资担保发挥普惠金融作用

虽然融资担保行业存在一些问题,但是从业者也在积极地探索有特色的发展道路。某中小企业信用再担保有限公司董事长给予了六大建议:

第一,无论是政府部门还是政策性金融服务机构,都应该跳出"抓大放小"的传统观念来重新审视小微企业和普惠金融,也许效果就会不一样。

第二,重要的工作是通过建立与完善有效的体制机制将设计思路和政策串联起来,以推动政策的实施和政策效果的实现。

第三,政府必须在社会信用体系建设方面有所行动,而且必须是持之以恒、坚持推动,直到达到有效解决金融机构和担保机构与小微企业信用信息不对称的目的,这是从根本上解决小微企业融资难、融资贵和融资慢问题的软环境建设。

第四,从政策性融资担保机构角度来看,要想将小微企业和"三农"业务真正推向深入、产生积极效果,就必须设立专营部门,对从事此项业务的负责人与员工执行单独的一套考核制度和奖惩机制。

第五,在外部信用环境、金融环境和政策环境允许的前提下,担保机构应大胆地尝试创新小微企业和"三农"的融资担保业务模式,将小微企业和"三农"的融资担保业务由个案业务朝批量化、规模化方向发展。

第六,必须认识到,融资担保在小微企业融资方面并非万能的"灵丹妙药",因为解决小微企业和"三农"融资难问题是一个复杂的系统工程,除通过营造政策环境、设计各种机制帮助小微企业和"三农"改善融资条件外,小微企业和"三农"自身素质的提高、能力的提升以及对政策的熟悉了解程度也至关重要。

资料来源:"融资担保"如何破局中小企业融资三大难题[EB/OL].(2017-12-14)[2021-11-25].https://www.sohu.com/a/210453202_100065069.

第四节 融资租赁

融资租赁是指设备需求者(承租人)在需要添置技术设备而又缺乏资金时,由出租人代其购进或租进所需设备并出租给其使用,按期收取租金,待租赁期满,承租人可选择退还、续租或者以象征性的价款购买租进设备的一种租赁方式。融资租赁是企业在分期付款的基础上依据租赁业务中所有权和使用权分离的特性,租赁结束后将所有权低价有偿或无偿地转移给承租人的现代融资方式。通俗来说,融资租赁就是要企业"借鸡下蛋,卖蛋买鸡"。它促进了大型设备制造企业的销售,解决了中小企业使用设备而企业融资困难的问题。除此之外,融资租赁还兼有理财、资产管理、盘活闲置资产等多种功能。

一、融资租赁的特点与优势

(一) 融资租赁的特点

第二次世界大战后,一些国家原有工业部门的大批设备因落后而遭到淘汰,产生了以资本和技术密集型为特点的耗资巨大的新兴工业部门,使得这些国家固定资产投资规模急剧扩大,设备更新速度空前加快,造成企业一方面急需大量资金购置设备,另一方面又要承担设备损耗加速的风险,在这种背景下,以融资为核心功能的融资租赁业应运而生。

融资租赁又被称作现代租赁,是因为它与传统租赁有很多不同点:①从当事人关系分析,传统租赁涉及出租人和承租人两方关系;而融资租赁则涉及出租人、承租人和供货商三方关系。②从设备选择权分析,传统租赁中设备由出租人事先购买,然后向承租人出租,设备一般为通用设备,承租人处于被动地位;而融资租赁中租赁设备由出租人根据承租人对设备和指定厂家的要求购买,然后租给承租人使用,承租人处于主动地位。③从租期分析,传统租赁租期短,按月交租;而融资租赁租期较长,一般都在两年以上。④从租赁期满对租赁物的处置分析,传统租赁在期满后退还出租人;而融资租赁中承租人可以选择退还、续租或者留购。

(二) 融资租赁的优势

从20世纪中期发展至今,融资租赁在许多国家和地区取得了迅速发展。其原因可归结于融资方式的特殊优势:

(1) 对承租人而言,融资租赁给予承租人选择设备类型和厂家的自主权,掌握设备随时更新的主动权;融资租赁使承租人无须一次支付巨额资金购买设备,而是按期支付租金,这可以降低承租人在固定资产上的资金投入,把资金投向收益率更高的其他资产,提高资金的使用效率和收益率;融资租赁的标的物通常是技术含量高、价格高昂的设备(如医疗设备、信息处理设备、飞机等),大部分需要进口,由出租人购买则可以降低承租人的利率、汇率风险;此外,因融资租赁有租赁标的物作为担保,其手续比较简便。

(2) 对出租人而言,租赁设备的所有权和使用权在租期内是分离的,这有利于融资租赁风险的锁定、分担和控制,若承租人无法按期支付租金,则出租人可收回租赁设备,并依据与供货商的回购协议处理设备,因此是一种安全的投资方式。若银行等金融机构作为出租人,则在某种程度上扩大了资金投向范围,增加了利润增长点。

(3) 对供货商而言,融资租赁是一种促销方式,可以扩大其产品的销售范围。值得注意的是,为设备制造商服务是现代融资租赁业务发展的初始动力,也是融资租赁业务最具有发展潜力的领域。

融资租赁可以使中小企业(承租人)提高资金使用效率、解决融资难的问题,也可以使出租人获取安全性较高的投资方式,还是供货商扩大销售渠道的手段。融资租赁同消费信贷一样,已经成为促进融资需求和消费需求有机融合的一种重要手段。

拓展阅读

中国融资租赁行业发展概况

融资租赁是与银行信贷、直接融资、信托、保险并列的五大金融形式之一,是集融资与融物、贸易与技术更新于一体的新型金融产业,其在拉动社会投资、加速技术进步、促进消费增长以及在完善金融市场、优化融资结构、降低金融风险方面具有自己的特点和优势。按监管机构的不同,融资租赁企业主要分为由银保监会监管的金融租赁公司,由省、自治区、直辖市商务委监管的内资租赁公司和由商务部监管的外资租赁公司三类,如表3-1所示。

表3-1 中国融资租赁企业类型

项目	金融租赁	内资租赁	外资租赁
审批机构	银保监会	省、自治区、直辖市商务委	商务部
注册资本	1亿元以上	1.7亿元以上	1 000万美元以上
杠杆率要求	资本净额不低于风险加权资产的8%	风险资产不超过净资产总额的10倍	风险资产不超过净资产总额的10倍
发起股东条件	商业银行、大型企业、境外融资租赁公司等	中国境内企业或自然人	股东之一为外国公司、企业或其他经济组织
是否可以吸收存款	可以吸收非银行股东3个月(含)以上定期存款	否	否
是否可以进行同业拆借	是	否	否

截至 2019 年 9 月末,我国融资租赁企业(不含单一项目公司、分公司、特殊目的公司和收购海外的公司)总数约达到 12 073 家,与 2018 年年末相比增长 2.51%。其中,金融租赁公司有 70 家,内资租赁公司有 399 家,外资租赁公司数量最多,共有 11 604 家,所占比重高达 96.12%。

资料来源:根据相关资料整理。

二、融资租赁基本分类

按照运作模式的不同,可将融资租赁分为如下几种类型:

1. 转租式融资租赁

此种租赁合同中以特别条款约定,承租人同时以出租人的身份与第三人(最终承租人)订立另一个融资租赁合同,另一个融资租赁合同的租赁物和租赁期限与本合同完全相同。根据该合同,承租人向出租人办理租赁手续,租入设备,然后再转租给最终承租人使用,其中承租人和出租人均为租赁公司。转租赁交易中作为第三人的最终承租人往往要支付比典型租赁承租人高的租金。因此,此种租赁形式一般只在企业迫切需要国外只租不卖的先进技术时才采用。

2. 回租式融资租赁

承租人和相关买卖合同的出卖人是同一经济主体。这种租赁形式一般在以下两种情形下被采用:第一,企业资金不足而又急需某种设备时,企业先出资从制造商那里购置所需的租赁物,转售给租赁公司,然后再从租赁公司租回租赁物使用;第二,企业资金不足但拥有大型设备或生产线时,可将本企业原有的大型设备或生产线先卖给租赁公司,收取现款以解燃眉之急,并在售出设备的同时向租赁公司办理租赁手续,由企业继续使用原有设备。

3. 回转租式融资租赁

租赁物的出卖人同时是相关的另一融资租赁业务的承租人,即最终承租人。这种租赁形式汇集了回租式融资租赁业务的特点和转租式融资租赁业务的特点,即当转租式融资租赁业务中的最终承租人是租赁物的出卖人时,这一租赁形式就成了回转租式融资租赁。

4. 杠杆租赁

杠杆租赁属于依靠政策的租赁,是专门做大型租赁项目的一种有税收优惠的融资租赁形式。通常由一家租赁公司牵头作为主干公司,为一个超大型的租赁项目融资。首先,要成立一个脱离租赁公司主体的操作机构——专为租赁项目成立资金管理公司,出资项目总金额 20% 以上的款项,其余部分资金来源主要是银行贷款和社会闲散游资,出租人采用"以小博大"的杠杆方式,为租赁项目筹集巨额资金。其余做法与经营租赁基本相同,只不过合同的复杂程度因涉及面广,难度随之增大。由于可享受税收优惠,杠杆租赁操作规范、综合效益好、租金回收安全、费用低,一般用于飞机、轮船、通信设备和大型成套设备的融资租赁。

5. 卖主租赁

卖主租赁是中小制造商或其经销商借助出租来推销其价值高、不易脱手的大型设备的一种重要方法。美国法律规定:卖主租赁不能享受快速折旧和减税优惠,租赁期满也不能得到出租设备的残值。但是,在双方协议下,承租人先通过租赁取得设备的使用权,在使用过程中逐渐熟悉设备技术性能,有权随时决定是否留购设备。另外,出租人在设备出租期间如果遇有合适的买主,则也可以随时将设备卖出。如果在租赁期间,承租人未决定留购,出租人也没有卖给他人,则租赁期满时,承租人可以将设备退还出租人。总体说来,卖主租赁有助于解决某些大型设备供求矛盾,从而促使企业设备更新速度的加快和生产规模的扩大。

6. 节税租赁

节税租赁又称真实租赁,是指在税收上真正享有租赁优惠待遇的租赁交易。租赁优惠待遇包括出租人有资格获得加速折旧及投资减税等税收优惠,以及承租人的租金可当作费用从当期应税所得中扣除。按照美国税法的规定,节税租赁有以下特点:一是出租人拥有租赁标的物的所有权。二是租赁期满后,承租人或以公允市价续租,或留购,或将设备退还出租人,但不能无偿享受期末租赁标的物残值,其续租特权可以对抗第三者向出租人要求的一项条件相同的善意的租赁。三是如果租期只有 18 年或不到 18 年,则在租赁期满时,租赁标的物的预期公允市价不应小于原成本的 15%;如果租期超过 18 年,则在租赁期满时,租赁标的物的预期公允市价至少应为原成本的 20%。四是租赁期满时,租赁标的物余下的经济寿命必须要么是租期的 20%,要么是 2 年,取二者之中较少的年限。出租人的投资至少应占设备购置成本的 20%。五是出租人可获得一项合理的收益,其价值相当于投资金额的 7%~12%,租期不得超过 30 年。

三、融资租赁实务操作

在中小企业融资租赁业务中,任何企业首先要熟悉融资租赁项目评估的程序;其次要充分熟悉融资租赁的业务流程,对各主要业务环节有框架性的认识;最后要充分掌握和了解融资租赁合同的关键要素。

(一)融资租赁项目评估

融资租赁属于投资范畴。近年来我国在引进融资租赁业务的过程中,也同时引进了其项目评估方法。通常,在投资融资租赁项目前,租赁公司要对项目建议书和可行性研究报告进行综合评估。在过去,承租企业和租赁公司对项目评估仅停留在纸面的分析上,并有意无意地掺杂了一些指令性因素和感情因素,使项目评估成为一种表面的、走过场的业务程序。多年的经验教训表明,在融资租赁业务中,项目评估具有不可替代的重要作用。

1. 融资租赁项目评估基本程序

融资租赁项目的评估应与项目的立项同步进行。在评估过程中,只有不断地对项目可行性和租赁条件进行调整,真正科学地选择项目,给予切合实际的正确的评价,才能降低项目投资风险。通常,融资租赁项目评估需要经过初评、实地评估和项目审批等几个阶段。

市场上现行融资租赁项目的主要评估步骤有:

(1) 双向选择合作伙伴。在融资租赁项目立项初期,企业应与多家租赁公司联系,了解融资租赁条件和费用,选择成本低、服务好、资信可靠的公司做合作伙伴。租赁公司则应选择经济实力强、资信好、债务负担轻、有营销能力和还款能力的企业做合作伙伴。双方只有在互相信任的基础上,才能对项目进行实事求是的评估鉴定。

(2) 项目初评。租赁公司根据企业提供的立项报告、项目建议书及其他相关资料,通过当面洽谈,摸清项目的基本情况,将调查数据与同类项目的经验数据比较,进行简便估算,结合一般的感性认识对项目进行初评。若租赁公司认为项目可行,则企业可以进一步编制可行性研究报告,办理项目审批手续。

(3) 企业实地考察。融资租赁项目通过初评后,租赁公司必须派人深入企业进行实地考察,全面了解企业的经营能力与生产能力及其相应的技术水平和管理水平,了解项目所在地的工作环境和社会环境,重要情况必须取得第一手资料。企业为了使项目获得审批且后期顺利运转,应提供真实的材料并积极地配合。

(4) 项目审批。租赁公司的项目审查部门对企业提供的各种资料和派出人员的实地考察报告,结合企业立项的可行性研究报告,从动态和静态、定性和定量、经济和非经济等多方面进行综合分析,全面评估项目的风险和可行性,决定项目的取舍,并确定给予企业的风险利差。如果项目可行,风险在合理可控的范围内,即可编制项目评估报告,办理内部立项审批手续。

(5) 合同签约和项目后管理。项目被批准后,租赁公司接受企业的租赁项目委托,就可办理租赁标的物购置手续,签订购货合同和租赁合同,合同的价格条款和租赁条件都不应离可行性研究报告的分析数据太远,否则要重新评估项目。签约后项目评估的结论应为项目的优化管理提供参考依据。

项目后管理对于确保租金安全回收起着重要作用。在租赁项目执行过程中,企业应经常将实际经营状况与可行性研究报告进行比较,随时调整经营策略,力求实现预期的经营目标。租赁公司则应经常将企业的经营状况与评估报告的主要内容进行比较,发现问题并及时采取措施,保证租金回收的安全运作。

2. 融资租赁项目评估基本内容

由于企业的财务分析在可行性研究报告中已做说明,因此融资租赁项目评估的主要内容应是评定风险、提供经济担保、核实数据来源和判定企业信用等级。

(1) **评定风险**。租金回收的好坏主要是看承租人的现金支付能力。对于出租人来说,最大的风险就是承租人没有能力支付租金。影响出租人租金回收的因素有很多,除承租人偿还能力外,还有利率和汇率变动风险、经营风险以及市场变化、环境污染、政策调整、产业结构调整等不可预测因素,出租人应在调查研究的基础上进行综合分析。

(2) **提供经济担保**。承租人的风险等级与其经济担保能力是密切相关的。融资租赁业务的达成通常都需要承租人提供经济担保,一般认为,按照承租人风险等级高低排序,出租人所能接受的担保种类有银行担保、房地产抵押担保、有价证券抵押担保和大型企业担保。

(3) **核实数据来源**。各种经济数据是项目评估的基础和依据,因此核实数据来源的可靠性和权威性是项目评估的重要环节。出租人应着重核实下列数据:一是租赁资金占投资总额的比例。一般承租人为租赁标的物配套的资金应大于租赁标的物概算成本的1~2.5倍,这样才能保证租赁项目正常运作,为此要核实承租人的项目资金来源和筹资能力。二是企业资信能力。主要通过承租人近几年的财务报表和有关明细表分析其经营情况;调查承租人的存货结构和应付款项,判断产品销路和债务拖欠情况;了解产品的生产能力和销售能力;分析产品的市场周期,是处于上升阶段、发展阶段还是处于下降阶段;核算承租人资产和负债的比例,以及短期负债和长期负债的比例,这些都是预测承租人偿还能力的重要依据。在核实过程中,出租人对财务报表的重大数据,应查询有关凭证和账簿;有些公众数据如影子价格和社会收益率等,应来自有关政府部门和专业的权威管理部门。

(4) **判定企业信用等级**。对企业信用实行等级制是整个融资租赁业务活动的分界点。出租人对承租人信用等级的判定,就是对项目风险的判定。出租人通过项目评估,判定承租人的信用等级,根据信用等级的高低,决定项目的取舍和风险利差的幅度。

目前,我国中小企业信用评估体系和市场机制尚未健全,项目的不确定性因素多,评估分析的重点应在定性分析上。分析的主要内容包括:我国的市场特点、产业结构的区域性特点;企业原经营行业;租赁合同的担保状况、配套资金的贷款状况;原材料供应和产品销售市场的可靠程度;若租赁标的物供货商由企业指定,则租赁公司还应对供货商的资信进行调查。

(二) 融资租赁业务流程

融资租赁的业务流程具体为:

1. 融资租赁项目与企业准备

在融资租赁项目中,企业与租赁公司沟通是项目准备的前提。无论是企业、供货商还是租赁公司,都要对租赁有所了解,这样才便于沟通。作为承租人,企业要向供货商询价,选定设备。依托融资租赁合作框架,企业要对多个供货商询价,以了解市场行情。在充分比较的基础上,企业甚至可以采用公开招标方式确定供货商。

作为承租人,企业与租赁公司初步洽谈,达成合作意向后,要提出融资租赁申请,填写项目申请表,同时提供以下资料:企业基本情况介绍;企业最近三个会计年度财务报表及其附注;企业资产抵押担保情况说明;融资租赁项目可行性研究报告;企业验资报告;企业营业执照、组织机构代码证、税务登记证、法人代表证、基本账户开户许可证;承租人为有限责任公司或股份公司的,还应提供最新的公司章程、批准项目实施的相关决议等文件;政府扶持项目的相关文件、会议纪要;国际租赁需提供国家有关部门批准引进的相关文件;关于提供资料真实性、完整性、准确性的承诺函;以及租赁公司认为需要提供的其他材料。

2. 租赁公司审查融资租赁项目

作为出租人,租赁公司要全面审核申请资料,并落实相关评估、保险、担保手续。租赁公司应根据企业提供的资料对其资信、资产及负债状况、经营状况、偿债能力、项目可行性等方面进行综合调查。租赁公司要求项目提供抵押、质押或履约担保的,企业应提供抵押或质押物清单,以及权属证明或有处分权的同意抵押、质押的证明,并与担保方就履约担保函的出具达成合作协议。经租赁公司初步审查未通过的项目,企业应根据租赁公司的要求及时补充相关资料;补充资料后仍不能满足租赁公司要求的,该项目撤销,项目资料退回企业。

3. 签订合同和履行合同

在融资租赁项目中,出租人、承租人、供货商需签订相关合同文件。一是出租人、承租人、供货商三方签订融资租赁合同;二是出租人、供货商、承租人签订购销合同,或出租人、承租人签订回租合同;三是出租人、承租人签订保证金协议。

签订相关合同文件后,供货商应装运设备,即供货商采用汽车、火车或轮船等交通工具,将承租人预订的设备加工完毕后装运发货。承租人验收设备,出租人支付设备款。待设备到达承租人所在货运目的地后,由承租人负责对设备进行质量验收。如果验收合格,则由出租人按照合同一次或多次按期向供货商支付货款。通常租赁合同自此正式生效。

项目运行过程中,承租人支付租金,供货商提供售后服务。承租人将设备运达生产场所,并进行调试安装。至此,融资租赁项目进入后管理阶段。承租人要负责按时交纳租金,并用自有资金负责设备的保养和维护;而供货商要负责提供售后服务。

4. 融资设备处理

租赁合同到期,通常设备的折旧已经基本提完。按照《融资租赁合同》的约定,通常由于设备具有专用性,由双方事先协商好,按照一定的残值将设备转让给承租人,最终完成融资租赁过程。

(三)融资租赁合同的关键要素

融资租赁业务作为一种多方互利的融资方式,对中小企业的发展有着重要的作用。但是由于在交易过程中有着比较复杂的程序,再加上融资租赁的时间比较长,而且在履行合同的过程中很容易出现争议等问题,以至于融资租赁业务中经常出现一系列的法律风险。

1. 出租人的法律风险

出租人在融资租赁中的法律风险主要在于租赁物所有权的保护。首先,如果租赁期满前,承租人违约或有其他约定情形,则出租人要想取回租赁物,不仅需要与承租人进行有效的协商,还需要通过保全、起诉、审理以及执行等相关法律程序才能够实现。但是在一般情况下,保全、起诉、审理以及执行等相关法律程序大多都需要经过一年到两年的时间,再加上已经履行的时间,因此时效上难以及时保障出租人的利益。其次,在承租人破产时,虽然一定情况下法律规定租赁物并不在破产财产之列,但是在实际的融资租赁业务中,由于出租人并没有对租赁物进行有效的管理,以至于出租人取回租赁物存在较大的风险。

2. 承租人的法律风险

承租人在融资租赁中的法律风险主要有:①在租赁期内,承租人并不享有租赁物的所有权,对租赁物也就没有完全的支配权,进而导致承租人使用设备的合法权利随时有可能被侵害。②即使承租人按约定支付租金,如果租赁物所有权被取回或被强制执行,或者出租人发生其他信誉风险,那么也会导致承租人生产受限和发生经济损失。③承租人对租金偿付的及时性直接影响到租赁合同的履行,一旦承租人现金流不充分导致拖延支付租金,就可能触发出租人取回租赁物条款。

3. 签订融资租赁合同的注意事项

为了有效防范融资租赁业务各方的法律风险,在签订融资租赁合同时应重点考虑如下注意事项:

(1) 在签订融资租赁合同的过程中,出租方通常作为格式合同提出的一方,应在签订合同之前参考以往案件反映出的问题进行有效的内容增加以及相关合同条款的完善,并提高对合同条款的解释和说明。

(2) 在签订融资租赁合同时,对首付款、保证金的性质和用途、租赁物质量、租赁物所有权归属、租赁物取回条件、租金、索赔权利、违约责任、租赁物价值评估方法等这些很容易引起双方争执的问题,租赁双方应充分明确,保证在出现争论时有明确的依据。其中,关键的条款有租赁物所有权归属条款、租赁物取回条款、违约责任条款等。

(3) 在签订融资租赁合同时,承租方应严格审查租赁物的产权状况,避免产权纠纷;而出租方应充分考察承租方的信誉状况,避免信誉风险。

典型案例

中关村科技租赁:破解中小企业融资困局

中关村科技租赁成立于 2012 年 11 月 27 日,是经商务部和国家税务总局批准的国有控股内资融资租赁试点企业,是国内首家科技租赁公司。依托中关村发展集团这一示范区重要的市场化集成运营平台,中关村科技租赁以"促进科技与金融的融合,成就科技创业者的梦想"为己任,充分发挥融资租赁区别于其他债权融资工具的功能优势,专注于为科技中小企业提供高效金融服务及设备租赁解决方案,有效解决科技中小企业的融资难、融资贵问题,实现科技产业与金融产业的共赢发展。主要产品和服务如下:

1. 直接租赁

针对企业购置设备的需求,中关村科技租赁向企业指定的供货商采购指定型号的设备,出租给企业使用。企业按照约定的频率向中关村科技租赁支付租金。

产品优势:①帮助企业解决购置研发、检测、生产设备的资金需求,融资额度可达购置价款的90%;②帮助企业提升采购议价能力,降低采购成本;③提供与投资回收期相匹配的中长期融资解决方案。

适用企业:需要进行设备购置、升级改造的企业。

2. 售后回租

针对企业增加流动资金的需求,中关村科技租赁以公允价格向企业购买存量设备资产,再将同批设备出租给企业使用。企业按照约定的频率向中关村科技租赁支付租金。

产品优势:①帮助企业在10~15个工作日内快速解决流动资金不足的问题;②帮助企业盘活研发、检测、生产设备等存量固定资产,增加流动资金;③提供中长期融资解决方案。

适用企业:存量固定资产(研发、检测、生产设备等)充足,但流动资金不足的企业。

3. 项目租赁

针对企业投资建设项目的资金需求,中关村科技租赁以项目整体资产(设备、附属设施及相关无形资产)为租赁物,根据项目投资额、现金流情况确定融资额度,灵活设计租金支付节奏,为企业提供中长期融资解决方案。

产品优势:①帮助企业解决项目建设融资,融资额度最高可达项目总投资额的90%;②根据项目资产经营现金流,匹配租金支付节奏;③帮助企业发挥运营能力优势,实现项目快速复制,加速抢占市场。

适用企业:单体项目投资金额较大的企业,如污水处理、集中供能、垃圾处理、数据中心、5G基站、智能物流、智能停车、第三方影像中心、体检中心等。

4. 服务型租赁

针对制造业企业为满足下游客户差异化的设备使用需求而产生的融资需求,中关村科技租赁向企业购买其生产的设备,然后将设备出租或委托给企业进行运营服务,助力企业由制造业向生产性服务业转型升级。

产品优势:①帮助企业实现商业模式迭代优化,由销售产品转变为提供服务;②租金支付与服务收费相匹配;③帮助企业增加服务性收益,增强客户黏性。

适用企业:制造业企业,产品通用性较强、技术成熟、性能稳定,需要通过服务方式提升产品附加值、增强客户黏性。

5. 销售型租赁

针对制造业企业促进产品销售的需求，中关村科技租赁与企业建立战略合作伙伴关系，为企业的下游客户提供购置设备的融资服务，帮助企业扩大销售规模，加速销售款项回笼。

产品优势：①帮助企业快速扩大产品销售规模，加速市场扩张；②帮助企业加速销售款项回笼，提高应收账款管理水平；③为企业的下游客户提供中长期融资解决方案。

适用企业：制造业企业，产品具有一定的品牌知名度，通用性较强、技术成熟、性能稳定。

6. 租赁+投资+委托运营

针对轻资产运营企业快速复制扩张的需求，中关村科技租赁以"投租联动"的方式为企业量身定制"租赁+"综合服务方案，帮助企业实现轻资产运营，快速复制商业模式。

产品优势：①帮助企业实现轻资产运营，快速复制扩张；②帮助上市公司加强市值管理；③提供量身定制的"租赁+"综合服务方案。

适用企业：国内主板上市公司及细分行业龙头企业，如国内主板上市公司，控股股东是国内主板上市公司的企业，预计两年内上市的企业，细分行业龙头企业。

中关村科技租赁注重科技和新经济企业的成长性，率先搭建"资产信用+主体成长"双维评级模型，聚焦大数据、大环境、大健康、大智造、新消费领域，支持了大量不被传统金融机构接受的科技和新经济企业。截至2020年年底，中关村科技租赁已服务承租人1 100余家，其中99%以上为科技和新经济企业，百余家企业估值超过10亿元，超过30家企业已成功实现上市；累计签约项目1 800余个，租赁业务投放额超过230亿元。在赋能科技和新经济企业成长的同时，中关村科技租赁也实现了自身连续突破，经营发展持续向好，连年获评国家级权威奖项，并于2020年1月在香港联合交易所成功上市，开启新的发展篇章。

资料来源：中关村科技租赁官方网站。

第五节 商业信用融资

商业信用融资主要是指发生在企业与企业之间的一种信用贷款行为。对于中小企业来说也是一种重要的融资手段和方式。目前，其主要形式有预收货款融资和赊购商品融资两种。

一、预收货款融资

对于单件价值较高或批量较大的商品，生产企业可向商品购买者预收一定数量的货款,这也是企业筹集资金的一种渠道。预收货款在我国有其存在的客观基础。对于一些供不应求的商品,如果生产企业能够保证在一定时间内保质保量地向消费者提供商品,并在价格上给予相当于存款利息的优惠,则消费者就会乐于将存款取出来,作为购买商品的预付款项,预付给生产企业,从而使社会闲置资金投入生产。

预收货款对于周转资金不足或要进行扩大再生产而没有足够资金的企业来说,不仅解决了资金缺口的问题,还有利于企业的生产经营和发展。

企业要顺利地采用预收货款的方式筹集资金,就必须具备如下条件:①通过经营取得较好的商业信誉,使客户有一种信赖感。②有良好的产品生产计划,以产品产量为预收货款的上限数额,保证预定客户按期如数收到产品。③原材料、燃料、动力等有充足的保证,不会由于材料不足而影响企业正常生产,影响产品订货。④样品质量与未来生产的大批产品相一致,不"挂羊头,卖狗肉"。⑤若交货时样式、规格型号、质量与样品不符,则允许客户退货,并退回预收的款项,赔偿经济损失。⑥有公证机关公证,使预收活动合法化,从法律上保护购销双方权益,监督双方履行合同条款。⑦及时签订预购合同,以经济合同的形式确定双方的权利和义务。⑧合同条款由销售单位拟定,由公证机关公证。

二、赊购商品融资

企业在资金不足而又急需劳动对象和劳动工具时,可以采取赊购的方式获得所需商品。企业在赊购商品时,先从销售者手中获得商品,但并不向销售者支付现款,而是在一定的期限内付清货款,即货款的延期支付。在这个过程中,由于从赊购商品到支付货款有一段或长或短的时间间隔,因此对赊购商品的企业来讲,实际上等于获得了一笔贷款,只是这笔贷款不是从银行获得,而是从销售商品的企业那里获得的。

赊购商品是商业信用的一种形式,又可称为未清账信用。这种信用通常是在卖方对买方的信用可靠程度做了充分的调查了解之后才提供的。在赊购商品交易中时,卖方出于安全考虑,可以要求买方开具买方承诺,即商业票据。商业票据可以转让或抵押,也可以贴现,这样卖方就不必担心因提供赊销而发生资金短缺。

企业在赊购商品时,必须考虑成本高低。因为赊购商品的金额是按照商品的销售价格来支付的。表面上看,是债务人"无偿"占用了债权人的资金。实际上,提供信用的企业已经把这笔款项的利息加到价格中去了,利息已随价格转嫁给了购买者。

有些企业在赊销商品时,规定了现金折扣的办法,即购买者若在货款到期前提前付款,则可以按发票金额享受一笔优惠(折扣)。购买者若能提前支付货款,就可以减少一笔支出;若不能提前支付,则只能放弃优惠价格,而多支付款项。但企业有时为了筹资而常常延长对货款的占用,利用这笔款项进行生产,以带来更大的利润。是放弃优惠价格、利用这笔赊购款,还是提前支付货款、获得优惠价格,企业要具体问题具体分析,看怎样更有利于企业的利益。

拓展阅读

下游企业技术创新绩效对上游供应商商业信用融资的影响

在竞争环境日益复杂以及企业可用资源日趋紧张的条件下,供应链上下游企业间建立纵向协同创新联盟是业界新动态。开展更加广泛的协同,有效整合创新联盟企业的资源和能力,对于提高企业乃至整个供应链的竞争力具有重要意义。本研究引入供应链协同创新视角,基于2013—2018年中国非金融类上市公司商业信用融资数据,实证探讨下游企业技术创新绩效对上游供应商商业信用融资的影响效应与传导路径。

结果发现,尽管创新程度高的企业由于经营风险大、财务政策不稳健、资产负债率高等在传统融资体系里面临较高的融资约束,但是在供应链协同创新背景下,下游企业的技术创新绩效会促进上游供应商的商业信用融资。进一步的证据表明,企业技术创新绩效与商业信用融资的关系受供应商集聚程度的影响。这是因为:其一,在供应商集聚程度高的行业,供应商竞争激烈,更倾向于提供商业信用作为产品市场竞争的手段;其二,当前上下游企业之间的创新联盟日益强化,当供应商议价能力偏弱时,其更加有意愿强化企业财务供应链参与客户企业创新的动机。

基于上述研究结论,本研究提出如下建议:其一,夯实下游企业的技术创新能力,提高企业的创新质量。虽然下游企业的技术创新绩效对上游供应商商业信用融资的直接推动作用得到验证,但从实证结果来看,在产权性质、资产负债率、金融发展程度不同的企业或地区,技术创新绩效对上游供应商商业信用融资的作用存在差异。因此,需要重视企业特征和金融发展程度。其二,进一步推动产业集群与供应商集聚。本研究发现,供应商集聚程度在技术创新绩效对供应商商业信用融资的驱动作用中发挥了显著的中介作用。大量研究表明,供应商集聚会降低企业创新成本、稳定供货渠道风险预期,并促进崇尚冒险、鼓励创新、宽容失败的文化的发展,这些集聚效应对于企业的技术创新具有十分重要的推动作用,使得经济发展进入平衡增长路径。因此,政府需要进一步加强产业集群建设,推动供应商集聚,降低产业链中的资源配置成本,促进上下游企业之间频繁紧密的协同创新,充分发挥产业集聚带来的人才、资金、设备、物流的集聚效应,促进整个供应链中企业的技术创新。其三,供应链环境下,上下游企业之间的商业信用融资不仅是一种短期融资行为,更是财务供应链的合作创新渠道。供应链的高度融合应着力于软信息、技术、财务的共享和互动融合。寻找和培养适合公司研发战略需要的供应商、对供应商进行有效的管理已成为下游企业技术创新关注的焦点,如何选择和培养与企业创新策略相适应的供应商群体、如何建立合理的供应商梯队将是本研究未来的延伸议题。

资料来源:孙辉,张仁寿.供应链纵向协同创新:来自商业信用融资的证据[J].深圳大学学报(人文社会科学版),2021,38(1):79-88.

关键术语

债权融资　银行贷款　债券融资　信用担保融资　融资租赁　商业信用融资

复习思考题

1. 企业债权融资的特点和主要融资方式有哪些？
2. 试比较企业债权融资与股权融资的异同。
3. 简述银行贷款的一般流程。
4. 试述中小企业如何获得银行的青睐。
5. 简述债券融资的特点和一般流程。
6. 试比较我国信用担保机构的几种典型模式。
7. 中小企业如何选择可靠的信用担保机构？
8. 简述融资租赁的类型和业务流程。
9. 简述商业信用融资的特点和主要形式。

第四章

私募权益融资

> 学习目标

- 理解权益融资的基本概念与特点
- 掌握私募权益融资的形式
- 了解天使投资的模式
- 了解风险投资的类型及投资模式
- 了解私募股权的运作模式

> 素养目标

通过对拓展阅读和典型案例的分析,培养学生的风险意识、社会责任、创业精神,以及对科技创新、国家战略、创新创业等问题的认识。

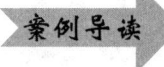

贾佳亚教授创立企业的融资历程

贾佳亚教授,本科毕业于复旦大学,博士阶段由香港科技大学和微软亚洲研究院联合培养,师从香港科技大学教授邓智强和微软前全球执行副总裁沈向洋。2004年,贾佳亚加入香港中文大学后,从助理教授做起,短短几年便成为香港中文大学终身教授。与大多数学者一样,贾佳亚一直埋头在计算机视觉 AI(Artificial Intelligence,人工智能)领域二十余年,很少对外发声。直到2017年,贾佳亚加入腾讯优图实验室,担任腾讯杰出科学家,这一消息瞬间在产业界引起千层浪。从那时起,很多 VC(Venture Capital,风险投资)投资人开始留意这位教授。

2019年年底,贾佳亚离开腾讯后,便带着学生沈小勇创办了思谋科技。资料显示,这家公司致力于 AI、5G 等技术在智能制造、超高清视频领域的运用,助力产业实现全面数字化、自动化和智能化。贾佳亚教授创业的消息,瞬间引起了行业震动。当时,IDG 资本合伙人牛奎光最先与贾佳亚和沈小勇建立了联系。一顿晚饭过后,IDG 资本便决定投资。"我了解此前有很多公司邀请贾老师。原本他可以继续选择在一家成熟的企业做技术总指挥,但能够坚定地选择进入一线做产业赋能与拉动——创立思谋科技,这是很难得的。"IDG 资本合伙人牛奎光曾谈过投资思谋科技的原因。2020年1月,IDG 资本成为思谋科技的天使投资人。

2020年,贾佳亚用了一个跨洋电话,就为思谋科技引入了第二笔融资。彼时正值新冠肺炎疫情高峰期,真格基金创始人徐小平在电话里与贾佳亚交流了几个小时。随后,思谋科技于 2020年6月宣布完成数千万美元 Pre-A 轮融资,由 IDG 资本领投,真格基金和联想创投跟投。很快,贾佳亚执掌的思谋科技引爆了创投圈。4个月后,思谋科技拿到了超1亿美元的 A 轮融资,新投资方包括红杉资本中国基金、松禾资本、基石资本、闻天下投资等。

看好思谋科技是因为创始人贾佳亚的个人经历,以及看好思谋科技所处的智能制造赛道。基石资本天使基金合伙人黄依群曾坦言:"贾佳亚在学术界有极高的地位,也曾经在腾讯担任重要职位,创业成功的概率很高。此外,思谋科技在创立之初即获得多个客户订单,避免了科技企业创立即陷入长期亏损的局面,这也和贾佳亚个人对市场需求有深入的了解有关。"

2021年6月,思谋科技完成2亿美元 B 轮融资。至此,成立仅1年半的思谋科技快速成为"独角兽"企业。细数本轮投资方可以发现,除红杉资本中国基金、IDG 资本、基石资本、联想创投、真格基金、松禾资本等老股东以外,只有具备产业资源的新股东和暄资本、雄牛资本、绅湾资本加入。

案例详情链接

张继文,刘博.我,做 VC,到大学抢教授[EB/OL].(2021-08-19)(2021-11-29).https://mp.weixin.qq.com/s/aqcjQgXre8Eve3tzB-Y4tg.

你是不是有下面的疑问?

1. 中小企业可以通过哪些渠道进行权益融资?
2. 天使投资有什么特点?

3. 风险投资如何运作？
4. 中小企业如何择机引入私募股权？

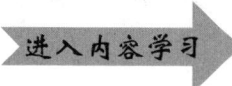
进入内容学习

中小企业通过债券融资逐步发展壮大之后，股权融资必然提到议事日程。股权融资可分为私募权益融资和公开上市融资，私募权益融资通常是中小企业股权融资的起点，市场化资本入股，有助于企业扩大经营业务规模，完善经营治理结构，为公开上市融资奠定基础。本章主要介绍私募权益融资的三种主要方式，即引入天使投资、引入风险投资和私募股权融资，也就是在企业股权融资次序中的天使轮、A轮、B轮直至Pre-IPO融资的主要方式。

第一节 权益融资概述

一、权益融资的概念

权益融资是指向其他投资者出售公司的所有权，即用所有者的权益来交换资金。这将涉及公司的合伙人、所有者与投资者之间分派公司的经营和管理责任。权益融资可以让企业创办人不必用现金回报其他投资者，而是与他们分享企业利润并承担经营和管理责任。为了改善经营管理或进行扩张，创业企业可以利用多种权益融资方式获得所需资本。

权益融资不是贷款，不需要偿还，实际上，权益投资者成了企业的部分所有者，通过股利支付获得其投资回报。权益投资者一般具有3年或5年投资期，并期望通过股票买卖收回其资金，同时获得可观的资本利得。

因为蕴含着风险，权益投资者对投资企业的要求非常苛刻。权益投资者认为，具有独特的商业机会、高成长潜力、明确界定的利基市场以及得到证明的管理层的企业才是理想的候选者。未能满足这些标准的企业，获得权益融资就会很艰难。许多创业者不熟悉权益投资者采用的标准，当他们被风险投资和天使投资不断拒绝时就会变得很沮丧。他们没有资格得到风险投资或天使投资的原因不是他们的商业建议不好，而是他们未能满足权益投资者通常采用的严格标准。

二、权益融资的特点

（1）权益融资筹措的资金具有永久性特点，无到期日，不需要归还。项目资本金是项目法人对资本的最低需求，是维持项目法人长期稳定发展的基本前提。

（2）权益融资没有固定的按期还本付息压力，股利的支付与否与支付数额视项目投产运营后的实际经营效果而定，因此项目法人的财务负担相对较小，融资风险较小。

（3）权益融资是企业最基本的资金来源,是负债融资的基础。它体现着项目法人的实力,尤其可为债权人提供保障,增强企业的举债能力。

（4）权益融资成本较高。

（5）权益融资易发生企业控制权转移。

三、权益融资的方式

中小企业权益融资的方式按照企业的发展进程来讲,通常分为四种:在企业初创阶段,通常采用引入天使投资或风险投资的方式融资;在企业发展阶段,通常采用引入私募股权的方式融资,以上三种方式属于私募权益融资;后期企业成长壮大,在具备相关条件后,通常会选择公开上市融资,即公募股权融资。

1. 引入天使投资

天使投资（Angel Investment）一词起源于纽约百老汇的演出捐助。"天使"这个词是由百老汇的内部人员创造出来的,被用来形容百老汇演出的富有资助者,他们为了创作演出进行了高风险的投资。

天使投资是自由投资者或非正式风险投资机构对原创项目构思或小型初创企业进行的一次性的前期投资,天使投资是风险投资的一种,是一种非组织化的创业投资形式。

天使投资是风险投资的先锋。当创业设想还停留在创业者的笔记本上或脑海中时,风险投资很难眷顾它们。此时,一些个体投资者如同双肩插上翅膀的天使,飞来飞去为这些企业"接生"。投资专家有个比喻,好比对一个学生投资,风险投资着眼大学生,机构投资青睐中学生,而天使投资则培育萌芽阶段的小学生。企业通常在初创阶段采用引入天使投资的方式获得企业的"第一桶金"。

2. 引入风险投资

风险投资又称创业投资,主要是指向初创企业提供资金支持并取得该企业股权的一种投资方式。风险投资是私募股权投资的一种形式。风险投资公司为专业的投资公司,由一群具有科技及财务相关知识与经验的人组合而成,经由直接投资被投资企业股权的方式,提供资金给资金需求者（被投资企业）。风险投资公司的资金大多用于投资新创事业或未上市企业（虽然现今法规已大幅放宽资金用途）,并不以经营被投资企业为目的,仅提供资金以及专业上的知识与经验,以协助被投资企业获取更大的利润,所以是一种追求长期利润的高风险、高报酬事业。企业在形成一定的业务规模后,就可以采用引入风险投资的方式进行业务扩张,进入发展的"快车道"。

3. 私募股权融资

私募股权融资有广义和狭义之分。广义的私募股权融资是指通过非公开形式募集资金。这种股权融资方式涵盖企业首次公开发行前各阶段的权益资本,即对处于种子期、初创期、发展期、扩展期、成熟期和公开上市前(Pre-IPO)各个时期的企业进行投资的资本,以及上市后的私募投资资本(如私募基金)等。狭义的私募股权融资是指已经形成一定规模的,并产生稳定现金流的成熟企业的私募股权资本部分,主要是指创业融资后期的私募股权资本部分。

企业获得的私募股权投资通常以基金方式为资金募集的载体,由专业的基金管理公司运作,像我们熟知的凯雷集团、KKR集团、黑石集团和红杉资本等国际知名投资机构就是私募股权投资基金的管理公司,其旗下都运行着多支私募股权投资基金。

4. 公募股权融资

首次公开募股(Initial Public Offerings, IPO)是指企业通过证券交易所首次公开向投资者增发股票,以期募集用于企业发展资金的过程。当大量投资者认购新股时,需要以抽签形式分配股票,又称"打新股"。认购的投资者期望可以用高于认购价的价格出售股票,以获取资本利得。

对应于一级市场,大部分公开发行股票由投资银行集团承销而进入市场,银行按照一定的折扣价从发行方购买到自己的账户,然后以约定的价格出售。公募的准备费用较高,私募可以在某种程度上部分规避此类费用。在股票上市的初期,股价通常都会上涨,不少企业创始人都在一夜间成了百万富翁。而受惠于员工认股权,雇员也可以赚取可观的收入。在美国,大部分中小企业的股票都会在纳斯达克市场交易;而在中国,多数中小企业都会在深圳证券交易所的创业板及上海证券交易所的科创板挂牌上市。此部分内容将在第五章进行介绍。

第二节 天 使 投 资

一、天使投资的概念和类型

(一)天使投资的概念

天使投资是一种私人的直接权益型投资,是指具有一定资本的个人或团体,对有发展潜力的初创期的企业进行权益性资本投资,或者直接参与并协助那些虽然具有专门技术或独特概念,但是自身缺少资金的创业者发展他们的公司,天使投资与创业者一起承担创业中的高风险和享受创业成功后的高收益,以实现资本的增值。天使投资属于自发而又分散的民间投资方式。这些进行投资的人士被称为"投资天使",用于投资的资本被称为"天使资本"。

(二)天使投资人的类型

1. 价值增值型

此类天使投资人经验比较丰富,其中不少人是退休的投资银行家和创业投资家。他们选择项目不是注重行业,而是注重机会。他们认为,机会比行业更重要。因为他们有丰富的投资经验和较强的项目鉴别能力,因此投资不是专业化,而是多元化。在投资过程中,他们愿意帮助企业成长并为此而感到快乐。因此,他们都十分积极地参与企业的管理。他们拥有强大的联合投资者网络,可以联合起来进行杠杆投资。他们对单个项目的投资额一般为5万~25万美元。

他们与被投资企业之间既进行权益性的投资,又进行债务式的融资。价值增值型天使投资人一般都希望在适当的时候退出,而退出的渠道是企业收购和公开上市。他们还喜欢做跟随型投资者,即希望在自己投资之前,该企业已有一位主要投资者,这位主要投资者对企业很了解,能对企业提供许多帮助,且已投入100万美元以上。有了这样的投资者在前,自己再搭便车,投资相对比较安全。

2. 个人投资联合型

所谓投资联合体,并不是一种正规的投资组织,而是一种短期的、松散型的投资合作组织。合作期一般为3~6年。投资者在投资中也是有合有分,有些项目是各自独立进行。一般投资规模为5万~50万美元。遇到大的投资项目,他们就邀请大批投资者加入。此类投资者较多地关注早期阶段的投资。经过一定时期的孵化,即使没有孵化出像样的企业,只是孵化出了一条成型的生产线,通过出让这条生产线,能够收回可观的现金,那么投资者的投资也是成功的。

3. 合伙人投资型

此类天使投资人在投资中喜欢合作,崇尚团队精神。他们之间已经建立起一些联合投资者关系,或者试图建立起关系网络。在这种网络体系中,往往有领头的投资者,由他们搜寻投资机会,并向联合投资者提出建议。投资规模一般为25万~100万美元。投资者希望在被投资企业中担任董事长的职位。

4. 社会责任型

此类天使投资人非常强调投资者的社会责任。他们认为,投资的目的就是培育公司。既然如此,就应手把手地帮助某公司,并和它建立起亲密无间的关系。社会责任型天使投资人所投资的对象,主要偏重于那些致力于解决主要社会问题的风险企业,如环保、能源等。此类天使投资人往往个人财富可观,因而赚钱不是第一位的,不过是希望在支持那些有较好社会效益的项目的同时,获得合理的投资回报。当遇到投资额度较大的项目而自身力量又不够时,他们也会寻找一些富有者进行联合投资。投资者的这种社会责任感可能来自其自身的优良品质,也可能来自减轻厄运的愿望,甚至来自对以前获取某种不义之财的负罪感。

5. 富有型

此类天使投资人不是碰上什么就投资什么,而是只对自己了解的项目投资,且对项目的地理位置有偏好;投资决策主要依靠自己的判断和调查;对投资回报的期望值较高,要求达到50%。而要达到这么高的投资回报率,一般只能投向企业发展的早期阶段。此类天使投资人往往都希望投资者集体拥有对企业的控制权,并在一定程度上参与企业的管理。投资者集体通常要组建一个外部控制的董事会。董事会由若干经验丰富的商人组成,他们可以帮助企业走向成功。这类投资者往往也做过创业者,他们深知创业的艰辛,因而对创业者都很有同情心。

6. 家族型

此类天使投资人的特点是家族成员的资金被集中起来,由一位大家信任的、对投资比较内行的家族成员掌握并统一进行投资决策。此类天使投资人的投资规模变化幅度较大,投资较多时可以达到100万美元,较少时只有10万美元。由于家族成员中有值得信赖的投资高手,一般都由其寻找处于发展早期阶段的创业投资,通过项目的成长,从而获得较高的投资回报率。

7. 管理型

所谓管理型天使投资人,是指"出钱买管理岗位",即投资的目的是谋求一个职位。管理型天使投资人的年龄一般在45岁左右,以前或是企业管理者、企业业主或经验丰富的执行官。他们"下岗"后,通过投资购买一次"最后的工作机会"。此类天使投资人的投资规模一般为10万～20万美元,且分阶段投资。投资并获得管理岗位后,他们很少追求对企业的控制权。为了使管理岗位能够长久,他们更关心与创业者拥有共同的见解。

二、天使投资的发展历程

天使投资最早起源于19世纪的美国,通常指自由投资者或非正式风险投资机构对原创项目或小型初创企业进行的一次性的前期投资,它和机构风险投资一起构成了美国的风险投资产业。自2000年以来,我国的风险投资快速发展,但绝大多数投资公司喜欢选择短、频、快的项目,因此比较成熟的大型项目(如接近上市的企业)融资相对容易;但风险系数相对较高,更需要全方位扶持的创业型企业较难获得支持。

以谷歌(Google)为例,二十多年前,当谢尔盖·布林(Sergey Brin)和拉里·佩奇(Larry Page)仅有企业创意,公司还没有成立时,就得到了天使投资人安迪·贝托尔斯海姆(Andy Bechtolsheim)提供的10万美元的支票。

早期的天使投资人往往是成功的创业者或前大企业高管、行业资深人士,他们往往能给企业创始人带来经验、判断、业界关系和后继投资者。在企业成长期,高附加值的风险投资还会引领创业企业进入更正规的运营架构和管理模式,甚至帮助企业配备后续发展所需的专业团队。企业发展到上市或购并阶段,风险投资又会提供相应的助力。因此,在创业企业的不同阶段,其天使投资人就像跑接力一样,通过传承、培养,使一个概念生根、发芽、开花、成长。

可以说,天使投资是美国早期创业和创新的主要支柱。在美国,现阶段的天使投资能够占风险投资总体规模的 40%～50%。美国新罕布什尔大学下属的创业研究中心发布的《美国天使投资市场研究报告》表明,2020 年美国共有 33.4 万多名活跃的天使投资人,除此之外,还有多个天使投资组织,其提供的投资总额达到 192 亿美元。可以说,假如没有天使投资,后期风险投资将是"巧妇难为无米之炊"。

随着我国天使投资的发展,朱敏、李开复、雷军、周鸿祎、王云达等现阶段耳熟能详的天使投资人逐渐增多,在徐小平、曾李青等早期天使投资人的带动下,国内成功的民营企业家正逐渐成为天使投资的主力军;同时,涌现出许多活跃的天使投资基金,包括真格基金、梅花天使创投、联想之星、英诺天使基金等,它们关注不同领域的新创企业。我国天使投资人主要有两大类:一类是以成功企业家、成功创业者、风险投资者等为主的个人天使投资人,并建立了立体的创业服务体系,成为我国创业投资领域的中坚力量。另一类是专业人士,比如律师、会计师、大型企业的高管以及一些行业专家,他们虽然没有太多的创业经验和投资经验,但拥有闲置可投资金,以及相关行业资源。

拓展阅读

3 年 2 200 倍回报的苹果

1976 年 1 月,还在惠普工作的斯蒂夫·沃兹尼亚克(Stephen Wozniak)得意洋洋地拿出了自己研发的计算机主板 Apple I,尽管他很努力地向惠普公司推荐该产品,但公司却说,这不是此时公司要开发的产品。于是他的好哥们儿史蒂夫·乔布斯(Steve Jobs)说:"嘿,咱们干吗不自己来卖它。"这就诞生了苹果公司。

公司启动所需的资金来自两位创始人。沃兹尼亚克卖掉了他心爱的 HP-65 可编程计算机,价钱是 500 美元;乔布斯卖掉了他的大众汽车,本来说好的价钱是 1 000 美元,可是几个星期后汽车发动机坏掉了,因此只卖了 500 美元。不过幸运的是苹果公司可以依靠出售产品来赚取资金,而且乔布斯很快就找到了买主。全美第一家计算机零售连锁店字节商店(Byte Shops)决定以每台 500 美元的价格购买 50 个苹果计算机主板。

当然,对于新创公司而言,钱还是个问题,除非乔布斯愿意一辈子挨家挨户地推销他的电脑。于是乔布斯找到了一位风险投资人。此人名叫唐·瓦伦丁(Don Valentine),今日看来可谓大名鼎鼎,他曾在仙童半导体和国家半导体公司做过管理者,后来创建了红杉资本。乔布斯一天好几个电话地纠缠,使瓦伦丁不堪其扰,于是他说,小伙子,我投资没问题,但你得先找个市场营销方面的专家,"你们俩人谁都不懂市场,对未来的市场规模也没有一个明确的概念,这样无法开拓更广阔的市场"。

瓦伦丁推荐的人是迈克·马克库拉(Mike Markkula),马克库拉曾投资过英特尔,由此成名和发家。马克库拉一下子就喜欢上了苹果,他不但加入了苹果(1977 年),而且成为公司初期的投资人,不仅自己投入 9.2 万美元,还筹集到 69 万美元,外加由他担保从银行得到的 25 万美元贷款,总额 100 多万美元。他相信这家公司会在 5 年内跻身世界

500强。

1979年夏天,苹果公司再次融资,此次参与投资的都是全球最大的风险投资机构和商业银行。比如施乐公司的投资部施乐发展公司投了105万美元。这是上市之前的最后一次融资。1980年12月12日苹果公司上市,每股发行价14美元,当天以22美元开盘,几分钟内460万股被抢购一空,当日收盘价29美元。乔布斯当日身家达到2.17亿美元,那年他24岁。马克库拉身家则达到2.03亿美元(9.2万美元的天使投资增值了2 200倍)。

资料来源:堪称传奇的天使投资案例[EB/OL].(2010-01-23)[2021-11-30]. http://blog.sina.com.cn/s/blog_646b15420100gszs.html.

三、天使投资的运作模式

1. 天使投资人模式

天使投资人或天使在欧洲被称为商业天使(Business Angel)或非正式投资者,是指提供创业资金以换取可转换债券或所有者权益的富裕个人投资者。这些进行投资的富人就被称为投资天使、商业天使、天使投资人或天使投资家,而那些用于投资的资本就被称为天使资本。天使投资人自己组织形成的天使团体或天使网络目前正不断扩大,以分享研究成果。术语"天使"最初来自英格兰,代表提供戏剧表演资金的资本。1978年,新罕布什尔大学教授、该校创业研究中心创始人威廉·韦特泽尔(William Wetzel)完成了一项开拓性研究:探讨在美国如何增加企业的原始资本,他第一次使用"天使"来描述那些支持这些企业的投资者。

通常天使投资人使用自己的资金进行投资。虽然天使投资人通常指的是个人,但实际上提供资金的实体可能是一个信贷基金、投资基金、有限责任公司等。

天使投资填补了企业财务中"朋友和家人"(有时被幽默地称作"FFF",即朋友、家人和傻瓜)也就是启动资金和风险投资之间的空白。由于通常很难从朋友和家人那里筹集到超过几十万美元,且大多数风险投资不会考虑200万美元以下的投资,因此天使投资多见于高增长的初创企业中的第二轮投资。天使投资与风险投资相比几乎有着同样规模的资金总量,对应投入于相比风险投资10倍数量的公司。

天使投资人往往是那些不单是为了现金回报的退休的企业家或高管。他们的目的可能是有意跟踪行业潮流发展,指导下一代的企业家,或者是将其当作一个"半兼职"。因此除了资金,天使投资人往往可以提供有价值的管理咨询和重要的社会关系。由于没有公开上市,私营企业寻找天使投资通常通过已投资于该企业的其他投资者的推介、企业之间的业务来往、投资者专题推介会以及天使投资人与企业之间面对面的投资交流。

2. 天使投资团队模式

对于个体天使投资人来说,由于很多人除投资者的身份外,还有自己的本职工作,他们会遇到以下几个问题:项目来源渠道少,项目数量有限;个人资金实力有限,难以分散投资；时间有限，难以承担尽职调查等烦琐的工作；投资经验和知识缺乏，投资失败率高。

于是，一些天使投资人组织起来，组成天使俱乐部、天使联盟或天使投资协会，每家有几十位天使投资人，可以汇集项目来源，定期交流和评估，会员之间可以分享行业经验和投资经验。对于合适的项目，有兴趣的会员可以按照各自的时间和经验，分配尽职调查工作，并可以多人联合投资，以提高投资额度和承担风险。

美国的天使投资团队非常发达，有超过300家天使投资团队遍布各州，其中有半数以上的天使投资团队联合起来，成立了天使投资协会，促进了相互之间的信息交换，也促进了天使投资相关政策的发展。我国也有不少类似的天使投资俱乐部和天使联盟，比较典型的是上海天使投资俱乐部、深圳天使投资俱乐部、中关村企业家天使投资联盟等。

3. 天使投资基金模式

在进一步联合投资的基础上，天使投资人又成立了天使投资基金。因为涉及资金，松散的俱乐部式管理不能满足会员们的要求。把资金联合起来以基金的名义投资，无论是从金融角度还是从法律角度都有积极的意义。在天使投资基金体系下，天使投资人可以真正地联合起来，分工负责，密切合作，还可以请职业经理人来打理基金。所以，天使投资基金是有组织的非公开性质的权益资本。它拥有独立的基金管理人，是国内天使投资进步和发展的里程碑。

机构化天使投资发展大约分为三个阶段：

第一个阶段是松散式的会员管理式的天使投资机构，这种天使投资机构采用会员自愿参与、分工负责的管理办法，如会员分工进行项目初步筛选、尽职调查等。

第二个阶段是密切合作式的经理人管理式的天使投资机构，这种天使投资机构利用天使投资人的会员费或其他资源雇用专门的职业经理人进行管理。

第三个阶段是管理天使投资基金的天使投资机构，同投资于早期的创业投资基金相似，是正规的、有组织的、有基金管理人的非公开权益资本基金。天使投资基金作为一个独立的合法实体，负责管理机会寻找、项目估值、尽职调查和投资的全过程。

在美国和欧洲，天使投资基金已得到比较充分的发展，其财力、资源、团队能将一个初创阶段的企业带到很高的发展阶段，投资成功率要比个人天使投资高很多。现阶段，我国个人天使投资还未得到充分的发展，给了天使投资基金更多的发展机会，机构化天使投资将会成为发展潮流。

随着我国天使投资的发展，投资基金形式的天使投资在我国逐渐出现并变得活跃。一些投资活跃、资金量充足的天使投资人，设立了天使投资基金，进行更为专业化的运作。比如庞小伟发起设立的天使湾基金、徐小平设立的真格基金、乐百氏董事长何伯全设立的广东今日投资、腾讯联合创始人曾李青设立的德讯投资等。此外，还有一些资金从外部机构、企业、个人募集而来的天使投资基金，它们与风险投资形式类似但基金规模和单笔投资规模更小，比如创业邦天使投资基金、青阳天使投资等。

4. 孵化器式天使投资模式

孵化器起源于美国,伴随着新技术产业革命的兴起而发展起来。孵化器在推动高新技术产业的发展、孵化和培育中小科技型企业,以及振兴区域经济、培育新的经济增长点等方面发挥了巨大作用,引起了世界各国政府的高度重视,孵化器也因此在世界范围内得到了较快的发展。在欧洲,孵化器也被称为"创新中心"。我国孵化器的主要功能是以科技型创业企业为服务对象,通过开展创业培训、辅导、咨询,提供研发、试制、经营的场地和共享设施,以及政策、法律、财务、投融资、企业管理、人力资源、市场推广和加速成长等方面的服务,以降低创业风险和创业成本,提高企业的成活率和成长性,培养成功的科技型企业和创业家。

现阶段,孵化器与天使投资融合发展主要有两种模式:

(1) 政府主导型孵化器与天使投资融合发展模式。政府主导型孵化器是非营利性的社会公益组织,组织形式大多为政府科技管理部门或高新技术开发区管辖下的一个事业单位,孵化器的管理人员由政府派遣,运作经费由政府全部或部分拨款。在这种模式下,孵化器以优惠价格吸引天使投资机构入场,充当天使投资与创业企业之间的媒介。

(2) 企业主导型孵化器与天使投资融合发展模式。企业主导型孵化器是市场化方式运作孵化器,以保值增值为经营目标,自负盈亏。这种类型的孵化器多采用自己做天使投资人的运作模式,使得孵化、投资、管理实现一体化,在降低投资成本的同时也降低了投资风险,其运作过程充分地利用了资源配置,提高了资本效率。

5. 投资平台式天使投资模式

随着互联网和移动互联网的发展,越来越多的应用终端和平台开始对外部开放接口,使得很多创业团队和创业企业可以基于这些应用平台进行创业。比如,围绕苹果 App Store 平台产生了很多应用、游戏等,让许多创业团队趋之若鹜。

很多平台为了吸引更多的创业者在其平台上开发产品,提升平台的价值,设立了平台型投资基金,对在此平台上有潜力的创业企业进行投资。这些平台型投资基金不但可以给予创业企业资金上的支持,而且可以给它们带来平台上丰富的资源。

当下国内比较活跃的天使投资大体可分为三大类,也就是我们所说的天使投资三大阶层,即独立天使、早期机构与政府基金。由于其构成不同、资金来源不同、设置目的不同,因而在推动天使投资发展中发挥的作用也不尽相同。但是我们说,天使投资如果能在我国健康可持续地发展,那么这三个方面一个都不能少。

(1) 独立天使。独立天使是发展天使投资事业中最重要的核心动力。正是在它们的精心维护下,众多新创企业才纷纷跨越死亡之谷,从种子到发芽,进入下一轮发展阶段。我们可以预见,未来获得天使投资帮助的企业更多,离成功也更接近,实践证明也确实如此。正是在这些专业中介的大力推动下,我国的创业投资事业才得以蓬勃发展。它们充当着重要的桥梁作用,将创业者与天使精准地结合在一起。今后如果它们能更多地与媒体联手,相信会在更大范围及层面上提升相关水平,获得更大的影响力。

（2）早期机构。如果将融资比作接力赛,将天使投资比作第一棒的话,那么无疑早期机构就是天使投资的接力棒。早期机构准备得是否到位,直接影响到接棒的准度、力度和模式。早期机构由具备创业导师资质的人成立天使投资基金,对外募集天使投资,以虚拟孵化器的方式进行基金管理,专注种子期的投资。

（3）政府基金。政府基金在政策引导和投资领域拓宽方面弥补了一般天使投资的空白。在我国,政府基金从一开始就扮演着天使投资的角色,只不过大家更愿意称其为创业投资基金,最典型的就是国务院批准设立的创新基金。以创新基金为主导的政府基金确实在科技创新领域起到了重要的推动作用。各大部委支持创新创业的基金、地方各级政府的相关配套基金,以及政府专项基金,还有各个科技园区内设立的一些创业投资基金,其实也都充当了天使投资角色。

第三节 风 险 投 资

风险投资从20世纪60年代末70年代初开始出现和发展,现在已经成为主流资本,在机构投资和企业投资组合中占有重要的地位。风险投资是一种风险大、专业性强的投资活动,其运营主要分为风险资本的形成、风险资本的投资和风险资本的退出三个阶段。风险投资作为一种长期投资,一般要经历企业的种子期、创业期、成长期和成熟期。

一、风险投资的概念与类型

（一）风险投资的概念

风险投资又称创业投资,主要是指投资者向初创企业提供资金支持并取得该企业股权的一种投资方式,因此引入风险投资属于权益融资的一种。

风险投资的投资者通常将风险资本投资于具有发展潜力的初创高科技企业,在承担很大风险的基础上,为融资者提供长期资金和增值服务,扶持企业快速成长,数年后再通过企业上市、兼并或其他股权转让方式退出投资,取得高额的投资回报。风险投资有广义和狭义之分。广义的风险投资泛指一切具有高风险、高潜在收益的投资;狭义的风险投资是指对以高科技为基础,生产与经营技术密集型企业的投资。从投资行为的角度来看,风险投资是把资本投向蕴藏着较大风险的高科技及其产品的研究开发领域,旨在促使科技成果尽快商品化、产业化,以取得高资本收益的一种投资过程。从运作方式的角度来看,风险投资是在专业化人才的管理下,向具有发展潜力的高科技企业投入风险资本的过程,也是协调风险投资专家、技术专家、投资者的关系,利益共享、风险共担的一种投资方式。风险投资对于中小高科技企业的发展起着重要的推动作用。

(二) 风险投资的类型

1. 种子资本

种子资本是指在企业的科技成果产业化前期就进行投入的资本,也被称为种子资金。企业在缺乏可抵押财产的情况下,既不可能从传统的银行部门获取信贷,又很难从商业性的风险投资公司获得风险资本。此时,企业就会将更多的目光投向提供种子资本的风险投资基金。种子资本主要是为那些处于产品开发阶段的企业提供小笔融资,而这类企业在很长一段时间内(一年以上)都难以提供具有商业前景的产品,所以投资风险极大,但潜在收益也相对增加。对种子资本具有强烈需求的往往是一些高科技企业,如生物技术公司。从科技成果产业化的角度来看,种子资本的作用是非常大的,正是由于种子资本的出现,才使许多科技成果能够迅速产业化,才使其有更大的发展。一般来说,目前国内外常见的种子资本主要有四种类型,分别是政府种子基金、风险投资机构种子基金、天使投资基金和孵化基金。

2. 导入资本

有了较明确的市场前景后,由于资金短缺,企业便可寻求"导入资本"(Start-up Funds),以支持企业的产品中试和市场试销。但是由于技术风险和市场风险的存在,企业要想激发风险投资者的投资热情,除本身应达到一定的规模外,对导入资本的需求也应达到相应的额度。这是因为从交易成本(包括法律咨询成本、会计成本等)的角度考虑,投资较大企业比投资较小企业更具有投资的规模效应。而且,小企业抵御市场风险的能力也相对较弱,即便经过几年的显著增长,也未必能够达到股票市场上市的标准。这意味着风险投资者可能不得不为此承担一笔长期的、流动性较差的资产,并由此受到投资者要求得到回报的压力。

3. 发展资本

这类资本在欧洲已成为风险投资的主要部分。这类资本的一个重要作用就在于协助那些私人企业突破杠杆比率和再投资利润的限制,巩固这些企业在行业中的地位,为它们进一步在公开资本市场获得权益融资打下基础。尽管该阶段风险投资的回报并不高,但对于风险投资者而言却具有很大的吸引力,原因就在于所投资的风险企业已经进入成熟期,包括市场风险、技术风险和管理风险在内的各种风险已经大大降低,企业能够提供一个相对稳定和可预见的现金流,而且企业管理层也具备良好的业绩记录,可以降低风险投资者对风险企业的介入所带来的成本。

4. 风险并购资本

风险并购资本一般适用于较为成熟的、规模较大的和具有巨大市场潜力的企业。与一般杠杆并购的区别在于,风险并购的资金不是来自银行贷款或发行垃圾债券,而是来自风险投资基金,即收购方通过融入风险资本来并购目标公司的股权。以管理层并购为例,由于风险资本的介入,并购所产生的营运协同效果(指并购后反映在营运现金流量上的效果)也就更加明显。目前,管理层并购所涉及的风险资本数额越来越大,但交易数量却少得多,原因就在于管理层并购的交易规模比其他类型的风险投资要大得多。

> **拓展阅读**
>
> ### 携程发展初期的融资历程
>
> 携程创始之时,梁建章、沈南鹏、范敏和季琦4人共投资了200万元人民币,公司的股权结构完全由出资比例而定,沈南鹏是"最大"的股东。不过仅靠这些资金,携程不可能得到快速的发展,沈南鹏便去和美国国际数据集团(International Data Group,IDG)接触,在他的努力下,携程成立才3个月,便得到了IDG第一笔50万美元的天使轮投资。
>
> 1999年年底,沈南鹏正式辞掉投资界工作,专心于携程的融资与发展,并考虑下一轮融资。因为第一笔融资只能支撑几个月的开销,如果融不到资,携程就要关门。2000年3月,携程吸引到了以软银集团为首的450万美元的A轮融资;11月,吸引到了美国凯雷投资集团等机构的1 127万美元的B轮融资。携程三轮融资共计吸纳海外风险投资近1 700万美元。
>
> 2000年11月,携程并购北京现代运通订房中心,此次并购为携程带来了巨大的收益,一年的时间里,携程发展了2 000多家签约酒店。2001年订房交易额达到5亿元,2002年交易量再翻一番,携程成为国内最大的宾馆分销商,从此携程最基本的生存已经不再是问题,为后期企业在旅游行业的业务拓展奠定了良好的基础。
>
> 资料来源:根据相关资料整理。

二、风险投资的发展历程

1. 风险投资的起源

风险投资的起源可以追溯到19世纪末期,当时美国一些私人银行通过对钢铁、石油和铁路等新兴行业进行投资,从而获得了高回报。1946年,美国哈佛大学商学院教授乔治·多里特(George Doriot)和一批企业家成立了第一家具有现代意义的风险投资公司——美国研究与发展公司,开创了现代风险投资业的先河。但是由于当时条件的限制,风险投资在20世纪50年代以前的发展比较缓慢,真正兴起是从70年代后半期开始的。1973年,随着大量小型合伙制风险投资公司的出现,美国风险投资协会宣告成立,为美国风险投资业的蓬勃发展注入了新的活力。

2. 风险投资的发展

风险投资在美国兴起之后,很快在世界范围内产生了巨大影响。1945年,英国诞生了全欧洲第一家风险投资公司——工商金融公司。英国风险投资业虽较早起步,但发展却很缓慢,直至80年代英国政府采取了一系列鼓励风险投资业发展的政策和措施后,风险投资业在英国才得以迅速发展。其他一些国家如加拿大、法国、德国的风险投资业随着新技术的发展和政府管制的放松,也在80年代有了相当程度的发展。20世纪末的日本作为亚洲的经济领头羊,其风险投资业也开展得如火如荼。到1996年,日本的风险投资机构已达100多家,投资额高达150亿日元以上。但与美国不同的是,日本的风险投资机构中有相当一部分是由政府成立的,这些投资机构也大多不是从事股权投资,而是向高科技产业或中小企业提供无息贷款或贷款担保。

3. 我国风险投资的发展进程

我国的风险投资业在20世纪80年代才姗姗起步。1986年,政协"一号提案"为我国的高技术产业和风险投资发展指明了道路,为我国的风险投资事业掀开了新的一页。1985年,中共中央在《关于科学技术体制改革的决定》中指出:"对于变化迅速、风险较大的高技术开发工作,可以设立创业投资给以支持。"这一决定精神,使我国高技术风险投资的发展有了政策上的依据和保证。1986年,国务院批准成立了我国第一家风险投资公司——中国新技术创业投资公司(简称"中创"),这是一家专营风险投资的全国性金融机构。它的成立被视为我国风险投资业起步的标志。继中创之后,我国又成立了广州技术创业投资有限公司、江苏省苏高新技术风险投资股份有限公司等类似的公司,使得我国出现了风险投资早期萌芽,其业务主要为投资、贷款、租赁、担保、咨询等。这一阶段我国风险投资的资金规模约为30亿元。

1991年3月6日,国务院在《国家高新技术产业开发区若干政策的暂行规定》第六条中指出:"有关部门可在高新技术产业开发区建立风险投资基金,用于风险较大的高新技术产品开发。条件比较成熟的高新技术产业开发区,可创办风险投资公司。"这标志着风险投资在我国已受到政府的高度重视。

20世纪90年代中期前后,一批海外基金和风险投资公司开始涌入我国,为我国风险投资业注入了新的资金,并带来了西方全新的管理与规范化的运作模式;与此同时,一些投资银行、信托投资公司等金融机构也纷纷开设风险投资部,涉足刚刚兴起的风险投资业,种种情况表明我国风险投资业开始进入试探性发展阶段。

1998年"两会"期间,民建中央提交了《尽快发展我国风险投资事业》的提案;1999年,国务院办公厅批转了国家七部委《关于建立风险投资机制的若干意见》,推动了我国风险投资业以前所未有的速度发展。1999年,国务院办公厅转发了科技部、国家计委、国家经贸委、财政部、人民银行、税务总局、证监会制定的《关于建立风险投资机制若干意见的通知》,该通知对于我国建立风险投资机制的意义、建立风险投资机制的基本原则、培育风险投资主体、建立风险投资撤出机制、完善中介服务机构体系、建立健全鼓励与引导风险投资的政策和法规体系等都做了明确的说明及规定。2000年,国家经贸委颁布了《关于鼓励和促进中小型企业发展的若干政策意见》,其中提出,鼓励社会和民间投资,探索建立中小企业风险投资公司,以及风险投资基金的管理模式和撤出机制;充分发挥政府对风险投资的导向作用。2001年8月,国家对外贸易经济合作部、科学技术部、国家工商行政管理总局颁布了《关于设立外商投资创业投资企业的暂行规定》,使外商参与我国的创业投资有规可循。以上举措从不同的资金渠道拓宽了我国风险投资的发展空间。

近年来,我国的风险投资无论是投资机构总数、筹集的风险资本总额、投资项目总量,还是风险投资及基金管理机构的从业人员等,都有大幅增加。我国风险投资机构的地区分布与当地的科技、经济发达程度,信息交通、配套环境的健全,以及当地政府的政策支持密切相关。当前我国风险投资机构最为集中的地区为北京、上海和深圳,其次是南京、杭州、天津、广州、成都、武汉、西安等中心城市。2005年下半年,我国风险投资业翘首以待的十部委联合制定的《创业投资企业管理暂行办法》正式颁布实施,提出建立政府引导基金,配套融资优惠和税收优惠等政策;股权分置全面推进,中小企业板将率先实现全流通,为创业企业开辟通道,为并购提供便利;《公司法》《证券法》经多次修订,企业上市门槛降低,也为建设创业板提供了法律依据。"风险投资—高科技企业—多层次资本市场体系"的良性互动机制可望早日形成,我国风险投资业将迎来新一轮发展机遇。

三、风险投资的运作模式

(一)风险资本的形成

在不同的国家,风险资本的来源不同,包括政府、大企业、民间的私人资本等,但最主要的来源有:

(1)富有的个人。个人投资者主要由两类人组成:一是具有风险投资经验的投资者;二是创业企业家,曾得到过风险投资的支持,从自己的创业投资企业中获得了巨额的回报。

(2)政府。出于产业政策以及宏观经济发展规划的考虑,政府会给予风险投资以支持,主要有财政拨款、政府直接投资、政府担保的银行贷款等形式。政府起到的作用虽是巨大的,但有时也是有限的,只能起到信用担保、放大资金的作用,不可能成为风险投资的主要资金提供者。

(3)企业。企业是风险投资的主要参与者,企业介入风险投资主要是出于发展战略目标的考虑,为企业寻找到新的利润增长点,甚至是二次创业。在美国,企业的风险投资资本占风险投资总额的30%。

(4)机构投资者。包括保险公司、慈善基金、养老基金和信托投资公司。

(5)商业银行。主要是商业银行的控股公司提供资金或者是从银行管理的资金池中取得资金。由于银行天生谨慎的特性,因此其不可能成为风险资本的主要提供者。

(6)境外投资者。主要包括境外个人投资者和机构投资者。

(二)风险资本的投资

风险资本形成以后,就开始进入投资运作阶段。投资过程一般分为以下几个步骤:

1. 项目搜寻

风险资本形成后,下一步的重要工作就是寻找投资项目。寻找投资项目是一个双向的过程,企业可以主动向风险投资机构提交项目投资申请,再由风险投资机构进行评审遴选;另外,风险投资机构也可以主动寻找投资项目。

2. 项目筛选

出于对资金与风险的考虑,风险投资机构并不是对所有的申请项目都进行投资,而是要对申请的投资项目进行最初的甄别和筛选。最初的筛选过程趋向于风险投资者所熟悉的投资领域,而企业的财务状况及其融资阶段也是评价的重要标准。一般来说,获得风险投资机构青睐的企业项目必须具有以下特点:

(1) 巨大的市场潜力。该项目产品既具有巨大的市场潜力,又能够被未来的市场普遍认同,且市场能够接受其价格。

(2) 先进的技术。企业拥有的技术是先进的甚至是革命性的、独一无二的,通常是一国或多国的专利技术,或是获得了行政保护、被认定为商业秘密的技术等。

(3) 持久的竞争优势。该项目产品的成本、性能、质量具有持久的竞争优势,至少在企业上市之前或上市之后的几年间具备这种优势。

3. 项目评价

当某一项目通过了最初的筛选,风险投资者就会对该项目进行更详细的评价。项目评价是一个复杂的综合评价过程,它涉及项目的技术水平、市场潜力、资金跟进、经营管理团队的素质乃至政策、法律等因素,需要由各方面专家组成的项目评价组一同完成。

在选择项目的标准上,技术固然是重要的,但更重要的是项目经营管理团队的素质。在技术标准方面,主要包括技术的独特性、成熟性以及掌握技术的人员的情况。在市场标准方面,主要包括市场的定位、市场的大小、市场的渗透率及市场的竞争度。对经营管理团队的考察,主要侧重于管理者在经营一个处于成长阶段的企业方面的经验如何,所从事的行业的技术水平有多高,以及在管理工作中是否有过成功的记录等。当然,风险投资者在选择项目时,要求风险企业有清楚的业务计划、明确的行政管理纲要、对企业经营现状的准确报告、对产品或服务的详细说明、具体的市场战略、条理清晰的管理情况分析和清楚详细的财务分析。

4. 项目谈判

当项目经过评价认为是可行的,风险投资者和潜在的风险企业就会在投资数量、投资形式和价格等方面进行谈判,确定投资项目的一些具体条件。这一过程在国外被称为"协议创建",协议包括项目投资协议、保护性协议和投资失利协议。

风险投资机构和风险企业作为两个独立的实体,各自追求自身利益的最大化,因此该阶段要确定相互协作的机制,平衡各自的权益。一般来说,风险投资机构关注的是:在一定风险情况下投资回报的可能性;对企业运行机制的直接参与和影响;保障投入资金一定程度的流动性;在企业经营绩效不佳时对企业管理进行直接干预,甚至控制。而风险企业关注的则是:保障一定的利润回报;基本上可以控制和领导企业;货币资金能够满足企业运转的要求。因此,谈判阶段所要解决的问题是确定一种权益安排,以使双方互惠互利、风险共担、收益共享。

谈判的最终结果即未来的权益安排,体现在双方商定并共同形成的协议上,协议条款一般包括:投资总量;资金投入方式及组合,包括证券种类、红利、股息、利息及可转债的转换价格;企业商标、专利租赁等;投资者监督和考察企业权力的确认;企业经营范围、商业计划、企业资产、兼并收购等方面的条件确认;雇员招聘及薪酬的确认;最终利润分配方案。

5. 投资生效后的监管

风险投资机构与风险企业之间达成某种协议以后,风险投资者就要承担合伙人和合作者的任务。风险投资的一个重要特点就是"参与性",这种参与性不仅表现在对风险企业的日常运营进行监管,还表现在对风险企业经营战略、形象设计、组织结构调整等高层次重大问题的决策上。

风险投资机构对风险企业的监管主要通过以下方式进行:

(1) 委派在行业中经验丰富的经营管理专家加入董事会,参与风险企业重大事项的决策及经营方针、战略和长期规划的制定;

(2) 定期审阅风险企业的财务报表;

(3) 向风险企业推荐高水平的营销、财务等专业管理人员;

(4) 向风险企业提供行业发展分析报告;

(5) 协同风险企业寻求进一步发展所需的资金支持,并为企业公开上市创造条件,进行准备。

(三) 风险资本的退出

风险投资也可以理解为一个动态循环的过程。风险投资者以自身相关产业或行业的专业知识与实践经验,结合高效的企业管理技能与金融专长,积极主动地参与风险企业或风险项目的经营管理,直至风险企业或风险项目公开交易或通过并购方式实现风险资本增值与资金的流动性。一轮风险资本退出以后,该资本将投向被选中的下一个风险企业或风险项目,这样循环往复,不断获取风险资本增值。所谓风险资本退出,是指风险企业发展到一定阶段以后,风险投资者认为是时候、有必要将风险资本从风险企业中退出,因而选择一定的方式(公开上市、出售或回购、清算)通过资本市场将风险资本撤出,以求实现风险资本增值或降低损失,为介入下一个项目做准备。高收益是通过风险资本的成功退出而实现的,可行的退出机制是风险投资成功的关键。风险投资者对风险企业进行风险投资的目的不是对风险企业的占有和控制,而是获得高收益,因此风险投资者会在适当的时机变现退出。

风险资本的退出方式主要有以下三类:

1. 竞价式转让——股份公开上市

股份公开上市是指风险投资者通过风险企业股份公开上市,将拥有的私人权益转换成公共股权,在获得市场认可后,转手以实现资本增值。公开上市被一致认为是风险资本最理想的退出渠道,其主要原因是在证券市场公开上市可以让风险投资者取得高额的回报。

风险企业股份公开上市离不开二板市场、三板市场的作用,这类证券市场以发行高科技风险企业的股票为主,发行的标准低于一般的证券主板市场,只要风险企业的规模和资金达到了一定的标准,就可以在这类证券市场上上市。在欧美发达国家,这类证券市场著名的有:美国专为没有资格在纽约证券交易所等主板市场上市的较小企业的股票交易而建立的柜台交易(Over-the-Counter,OTC)市场,以及在此基础上发展起来的纳斯达克(National Association of Securities Dealers Automated Quotations,NASDAQ)市场——美国全国证券交易商协会自动报价系统;英国于1980年建立的未正式上市公司股票市场(Unlisted Securities Market,USM);日本政府于1983年在大阪、东京和名古屋建立的第二证券市场;等等。我国证券市场的创业板、科创板及新三板都是中小企业上市、实现风险资本退出的主要渠道。

2. 契约式转让——股份出售或回购

美国风险资本以契约方式退出有两种形式——股份出售或回购。股份出售是指一家一般的机构或另一家风险投资机构,按协商的价格收购或兼并风险投资机构或风险投资者所持有的风险企业股份的一种退出渠道,也称收购。股份出售分为两种形式:一般并购和第二期并购。一般并购主要是指机构间的兼并与收购;第二期并购是指由另一家风险投资机构收购,接受第二期投资。股份回购是指风险企业或风险企业家本人出资购买风险投资者手中的股份。当前风险资本更多地采用股份出售或回购的方式退出。

3. 强迫式转让——破产清算

众所周知,相当大部分的风险投资不会很成功,当风险企业因不能清偿到期债务而被依法宣告破产时,按照有关法律规定,由有关部门、机构人员,以及律师事务所等中介机构和社会中介机构中具备相关专业知识并取得执业资格的人员成立破产管理人,对风险企业进行破产清算。对于风险投资者来说,一旦确认风险企业失去了发展的可能或者成长太慢,不能给予预期的高额回报,就要果断地撤出,将能收回的资金用于下一个投资循环。

第四节 私募股权融资

一、私募股权融资的概念、特征与优势

1. 私募股权融资的概念

私募股权融资是指企业通过非公开渠道和方式,与特定投资者签订股权认购协议,

出让部分股权进行直接融资的行为,是中小企业除通过银行和公开上市以外的一种主要融资方式。对于私募股权投资者而言,他们利用私募股权基金向成长性较好的非上市企业进行股权投资,并提供相应的管理和其他增值服务,以期被投资企业进入成熟期后通过上市发行股票或其他方式退出,从而实现投资增值,是一个资本运作的过程。私募股权融资是除公开发行股票以外股权融资的统称,私募股权融资不仅能为企业带来资本,还能为企业带来增值服务,如规范的法人治理结构、提供更多的市场发展机会和客户、帮助企业引进更多的高级人才,以及规划未来的境内上市等。因此,随着中国经济的持续稳定发展,境外资金更多的是私募基金纷纷想要进入中国;另外,中国已进入一个民间资本充裕的时代,需要多渠道的投资产品,发展私募股权融资不仅是中小企业发展的需求,还是中国资本市场发展的需要。

2. 私募股权融资的特征

(1) 私募股权融资是权益性融资,企业获得的资金是自由资金,所融资金一般不需要抵押和担保,也不需要偿还,由投资者承担投资风险。

(2) 私募股权融资是对非上市企业的股权融资,因股权流动性差而被视为长期融资,所以投资者会要求高于公开市场的回报。因此,私募股权融资有融资期长、增加企业资本金的好处。

(3) 没有上市交易。目前我国没有现成的市场供非上市企业的股权出让方与购买方直接达成交易,而持币待投的投资者和需要融资的企业必须依靠个人关系、中介机构来寻找对方。

(4) 受到法规的一定限制。如私募股权融资不得采用广告、公开劝诱和募集说明书等形式来推销证券与筹集资金;不得向累计超过200人的特定对象发行证券;只能对特定投资者募集。

(5) 为融资企业提供增值服务。由于投资者不同程度地参与企业管理,并将投资者的优势与企业结合,为企业发展带来科学的管理模式、丰富的资本市场运作经验以及市场渠道、品牌资源和产品创新能力等。如果投资者是大型知名企业或著名的投资银行机构,则它们的名望和资源在企业未来上市时还有利于提高上市的估值、改善二级市场的表现。

3. 私募股权融资的优势

私募股权融资与公募股权融资相比有以下优势:

(1) 私募股权融资约束少。相对于公募股权融资,私募股权融资在资格上受到的约束相对较少,不像公募股权融资时要受到严格的条件限制,很多企业被关在上市门槛外。私募股权融资对于募集的资格基本不进行限制,主要看企业的成长性,以及在获得资金后能否持续发展和今后是否有上市规划。因此,私募股权融资更具有广泛性,更适合中小企业的融资。

(2) 私募股权融资成本低。公募股权融资历时长、成本高、风险大,企业需承担审计、评估、律师、保荐、承销等中介费用,如果是红筹上市,则还要支付境外审计、律师的费用。而私募股权融资没有股票承销费,仅承担审计、律师等中介费用,相对公募发行能降低许多成本。

(3) 私募股权融资目标性强。私募股权融资是向少数特定对象募集的,其投资目标更具有针对性,更有可能为企业量身定做投资服务产品,组合的风险和收益特性能满足客户特殊的投资要求。

(4) 私募股权融资保密性强。公募股权融资的企业是公众公司,公众公司的经营状况、利润来源、资金投向等方面都要如实披露,竞争对手可以对其了如指掌;而私募股权融资只对特定投资者披露有关信息,可以对竞争对手保密,这对商业机密多的企业是非常重要的。

二、私募股权融资来源的类型

根据被投资企业发展阶段划分,私募股权融资来源主要可分为风险投资(Venture Capital)、成长投资(Development Capital)、并购投资(Buyout Capital)、夹层投资(Mezzanine Capital)、Pre-IPO 投资(Pre-IPO Capital)以及上市后私募股权投资(Private Investment in Public Equity,PIPE)。

1. 风险投资

风险投资主要投资技术创新项目和科技型初创企业,从最初的一个想法到形成概念体系,再到产品成型,最后将产品推向市场。风险投资通过提供初创资金支持和咨询服务,使企业从研发阶段充分发展并得以壮大。由于初创企业的发展存在财务、市场、营运及技术等诸多方面的不确定性,因而具有很大的风险。这种投资能够持续的理由是投资利润丰厚,能够弥补其他项目的损失。

2. 成长投资

成长投资针对的是已经过了初创期发展至成长期的企业,其经营项目已从研发阶段过渡到市场推广阶段并产生了一定的收益。成长期企业的商业模式已经得到证实且仍然具有良好的成长潜力,通常是用 2~3 年的投资期寻求 4~6 倍的回报,一般投资已经具有一定规模的营业收入和正的现金流,通常投资规模为 500 万~2 000 万美元,具有可控的风险和可观的回报。成长投资也是中国私募股权融资来源中比例最大的部分,从 2008 年的数据来看,成长投资占到了私募股权融资份额的 60%以上。

3. 并购投资

并购投资主要专注于并购目标企业,通过收购目标企业股权,获得对目标企业的控制权,然后对其进行一定的重组改造以提升企业价值,必要时可能更换企业管理层,成功之后持有一定时期股权后再出售。并购投资相当大比例投资于相对成熟的企业,这类投资包括帮助股东融资以收购某企业、帮助企业融资以扩大规模,或者是帮助企业进行资本重组以改善其营运的灵活性。并购投资涉及的资金规模较大,常达 10 亿美元左右,甚至更多。

4. 夹层投资

夹层投资的目标主要是已经完成初步股权融资的企业。它是一种兼有债权投资和股权投资双重性质的投资方式,其实质是一种附有权益认购权的无担保长期债权。这种债权总是伴随相应的认股权证,投资者可依据事先约定的期限或触发条件,以事先约定的价格购买被投资企业的股权,或者将债权转换成股权。

夹层投资的风险和收益低于股权投资,高于优先债权。在企业的财务报表上,夹层投资也处于底层的股权资本和上层的优先债(高级债)之间,因而被称为"夹层"。与风险投资不同的是,夹层投资很少寻求控股,一般也不愿长期持有股权,更倾向于迅速地退出。当企业在两轮融资之间,或者在希望上市之前的最后冲刺阶段,资金处于青黄不接的时刻,夹层投资者往往就会从天而降,带给企业最需要的现金,然后在企业进入新的发展期后全身而退。这也是它被称为夹层投资的另一个原因。夹层投资的风险相对较小,因此寻求的回报率也低一些,一般在 18%～28%。

5. Pre-IPO 投资

Pre-IPO 投资主要投资于企业上市前阶段,预期企业规模与盈利已达到可上市水平,其退出方式一般为上市后从公开资本市场上出售股票。

一般而言,Pre-IPO 投资者主要有投行型投资基金和战略型投资基金两类。①投行型投资基金如高盛、摩根士丹利等,它们具有双重身份——既是投资银行家,又是私募股权投资者。作为投资银行家,它们能够为企业的 IPO 提供直接的帮助;而作为私募股权投资者,则能够为企业的股票进行价值"背书",有助于提升公开资本市场上投资者对企业股票的信心,因此投行型投资基金的引入往往有助于企业股票的成功发行。②战略型投资基金致力于为企业提供管理、客户、技术等资源,协助企业在上市前建立起规范的法人治理结构,或者为企业提供专业的财务咨询。Pre-IPO 投资具有风险小、回收快的优点,并且在企业股票受到投资者追崇的情况下,可以获得较高的投资回报。

6. PIPE

PIPE 是指投资于已上市公司股份的私募股权投资,是以市场价格的一定折价率购买上市公司股份以扩大公司资本的一种投资方式。PIPE 分为传统型和结构型两种形式,传统型 PIPE 由发行人以设定价格向 PIPE 投资者发行优先股或普通股,结构型 PIPE 则是发行可转换为普通股或优先股的可转债。对于融资企业而言,相对于二次发行等传统的融资手段,PIPE 融资成本和融资效率相对较高,监管机构的审查较少,而且不需要昂贵的路演成本,这使得获得资本的成本和时间都大大降低。PIPE 比较适合一些不希望应付传统股权融资复杂程序的快速成长为中型企业的上市公司。

三、私募股权基金的运作模式

1. 公司制

公司制是由两个或两个以上的投资者（股东）共同出资组成具有独立主体资格的私募股权基金或公司，包括有限责任公司或股份有限公司两种形式，是一种"委托—代理"关系。公司制一般是各国私募股权市场初期所采用的运作模式。

这类私募股权基金以公司形式进行注册登记，有完整的组织架构，运作比较正式和规范，目前市场上一般以投资公司及投资顾问公司等形式出现。公司制具有如下特点：业务范围包括有价证券投资，股东数目不多但出资额较大；管理人收取管理费和与效益挂钩的激励费；注册资本可根据经营结果变更。其优势在于经营管理规范，缺点在于存在双重征税，即要以公司名义缴纳各种经营费和以个人名义缴纳个人所得税。

2. 契约制

契约制私募股权基金本质上是一种基于信托关系而设立的集合投资制度。投资者、受托人和管理者三方之间通过订立契约形成一种信托关系。基金本身仅仅是一个虚拟的财产集合体，投资者无权参与基金运作的重大决策。信托契约一经签订，基金的所有权和经营权随即全部转移给受托人，受托人可以自己的名义或亲自或委托其他管理者管理基金，投资成果的分配依信托契约的约定。由于组织结构比较简单，目前契约型私募股权基金在美国比较受青睐，其治理结构的合理性及经营效率也高于公司制。

在我国，契约型私募股权基金是指通过口头协议、委托合同或信托合同等契约组建的代客理财形式。其优势在于避免了双重征税，缺点是设立和变更不灵活。目前以这种形式存在的私募股权基金主要有个人委托、经纪人、"工作室"等。

契约型私募股权基金主要由《证券公司客户资产管理业务管理办法》以及《信托公司集合资金信托计划管理办法》加以规范。

3. 有限合伙制

有限合伙制私募股权基金是指投资者和管理者共同出资组建基金，管理者负责日常运作，投资者不干预基金的日常运作，共同获取投资收益。也就是一个对私募股权基金享有全面管理权并对合伙的债务承担无限责任的普通合伙人，与一个不享有管理权但对合伙的债务仅以出资额为限承担有限责任的有限合伙人共同组成的合伙企业。在有限合伙制中，投资者扮演有限合伙人的角色，中介机构则扮演普通合伙人的角色，普通合伙人背后通常有一个管理公司。有限合伙企业通常有固定的存续期限（通常为10年），到期后，除非全体投资者一致同意延长期限，否则合伙企业必须清算，并将获利分配给投资者。有限合伙人在将资金交给普通合伙人后，除在合同中所订立的条件外，完全无法干涉普通合伙人的行为，普通合伙人享有充分的管理权。收益分配上，普通合伙人获得较大部分收益。如果投资失败,则普通合伙人的出资将首先受到损失,这就形成了以下局面:一方面,丰厚的收益分配为激励普通合伙人的巨大动力;另一方面,对普通合伙人而言,首先承担损失的责任可约束其道德风险。收益分配方式一般有三种,即纯保底、纯分成和保底分成。如果采用纯保底方式,则有限合伙人的收益率一般在8%~10%,其余收益为普通合伙人所得;如果采用保底分成方式,则保底收益率一般为6%~8%,超出部分三七开或是四六开,普通合伙人得大头;如果采用纯分成方式,则分成比例可以达到五五开。假设有限合伙人出资450万元,普通合伙人出资50万元构成总投资额为500万元的投资,当收益为20%时,按五五开纯分成方式,有限合伙人和普通合伙人的收益均为50万元,有限合伙人的收益率为11.1%,而普通合伙人的收益率为100%,达到了"借鸡生蛋"的目的。

拓展阅读

2021年7月中国VC/PE市场分析

2021年7月,中国VC(风险投资)/PE(私募股权投资)市场新设基金数量共计987支,同比增长114%,环比增长88%,创近一年来新设基金数量最高,机构募资难的状况从当月新设基金数量上来看相对得到一定的缓解。

2021年7月,775家机构完成987支私募股权、创业投资类基金新设,83%的机构新设1支基金,11%的机构完成2支基金新设,6%的机构完成3支及以上基金新设。当月国盛集团、红杉中国、基石资本、同创伟业、IDG资本等机构募资较活跃,均新设基金3支及以上。

2021年7月,从地区分布来看,浙江、江苏、广东新设基金数量为全国前3名,对应数量依次为314支、134支、133支,山东、江西、福建三地紧追其后。安徽、天津、北京、湖北、湖南、陕西、上海、四川八地新设基金均在10支及以上,其余省市新设基金则不足10支。值得一提的是,当月江苏新设基金数量首次挤进全国前3名,募资活跃度可见一斑。

2021年7月,多支主题型百亿级基金新设。其中,仅碳中和、碳达峰就有6支新设基金。自"碳中和"概念被提出以来,其一直是热门话题,当月纷纷签约新设相关基金,碳中和投资大势所趋,势必刮起一阵强风。当月新设百亿级基金还包括医疗健康、科技、半导体、新材料等领域。

2021年7月,普洛斯宣布中国收益基金III(China Income Fund III)完成募集,总规模约为45亿元。以中国先进制造产业园投资为主题,由普洛斯担任基金管理人及资产管理人。该基金投资的资产为位于上海、天津、成都、苏州、无锡以及常州的11处完工且稳定运营的先进制造产业园及仓储物流园;主要服务于航空航天、汽车芯片及零部件、精密仪器、电力电气、通信及自动化设备等高端智能制造业,以及新材料、3D打印、软硬件研发等新兴产业。2021年4月,普洛斯宣布中国收益基金Ⅱ完成募集,最终募集规模为58亿元。

2021年7月,VC/PE投资活跃度周期式回升。投资案例数量到达2021年度顶峰,虽然本期大额投资案例有所减少,但单笔投资规模同比增长32.14%。

2021年7月,投资案例数量为602起,环比攀升13.12%,同比减少9.3%;投资规模为176.19亿美元,环比攀升9.4%,同比增长25.82%。

2021年7月,医疗健康领域单笔投资规模小幅回落,但依旧是VC/PE投资热点,位居首位。消费升级领域持续火热,投资规模同比增长超九成,单笔投资规模高达2 285万美元,同比增长65%。其中,餐饮品牌当月最受资本关注,投资规模近10亿美元。近年来,国家对消费升级等领域的政策逐步落实,资本市场变化显著,年初"十四五"规划中提及的着重发展方向之一——人工智能领域,本期也吸引了更多投资者的关注。电信领域,中信科移动当月完成36.75亿元B轮融资计划,加快上市步伐。

资料来源:7月,VC/PE投出176.19亿美金,百亿级基金一个个来[EB/OL].(2021-08-22)[2021-11-30]. https://mp.weixin.qq.com/s/wtaq11DymTqA39tMxC19gQ.

关键术语

权益融资　天使投资　风险投资　私募股权融资

复习思考题

1. 简述企业选择权益融资的利弊。
2. 简述天使投资与风险投资的主要区别。
3. 分析风险资本退出的主要途径。
4. 试从企业家视角阐述私募股权融资的优劣势。

第五章

上市融资

> **学习目标**

- 了解上市融资的概念和特点
- 理解上市融资的利弊
- 理解上市融资的常用方式
- 掌握境内上市融资的主要板块
- 掌握境外上市融资的主要渠道

> **素养目标**

通过对拓展阅读和典型案例的分析,培养学生的道路自信、改革精神、社会责任、风险意识、探索精神、担当意识、企业家精神,以及对科技创新、理性投资、国家战略、共同富裕等问题的认识。

> **案例导读**

中关村科技企业吹响科创板集结号

人工智能领域第一股寒武纪、网络安全企业奇安信、眼科领域第一股爱博医疗、"数字星球"中科星图、骨科手术机器人企业天智航、从事生物药研发的神州细胞……这些中关村示范区企业连日来纷纷在科创板敲锣亮相。科创板开市一年,受到众多科技企业追捧。截至2020年6月,共有144家企业上市交易,其中北京27家,占总数的19%。

1. 加速度：科技企业接二连三上市

2020年7月20日，寒武纪正式登陆科创板；7月22日，奇安信正式登陆科创板；7月29日，爱博医疗正式登陆科创板……仅一个月时间，中关村就有5家企业"抢滩杀入"科创板。事实上，科技企业不仅上市密集，速度也快，上市后更是表现出强劲的上涨势头，借助资本的力量，企业市值一路暴涨。寒武纪首日收盘上涨229.86%，市值一度超过千亿元；奇安信上涨138.06%，市值907.63亿元；爱博医疗涨幅超600%，市值超250亿元；中科星图上涨438.37%，市值192亿元；天智航上涨614.29%，市值359.86亿元；神州细胞上涨184.98%，市值318亿元。

据统计，仅在2020年上半年，中关村就有3家生物医药企业成功登陆科创板。截至2020年8月，还有亿华通科技、键凯科技、莱伯泰科3家企业已完成科创板注册，只待敲钟开市，中关村又一大波科技企业蓄势待发。

2. 硬科技：科技企业个个都有硬实力

这些科技企业在短时间内纷纷密集涌向科创板，受到资本市场的青睐，企业股价一路高涨的背后究竟有何硬科技实力？

寒武纪是第一个人工智能领域"吃螃蟹"的企业。招股说明书显示，寒武纪是目前国际上少数几家全面系统掌握了智能芯片及其基础系统软件研发和产品化核心技术的企业之一，企业掌握的智能处理器指令集、智能处理器微架构、智能芯片编程语言、智能芯片高性能数学库等核心技术，具有壁垒高、研发难、应用广等特点。

不同于芯片领域，中关村生物医药企业在科创板的表现更为强劲。比如，2020年6月22日上市的神州细胞，已建立包含21个创新药和2个生物类似药的产品管线，涵盖4个疾病领域、4种生物药类型；天智航拥有全球范围内唯一能够开展创伤骨科及全节段脊柱外科手术的天玑骨科机器人系统，是国内首个医疗手术机器人产品标准的制定者；爱博医疗是国内首家高端屈光性人工晶状体制造商，拥有人工晶状体核心技术和完整的自主知识产权，打破了国际厂商在高端人工晶状体技术和市场方面的垄断局面。

3. 新起点：资本助力科创企业再出发

创业永不停歇，创新永无止境。虽然科技企业成功登陆科创板，但登陆科创板并非科技企业的终点，而是发展里程碑中的起点。

奇安信董事长齐向东表示："公司在终端安全、大数据态势感知、物联网安全等新兴领域及'新赛道'上进行了重点布局，抢占了市场先机，增强了盈利能力。这次在科创板发行上市，是奇安信发展的新起点。"2019年12月，奇安信又多了一个新的身份，北京2022年冬奥会和冬残奥会官方网络安全服务与杀毒软件赞助商。

资本市场是加速科技创新的重要一环，而科创板为科技企业提速，让其在赛道上有充足的"耐力"保持在行业的领先地位，吸引更多的优质人才加入，从而形成创新创业的良性循环。

> **案例详情链接**

勒川.中关村科技企业吹响科创板集结号[J].中关村,2020(8):38-39.

> **你是不是有下面的疑问？**

1. 上市融资会对中小企业产生何种影响？
2. 中小企业上市融资的渠道有哪些？
3. 结合案例，科技中小企业受资本市场青睐的原因是什么？

> **进入内容学习**

上市融资是企业通过向社会公开发行股票而募集资金的一种融资方式，其过程复杂而烦琐，要经过上市准备、上市申请、接受核准等步骤，并且企业行为还受我国《公司法》《证券法》等相关法律的约束。本章将结合国内外经典案例，就上市融资的特点、常用方式、主要板块、主要渠道进行深入分析。

第一节 上市融资概述

一、上市融资的定义

上市融资是指股份制企业根据自身业务需要，从本企业的生产经营条件和资金使用情况出发，通过证券市场发行股票，筹集必要的生产经营资金所进行的一种经济活动。企业利用股票上市融资的过程是非常复杂而烦琐的，例如企业需要做上市准备、接受具有承销资格的证券公司的辅导、向证监会提出上市申请并接受其审核、待审核通过后方可询价路演并转让股份进行融资。上述所有行为，均受我国《公司法》《证券法》等相关法律的规范和约束等。

在上市融资之前，企业的主要股东和管理团队主要成员需要围绕上市问题进行一系列决策，例如：企业该不该上市融资？选择什么时机上市融资？以什么方式和什么价格进行上市融资？优先考虑哪个板块上市融资？在境内还是境外上市融资？首先，按照融资方式的不同，上市融资可分为直接上市融资和间接上市融资。直接上市融资主要指首次公开发行，而间接上市融资则包括买壳上市、借壳上市和造壳上市等。其次，按照融资渠道的不同，上市融资又可分为境内上市融资和境外上市融资。对于境内上市融资，可选择的主要板块有主板、创业板、科创板、新三板等；对于境外上市融资，可选择的主要地域有中国香港上市融资、美国上市融资、英国上市融资、新加坡上市融资等。

一般地,企业应从自身所处的行业及开展的业务出发,综合考虑企业规模、盈利状况、耗时长度、地域方便程度等,就融资方式和融资渠道进行科学决策。

二、上市融资的特点

上市融资本质上是指企业所有者通过出售部分股权换取企业所需发展资金。通过出售企业股权而筹得的资金具有以下特点:

(1) 无须偿还本金。因为股票是一种无须偿还的有价证券,所以企业通过上市发放股票所筹集的资金具有永久性,无到期日,没有还本压力,但须支付股利。投资者一旦认购后就不能退股,只能在二级市场上进行转让。这能够保证企业对资本的最基本需要,有利于维持企业的长期稳定发展。

(2) 提高企业信誉。上市融资通过售让股权,引进外部投资者,能够改善企业的财务结构,降低企业的资产负债率,有利于提高企业信誉,为日后企业进行债务融资打下基础。

(3) 承受业绩压力。企业一旦上市,就不再是某个人或某几个人的企业了,而是属于所有投资者的企业,投资者关注企业的经营绩效,一旦企业经营不善,投资者就会选择用脚投票,导致企业的股票表现不佳,这不利于企业的长期发展。因此,上市公司往往承受着较大的业绩压力。

三、上市融资的利弊分析

(一) 上市融资的优势

1. 实现低成本融资

企业的发展需要充足的资本,向投资者募集股本是较低成本的融资方式。首先,从时间成本角度来讲,股权融资可以在短时间内融到足够的资本,比利润积累要节约时间;其次,从财务成本角度来讲,股权融资不需要支付利息,不增加财务费用,不减少企业税前利润;最后,从整个企业角度来讲,企业的股权融资成本比债务融资成本大大降低。因此,企业上市可以使企业获得低成本的融资。此外,企业上市所筹集的资金有益于企业进行技术和产品升级换代,扩大经营规模,提高市场占有率,完善企业的资本结构,提高企业的抗风险能力,从而使企业可持续发展。

2. 规范企业管理

企业上市是建立健全公司治理结构、提高管理水平的有效途径。尤其是对部分民营中小企业来说,通过上市使企业的资产部分公众化,能够引入强有力的股东大会、董事会来制约企业经理层,有利于摆脱家族成员的干预,将企业的发展与家庭成员的命运相分离,规范公司治理结构,提高企业的管理水平,降低企业的经营风险,增强企业的创新动力。

3. 提高企业融资能力

企业上市后,只要在企业经营业绩和股票表现良好的前提下,同时投资者看好企业的发展前景,企业就可以申请再次增发新股融资,或者发行可转换债券来进一步筹集资金,企业的融资能力相比上市前大大增强。同时,企业上市可以增强金融机构对企业的信心,使企业在银行信贷等业务方面得到便利,更容易获得金融机构的资金支持。

4. 提高企业信用等级

企业的信用是企业在市场经济活动中对外交易的基础,信用较强的企业在对外接待、贸易往来以及开展合作的过程中更容易争取到对方积极的配合,降低交易成本,从而获得更强的竞争力。由于上市公司治理规范、管理科学、具备融资渠道,因此容易获得较高的信用评价。

5. 提高企业品牌知名度

企业上市是其树立品牌的一个重要渠道。能够上市的企业应该是质地优良、有发展前景的企业,这在一定程度上可以表明企业的竞争力,无疑将大大提高企业品牌知名度。在企业上市过程中,招股说明书和路演为企业展示形象提供了舞台,使社会公众了解到企业的实力和发展战略,从而增强对企业的信心。企业上市后将成为社会的焦点,无数的投资者会关注企业每日的交易行情,各大媒体会追踪报道企业的新业务和新动向,证券分析师和投资机构会对企业进行实时分析,进一步挖掘企业的潜在价值。

上市公司较高的社会声誉和对当地经济做出的巨大贡献使得它们更容易获得地方政府的支持与补贴。积极开展与投资者的关系管理,建立企业和股东间良性的互助关系,可以为企业树立新的品牌,使得企业声誉迅速传播。

6. 提升企业人才竞争力

企业的竞争本质上是人才的竞争。企业上市在提高企业信用等级和品牌知名度的同时,企业员工的归属感和荣誉感也会得到提升,他们对企业的信心会大为增加;在稳定现有员工的基础上,还能够吸引人才的流入;同时,上市公司也可以将股票和期权作为一种激励员工与管理层创造业绩的有效工具。因此,企业上市有利于提升企业的人才竞争力。

7. 提高个人财富和声誉

企业上市可以使企业创始人和原始投资者的账面收益与转让股票所带来的资本利得达到一个质的飞跃。企业创始人和原始投资者由于持有上市公司的股权,其个人财富在企业上市后能够得以数倍至数十倍增长。例如,A企业上市之前的总股本为4亿股,净资产为4亿元,预计下一年度盈利水平为2亿元。若B股东拥有A企业50%的股权,则B股东现投资价值为$4 \times 50\% = 2$(亿元)。A企业上市发行1亿股流通股,按照20倍市盈率预计发行价格为$20 \times 0.5 = 10$(元),则B股东持有的2亿股的账面价值由2亿元提高到20亿元。如果A企业是高成长型企业,市场给予其较高的市盈率定价,则当股价达到

15元/股时,B股东持有的股票市值将达到30亿元,实现投资价值在短时间内迅速升值15倍。

(二) 上市融资的风险

上市融资固然可以为企业带来上述诸多好处,但是任何事物都有其两面性,企业上市同样存在风险,并且也是一个痛苦和漫长的过程,需要相当的毅力和耐心。

1. 企业上市成本的投入

企业为满足上市要求而花费的成本分为直接成本和间接成本。

企业为满足上市要求而花费的直接成本包括投资银行的财务顾问费用、保荐人和主承销商的保荐费用、律师事务所的法律顾问费用、会计师事务所的审计费用、资产评估事务所的评估费用、财务公关公司的公关费用、向证券监管部门缴纳的审核费用、向交易所缴纳的上市费用、印刷公司的印刷费用和媒体公告费用等。这些费用大部分都是在获得成功融资之前需要由企业支付的。

企业为满足上市要求而花费的间接成本包括为了维系上市资格而花费的费用,每年需要向交易所缴纳的上市费用,聘请法律顾问和审计师的费用,定期召开会议的费用,发布公告的费用,为了满足上市要求的变化而支付的费用等。这些费用的付出,增加了企业的成本。

2. 企业隐私权的削弱

为了保护投资者的利益,各国立法机构都制定了完备的法律法规对企业上市行为进行监管,并建立了包括证券监管机构、证券交易所、投资者诉讼在内的一系列监管体制。各国证券监管部门要求,上市企业的信息披露对中小投资者必须是公开透明的。上市时,企业必须披露企业产品结构、企业在行业中的竞争地位、客户情况、供销商情况,还需要提供企业固定资产、知识产权、环保问题、未了结法案等详细资料,以及当前和未来的战略目标及具体措施等,这其中涉及不少企业机密,企业的隐私将完全暴露在公众之下。

3. 企业控制权的削弱

企业上市本质上是一种利益交换,原始投资者用出让股权的方式获得新投资者的资本投入,因此,企业上市后必然会稀释原始投资者的持股比例,其很有可能由原来的绝对控股变成相对控股,从而削弱其对企业的控制权,而原来的企业主或管理层失去对企业的控制权,必然会影响企业的经营管理方式。同时,企业上市后,个人或机构允许通过公开市场购买上市公司股票,从而可能出现购买方通过公开市场恶意收购上市公司股票与原始投资者争夺企业控制权的局面。因此,企业上市后控制权的削弱,也是企业原始投资者必须考虑的问题。

4. 企业经营难度的加大

企业上市后为保护中小股东利益,重大经营决策需要履行一定的程序,如此可能失去部分作为私人企业所享受的经营灵活性。在上市之后,企业有定期公开业绩报告的义务,同时还要将企业的重大关联方交易、重大兼并收购交易以及相关的敏感信息及时对外披露。可以说,企业完全处于公众特别是竞争对手的关注之下,这对于企业经营显然是不利的。

综上所述,企业上市融资有利有弊,因此就出现了以上市融资实现快速发展的企业代表"苏宁电器",以及依靠自身积累和银行贷款融资发展而不公开发行股票融资、不稀释股东股权比例的企业代表"深圳华为"。这两家企业无疑都是优秀的,它们结合实际情况选择最适合自身发展的融资方式,并取得了阶段性的成功。因此,企业应该借鉴成功企业的经验,结合自身的情况选择恰当的融资方式,以确保企业可以快速、健康发展,不断做大做强。

四、上市融资的制度沿革

上市融资的股票发行制度主要有三种,即审批制、核准制和注册制,每一种股票发行制度都对应一定的市场发展状况。在市场逐渐发育成熟的过程中,股票发行制度也应逐渐地改变,以适应市场发展需求,其中审批制是完全按计划发行的模式,核准制是从审批制向注册制过渡的中间形式,注册制则是目前成熟股票市场普遍采用的股票发行制度。

审批制是一国在股票市场的发展初期,为了维护上市公司的稳定和平衡复杂的社会经济关系,采用行政和计划的办法分配股票发行的指标与额度,由地方政府或行业主管部门根据指标推荐企业发行股票的一种发行制度。企业发行股票的首要条件是取得指标与额度,也就是说,如果取得了政府给予的指标与额度,就等于取得了政府的保荐,股票发行仅仅是走个过场。因此,审批制下企业发行股票的竞争焦点主要是争夺股票发行指标与额度。证券监管部门凭借行政权力行使实质性审批职能,证券中介机构的主要职能是进行技术指导,但这样无法保证发行企业不通过虚假包装甚至伪装、做账达标等方式达到发行股票的目的。

注册制是在市场化程度较高的成熟股票市场所普遍采用的一种发行制度,证券监管部门公布股票发行的必要条件,只要达到所公布条件要求的企业即可发行股票。发行人申请发行股票时,必须依法将公开的各种资料完全准确地向证券监管部门申报。证券监管部门的职责是对申报文件的真实性、准确性、完整性和及时性做合规性的形式审查,而将发行人的质量留给证券中介机构来判断和决定。这种股票发行制度对发行人、证券中介机构和投资者的要求都比较高。

核准制则是介于审批制和注册制之间的中间形式。它一方面取消了政府的指标与额度管理,并引进证券中介机构的责任,判断企业是否达到股票发行的条件;另一方面证券监管部门同时对股票发行的合规性和适销性条件进行实质性审查,并有权否决股票发行申请。在核准制下,发行人在申请发行股票时,不仅要充分公开企业的真实情况,而且必须符合有关法律和证券监管部门规定的必要条件,证券监管部门有权否决不符合规定条件的股票发行申请。证券监管部门不仅对申报文件的真实性、准确性、完整性和及时性进行审查,还对发行人的营业性质、财力、素质、发展前景、发行数量和发行价格等条件进行实质性审查,并据此做出发行人是否符合发行条件的价值判断和是否核准申请的决定。

20世纪90年代,沪深证券交易所相继成立。1992年10月,中国证监会设立。1993年,全国统一的股票发行审核制度建立,开启了行政主导的审批制。审批制下,中国证券市场股票发行先后经历了"额度管理"和"指标管理"两个阶段:1993—1995年是审批制前期的额度管理阶段,每年发行多少股票,总额度有指标限制;1996—2000年是审批制后期的指标管理阶段,即"总量控制、限报家数"。

1999年7月正式实施的《中华人民共和国证券法》(以下简称《证券法》)明确确立了核准制的法律地位。该版本法律规定,"公开发行证券,必须符合法律、行政法规规定的条件,并依法报经国务院证券监督管理机构或者国务院授权的部门核准或者审批;未经依法核准或者审批,任何单位和个人不得向社会公开发行证券"。此后,核准制先后经历了"通道制"和"保荐制"两个阶段,形式有差异,但依然是实质审核,并未实现真正市场化。

2001年3月,中国证监会宣布取消股票发行审批制,正式实施股票发行核准制下的"通道制",也即每家证券公司一次只能推荐一定数量的企业申请发行股票,由证券公司将拟推荐企业逐一排队,按序推荐,所推荐企业每核准一家才能再报一家。

2004年8月28日,十届全国人大常委会第十一次会议审议通过了《关于修改〈中华人民共和国证券法〉的决定》,依然保留了"核准或者审批"的规定;到了2005年10月27日,十届人大常委会第十八次会议再次修订《证券法》,才取消了"审批",只保留了"核准"。2005年的《证券法》(修订版)规定,"公开发行证券,必须符合法律、行政法规规定的条件,并依法报经国务院证券监督管理机构或者国务院授权的部门核准;未经依法核准,任何单位和个人不得公开发行证券"。

2018年11月,习近平总书记在首届中国国际进口博览会开幕式上宣布设立科创板并试点注册制的重大决策,标志着注册制改革正式启动实施,这在中国资本市场发展史上具有里程碑意义。经过8个多月的努力,2019年7月,首批科创板公司上市交易。此后,党中央、国务院决定推进创业板改革并试点注册制,并在2020年8月正式落地。

两年来,中国证监会坚持市场化、法治化的改革方向,把握好尊重注册制基本内涵、借鉴国际最佳实践、体现中国特色和发展阶段三个原则,推动形成了从科创板到创业板再到全市场的"三步走"注册制改革布局,一揽子推进板块改革、基础制度改革和证监会自身改革,开启了全面深化资本市场改革的新局面。

第二节 上市融资的方式

一、首次公开发行

首次公开发行(Initial Public Offering, IPO)是指一家企业第一次将它的股份向公众出售并募集资金。整个首次公开发行的过程,大致需要经历筹备、辅导、申报与审核、发行上市四个阶段。在完成以上四个阶段后,企业就正式上市了。

(一)筹备阶段

1. 组建上市工作小组

企业确立了上市目标后,首先要做的就是组建上市工作小组。上市工作小组的成员应当是企业内部技术娴熟、经验丰富的人员,一般由董事长担任组长,董事会秘书、企业财务负责人、办公室主任及相关政府人员为主要成员。

2. 选定中介机构进行尽职调查

企业在上市前,需选定中介机构进行尽职调查。这里的中介机构有四类,包括证券公司(主承销商)、会计师事务所、律师事务所、资产评估事务所。尽职调查,即这些中介机构按照公开的行业标准、从业精神、执业操守等,从法律、财务等方面对企业的各有关事项进行现场调查和资料审查的过程。尽职调查有助于拟上市企业更加全面地了解自身的基本情况,发现潜在问题,找到与上市要求所存在的差距,为上市融资奠定基础。另外,尽职调查还要求中介机构评估项目风险,帮助企业提高风险防范和管理的水平。

3. 制订上市工作方案

尽职调查完成后,上市工作小组应与承销商、会计师、律师、资产评估师等对尽职调查的结果进行分析,找到拟上市企业当前存在的问题,提出解决问题的思路,而后制订上市工作方案。工作方案的主要内容包括:公司现状分析,公司改制目标,股权结构调整、资产重组的内容,上市工作的程序和时间安排,以及实施细则和职责划分等。

4. 召开董事会、监事会会议

企业召开董事会、监事会会议的前提是完成董事会、监事会的创建。一般来说,只有股份有限公司才能上市,所以有限责任公司在申请上市前,必须先改制为股份有限公司。随后,待注资、验资完成,发起人需在30日内主持召开公司创立大会。创立大会的参会人员是参与公司设立并认购股份的自然人,会上将诞生董事会、监事会成员。然后,发起人需组织召开股份有限公司的第一届董事会会议,并在会议上选举董事长、董事会秘书、监事会主席等高级管理人员。

5. 申请注册登记

根据我国《公司法》的要求,董事会应于创立大会结束后30日内,向公司登记机关报送下列文件,申请设立登记:公司登记申请书;创立大会的会议记录;公司章程;验资证明;法定代表人、董事、监事的任职文件及其身份证明;发起人的法人资格证明或者自然人身份证明;公司住所证明。

公司登记机关收到股份有限公司的设立登记申请文件后,会对其进行审核,并在30日内做出是否予以登记的决定。如果登记申请文件符合《公司法》的各项规定条件,公司登记机关将予以登记,并给公司下发营业执照。股份有限公司的成立日期就是公司营业执照的签发日期。公司成立后,应当进行公告。拿到公司营业执照意味着公司改制顺利完成。

(二)辅导阶段

1. 选聘辅导机构

依据中国证监会的相关规定,拟上市公司在向证监会提出上市申请前,均由具有主承销资格的证券公司进行辅导,辅导期限最低3个月。

选聘辅导机构时,拟上市公司应综合考察证券公司的资信状况、专业资格、研发力量、市场推广能力、承办人员的业务水平等因素。《证券经营机构股票承销业务管理办法》第十五条规定:"证券经营机构持有企业7%以上的股份,或是其前五名股东之一,不得成为该企业的主承销商或副主承销商。"一般而言,保荐机构为拟上市公司的主承销商,辅导机构可以与保荐机构合二为一,也可以另行聘请。

2. 签署辅导协议,接受辅导工作

股份有限公司成立后,公司需要与辅导机构签署正式的辅导协议。此外,公司与辅导机构需要在辅导协议签署后5个工作日内到公司所在地的证监会派出机构办理辅导备案登记手续。而后,辅导机构开始介入拟上市公司的上市规划流程,并且每隔3个月向证监会报送1次辅导备案报告。

3. 问题整改

在辅导过程中,辅导机构会针对拟上市公司的现存问题提出整改建议,然后由公司整改现存问题。如果公司遇到难以解决的问题,则可以尝试征询权威部门的建议,以尽快解决问题。

4. 公告发行股票等事宜

拟上市公司需要在辅导期内接受辅导、准备上市等事宜,并在媒体发布公告,接受社会监督。企业应在辅导期满6个月后的10日内,就此次辅导过程及拟发行股票上市等事宜,在当地最少2种主要报纸渠道上连续公告2次以上。公告后,如果证监会收到关于企业的举报信,便会进行相关调查。此时,公司应积极配合,消除上市的风险隐患。

5. 提交辅导评估申请

辅导期结束后,辅导机构如果认为拟上市公司已符合上市标准,则可向证监会派出机构报送"辅导工作总结报告",提交辅导评估申请。如果辅导机构与拟上市公司认为还未实现计划目标,则可向证监会派出机构申请适当延长辅导时间。

6. 辅导工作结束

证监会派出机构收到辅导机构提交的辅导评估申请后，将在 20 个工作日内完成对辅导工作的评估。如果证监会派出机构认为辅导评估申请合格，则会向中国证监会出具"辅导监管报告"，发表对辅导效果的评估意见，这也意味着辅导工作结束。而如果证监会派出机构认为辅导评估申请不合格，则会依据实际情况要求延长辅导时间。

（三）申报与审核阶段

1. 申报阶段

在申报阶段，拟上市公司应制作申报上市的材料。申报材料一般由各证券中介机构分工制作，然后由主承销商汇总并出具推荐函。主承销商核查通过后，将申报材料报送证监会审核。依据证监会发布的《公开发行证券的公司信息披露内容与格式准则第 9 号——首次公开发行股票并上市申请文件》，拟上市公司需要制作的申报材料包括 10 类：①招股说明书；②发行人关于本次发行的申请及授权文件；③保荐人关于本次发行的文件；④会计师关于本次发行的文件；⑤发行人律师关于本次发行的文件；⑥发行人的设立文件；⑦关于本次发行募集资金运用的文件；⑧与财务会计相关的其他文件；⑨其他文件；⑩定向募集公司还应提供的文件。

拟上市公司应按照要求准备上述申报材料，若发现遗漏则须及时补充完整。而后，拟上市公司将完整的申报材料提交至中国证监会审核。

2. 审核阶段

证监会在收到拟上市公司的上市申请文件后，将在 5 个工作日内做出是否受理的决定。如果同意受理，则拟上市公司需要按照相关规定向证监会交纳审核费。

在受理拟上市公司的申请后，证监会开始初审。初审时，证监会至少向拟上市公司反馈一次初审意见，主承销商与拟上市公司依据初审意见补充完善申请文件，然后第二次报至证监会。随后，证监会对补充完善的申请文件做进一步审核，并将初审意见和申请文件提交至发行审核委员会审核。最后，证监会根据发行审核委员会的审核意见对拟上市公司的申请做出核准或不予核准的决定。一旦核准通过，证监会将出具核准文件；反之，如果不予核准，则证监会将出具不予核准的书面意见，并说明理由。上市申请未被核准的公司可以在接到证监会书面之日起的两个月内提出复议申请，证监会也将在收到复议申请的两个月内重新做出决定。

（四）发行上市阶段

1. 刊登招股说明书

公司在首次公开发行股票之前，需要刊登招股说明书。通常，招股说明书包括封面、目录、正文、附录、备查文件五个部分。

公司在制作招股说明书时，应注意以下六个方面：第一，列举投资的风险因素时，给出有效的应对之策,增强信服力。第二,说明募集资金的运用时,具体指明资金将要流向哪些项目。第三,具体介绍公司上市后的股利分配政策时,要让投资者和股民了解可以得到的回报。第四,至少给出过去三年的财务报告,说明公司经营的稳定性。第五,载明公司股权的分配情况,重点介绍发起人、重要投资者的持股情况。第六,预测盈利,能否精准预测公司未来的盈利状况直接关系到公司股票发行的成败。

发起人可以研读已上市公司的招股说明书,然后结合自身企业撰写招股说明书。一般情况下,在发出上市申请时,招股说明书的申报稿就已经完成。在发行上市之前,拟上市公司仅需要与交易所协商招股说明书的终稿,然后在交易所官网刊登即可。

2. 询价与路演

刊登招股说明书后,拟上市公司与其保荐机构需开展询价与路演活动,通过向机构投资者询价的方式确定股票的最终发行价格。询价包括初步询价和累计投标询价两个步骤:第一,初步询价。拟上市公司及其保荐机构向机构投资者推介股票并发出询价函,以反馈回来的有效报价的上下限确定初步询价区间。第二,累计投标询价。如果投资者的有效申购总量大于本次股票发行量,但超额认购倍数小于5,那么以询价下限为发行价格;如果超额认购倍数大于5,那么从申购价格最高的有效申购开始逐笔向下累计计算,直至超额认购倍数首次超过5,此时的价格即为发行价格。

在询价期间,拟上市公司会通过路演活动向社会推广自己的股票。路演分为三种类型,即一对一路演、三地公开路演和网上路演。首先,一对一路演,即拟上上市公司、保荐机构的资本市场部及IPO项目组带着招股说明书、投资研究报告、企业宣传片、PPT及定制小礼物等到一线城市拜会投资者,进行一对一的沟通和推介。其次,三地公开路演,即拟上市公司在北京、上海、深圳三地公开召开推介会议,邀请基金、券商、资产管理公司、私募等机构投资者参加。三地公开路演的会议内容与一对一路演相似,二者没有本质区别,不过后者的听众更多。最后,网上路演,即拟上市公司的管理层、保荐机构代表通过网上投资者互动平台回答股民针对公司上市提出的各种问题。当然,由于在路演之前,公司股票的首日发行价已经确定,所以路演对发行结果和认购数量影响不大。

二、买壳上市

买壳上市又叫"后门上市"或"反向收购",是指非上市公司甲(买壳公司)通过购买一些境外上市但业绩较差、筹资能力相对较弱的公司乙(壳)取得上市地位,然后通过"反向收购"的方式向乙公司注入与甲公司有关的业务和资产,从而实现在境外间接上市的目的。买壳上市不但规避了IPO所面临的障碍,而且理论上该上市方式的成功率几乎是100%。但买壳公司对壳公司的选择必须慎重,需要考虑壳公司的股价、股东人数、负债情况、业务是否与拟买壳公司主营业务相似等众多因素。民营中小企业在美国OTCBB

(Over the Counter Bulletin Board,场外柜台交易系统)市场和中国香港主板市场上市时,较常采用买壳上市方式。

1. 买壳上市的一般模式

买壳上市一般模式的操作流程包括三个步骤,即买壳、清壳和注壳。清壳不是必需的,在实际操作中,也有只包括买壳和注壳两个步骤的情况。

(1)买壳:非上市公司通过收购获得了上市公司的控制权,即买到了上市公司这个壳,如图5-1所示。买壳前后的差别是,非上市公司甲最后变成了上市公司的控股股东。

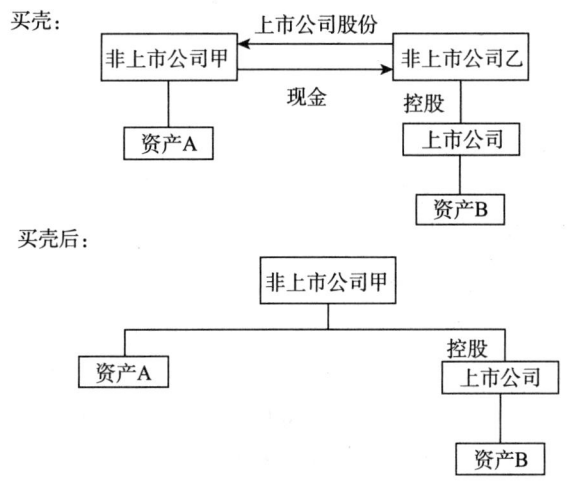

图5-1 买壳

(2)清壳:上市公司将其部分或全部资产出售给另一家公司,则上市公司就变成了空壳公司,即对上市公司这个壳进行清理,如图5-2所示。

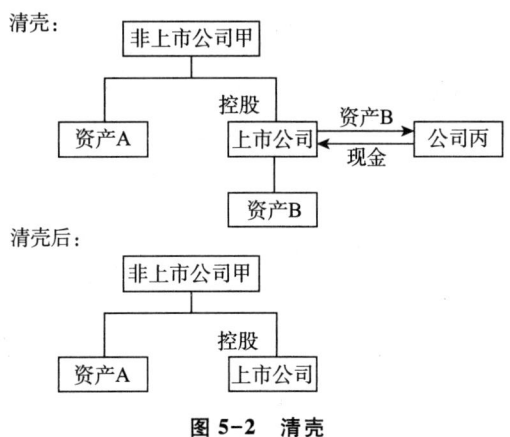

图5-2 清壳

(3)注壳:上市公司收购非上市公司的全部或部分资产,从而将非上市公司的资产置入上市公司,实现上市,如图5-3所示。

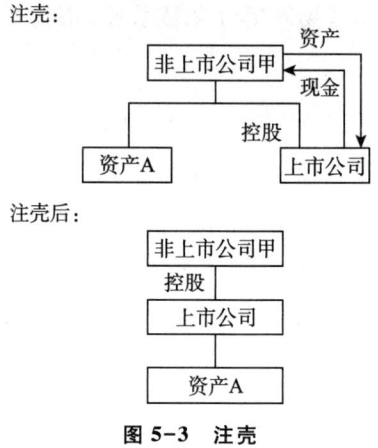

图 5-3 注壳

2. 买壳上市的置换模式

买壳上市的置换模式是将一般模式的清壳和注壳两个步骤合并成资产置换一个步骤,即买壳上市的操作流程包括两个步骤:买壳和资产置换。

(1) 买壳:买壳上市置换模式的买壳步骤与买壳上市一般模式一样,可参见前文,在此不再赘述。

(2) 资产置换:非上市公司的资产与上市公司的资产进行置换。通过资产置换,上市公司的资产从上市公司置出,实现清壳;同时,非上市公司的资产置入上市公司,实现注壳。因此,通过资产置换这一步骤,完成了清壳和注壳两个步骤,如图 5-4 所示。

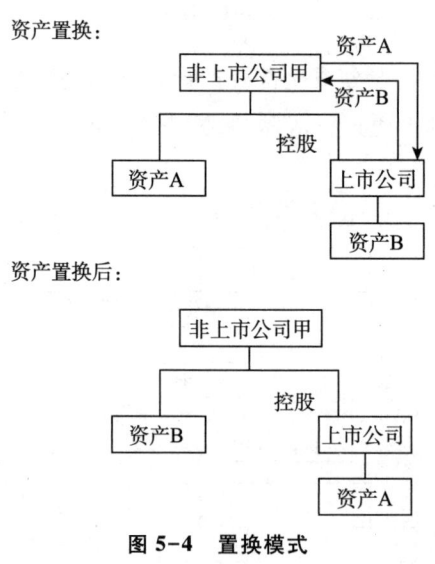

图 5-4 置换模式

3. 买壳上市的定向发行模式

定向发行是指上市公司向非上市公司定向发行股份,非上市公司用资产支付购买股份的对价。通过购买定向发行的股份,非上市公司获得上市公司的控制权,实现买壳;同时,通过用资产支付对价,非上市公司的资产置入上市公司,实现上市,如图5-5所示。

买壳上市定向发行模式的清壳步骤与买壳上市一般模式一样,并非必需的。

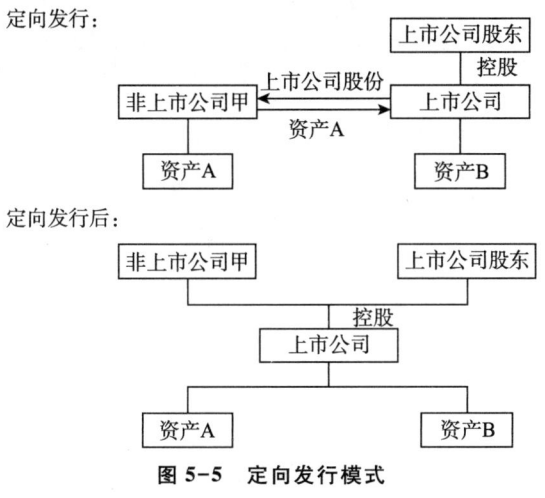

图 5-5　定向发行模式

三、借壳上市

借壳上市是指非上市的集团公司将其全部或部分非上市资产置入其控股的上市公司中,利用其上市公司地位,从而实现集团公司的资产上市,如图5-6所示。

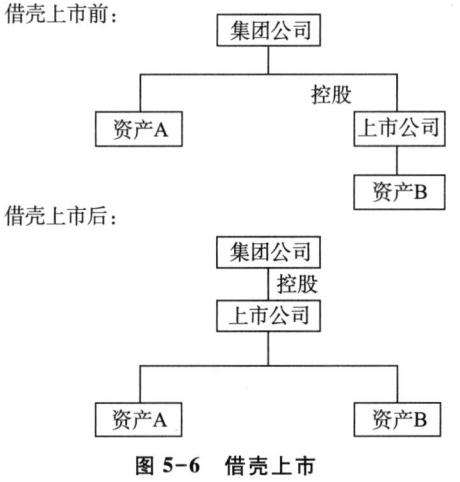

图 5-6　借壳上市

与买壳上市一样,借壳上市也有三种模式,分别是自由资金收购模式、定向发行模式和"定向发行 + 公开发行 + 收购"模式。

1. 自有资金收购模式

自有资金收购模式下,上市公司以其自有资金向其控股股东非上市集团公司收购资产,从而实现集团公司全部或部分非上市资产上市,如图5-7所示。

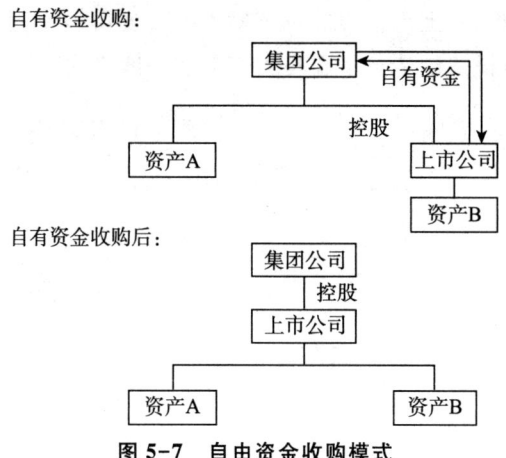

图 5-7　自由资金收购模式

2. 定向发行模式

定向发行模式下,上市公司向其控股股东非上市集团公司定向发行股票,集团公司以其资产为认购定向发行股票的对价,从而实现集团公司全部或部分资产进入上市公司,达到上市的目的,如图 5-8 所示。

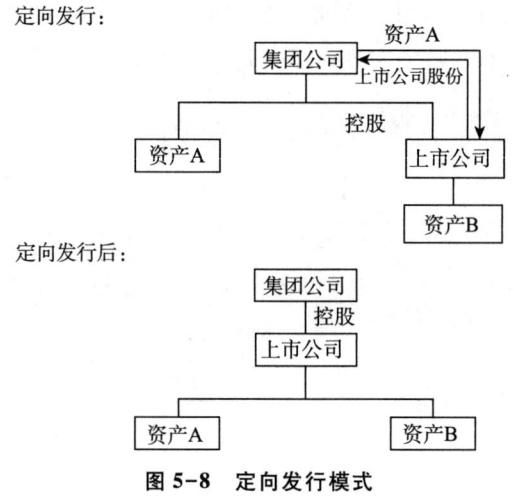

图 5-8　定向发行模式

3. "定向发行 + 公开发行 + 收购"模式

"定向发行 + 公开发行 + 收购"模式的操作流程分为两个步骤:第一步为上市公司通过向非上市集团公司定向发行与向社会公众公开发行相结合的方式募集资金(见图 5-9);第二步为上市公司用这些资金收购非上市集团公司全部或部分资产,从而达到非上市集团公司上市的目的(见图 5-10)。

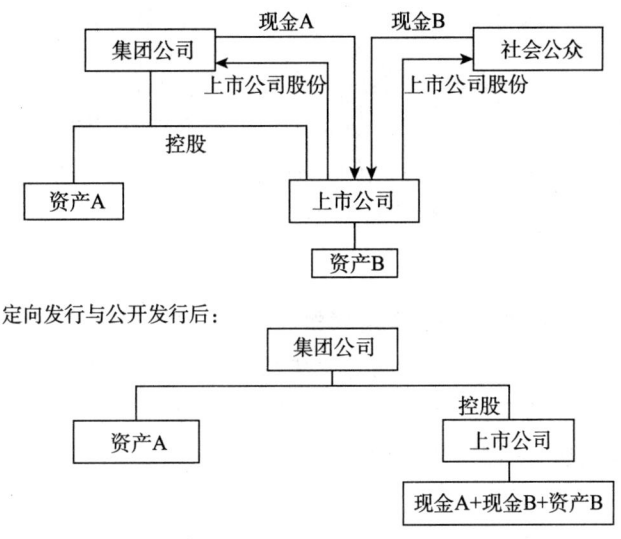

图 5-9　第一步：定向发行 + 公开发行

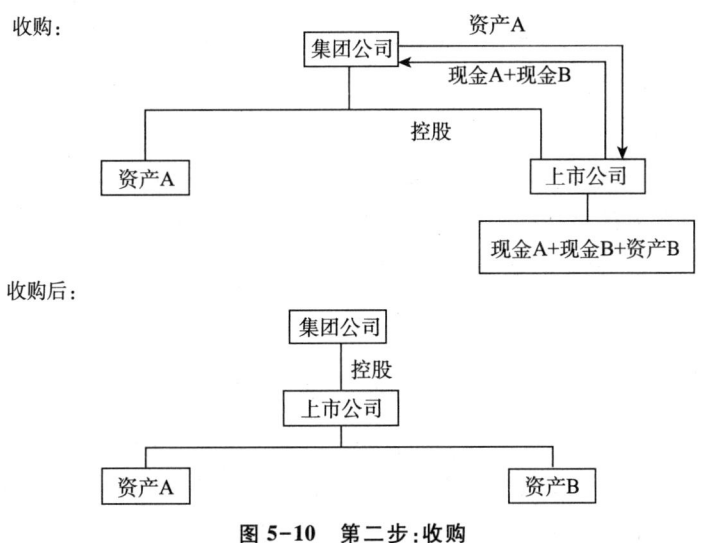

图 5-10　第二步：收购

四、造壳上市

买壳上市与借壳上市均适用于境内和境外资本市场。而对于境外资本市场，还有一种间接上市的方式，即造壳上市。

造壳上市是指国内企业在境外离岸中心，如英属维尔京群岛（BVI）、开曼群岛、巴哈马群岛、百慕大群岛等一些关税豁免或优惠的地区注册一家公司，然后以现金收购或股权置换的方式取得内地公司资产的控制权，条件成熟后在境外 IPO 挂牌上市。所谓"壳"，是指上市公司的资格，是一种形象的称呼。造壳上市的形式有控股上市、附属上市、合资上市和分拆上市。

1. 控股上市

国内企业在境外注册一家公司,然后由该公司建立对国内企业的控股关系,再以该境外控股公司的名义在境外申请上市,最后达到国内企业在境外间接挂牌上市的目的,这种方式又可称为逆向收购上市。广西玉柴机器股份有限公司在纽约上市是通过控股上市的方式在境外间接挂牌上市的典型案例。

2. 附属上市

国内欲上市企业在境外注册一家附属机构,使国内企业与之形成母子关系,然后将境内资产、业务或分支机构注入境外附属机构,再由该附属机构申请境外挂牌上市。附属上市与控股上市的区别仅在于国内企业与境外注册公司的附属关系不同。国内的民办大型高科技企业四通集团即是采用附属上市的方式达到了在香港联合交易所间接挂牌的目的。

3. 合资上市

合资上市一般适用于国内的中外合资企业。在这类企业的境外上市实践中,一般是由合资的外放在境外的控股公司申请上市。典型例子有易初中国摩托车有限公司在美国上市。

4. 分拆上市

分拆上市适用于国内企业或企业集团已经是跨国公司或者在境外设有分支机构的情况。它是指从现有的境外公司中分拆出一子公司,然后注入国内资产分拆上市,由于可利用母公司的声誉和实力,因而有利于成功上市发行。典型例子有国内的富益工程有限公司在境外上市。

拓展阅读

中民金融布局"造壳上市"工具 SPAC,首单 4.5 亿美元交易花落开心汽车

2018 年 11 月 7 日,中国民生金融控股有限公司(00245.HK,以下简称"中民金融",2020 年 7 月更名为"中藏金融控股有限公司")对外正式宣布,其管理及发起的特殊目的收购公司(Special Purpose Acquisition Company,SPAC)中民七星收购公司(NASDAQ:CMSS,以下简称"中民七星")将以近 4.54 亿美元收购开心汽车 100% 已发行流通股。开心汽车为人人网全资子公司,主营业务为高端二手车经销。人人网则在 11 月 6 日发布了英文公告。

SPAC 诞生于美国,最早出现在 20 世纪 90 年代初,由美国投行 Early Bird Capital 合伙人发明,是一种在美国上市的现金壳公司产品。潜在拟上市主体可通过反向收购的交易与 SPAC 合并,从而达到最终上市的目的。与传统的借壳上市不同,SPAC 属于自主创

造上市壳公司,因此被市场人士称作"造壳上市"。

"国内有不少公司通过这种方式登陆纳斯达克,但这些公司体量通常不大,且不常在资本市场上发声,所以国内对此关注度不高。"美国某对冲基金经理对《21世纪经济报道》记者表示,使用SPAC模式融资的公司通常为中小企业,"目前中国高层在强调支持民营企业,估计接下来会有更多公司使用这一工具"。

解析SPAC模式

在美国,SPAC模式下的上市有两个主要步骤:首先是"造壳",即由具有资历和经验的管理团队及/或投资团队作为发起人,通过将SPAC上市时向投资者发行投资单元募集资金,投资单元通常包括普通股及部分认购权证;其次是将资产装入壳公司,即SPAC成功上市后,发起人需要在规定的时间内(通常为15~24个月)完成与一家有着高成长发展前景的非上市公司进行合并,使其获得上市地位。在并购完成之前,上市募集到的所有资金将存放于托管账户,并进行美国国库券的投资。

以中民金融投资开心汽车交易为例。

美股公开信息显示,由中民金融作为管理人的壳公司中民七星,于2017年10月正式登陆纳斯达克,总市值约为2.6亿美元;目前进入"装资产"阶段。

人人网披露的交易细节显示:中民七星将收购开心汽车100%已发行流通股,交易估值约为4.54亿美元;人人网则可换取约2 830万股中民七星股份。合并结束后,中民七星账上剩余资金用于开心汽车的增长,且开心汽车管理层不因此次交易而变动。

据悉,交易的交割将于2019年一季度完成。

北京德润律师事务所合伙人柯荆民对《21世纪经济报道》记者表示,与私募、IPO或借壳上市等融资方式相比,SPAC有其独特优势,"私募一般投资周期为3至5年,而SPAC的投资周期可达十余年,有利于企业的长期发展。SPAC比IPO更为节约时间和财务成本,SPAC可以绕过美国证券交易委员会对企业IPO的硬性规定,更适合中小企业,且可以免去IPO承销费。与传统的借壳上市相比,借壳上市需要留下10%~25%的'干股'给原有壳股东,而SPAC则投资三千多万至两亿美元以换取相应股权"。

现代集团总裁丁博康指出,除费用较低且效率较高外,SPAC模式与一般的买壳上市相比,风险也相对可控,"合并的对手方并不是可能存在各种法律风险的壳资源,而是干净透明的现金壳资源,信托计划也保障了现金用于收购以及收购以后上市公司的运营"。

"SPAC模式的劣势主要包括估值较低,上市后流动性较差,再融资方面也比较受限。"前述美国对冲基金经理对《21世纪经济报道》记者表示,SPAC模式是美股市场分层机制下的产物,企业在选择该模式上市时,需要根据自身需求综合考虑。

围绕SPAC搭建跨境投融资服务平台

公开信息显示,国内首次尝试SPAC模式的公司为北京奥瑞金种业股份有限公司。2005年11月,该公司通过与美国OTCBB上市公司Chardan China Acquisition合并,实现借壳上市。此后,为数不少的中国企业借此模式登陆美国资本市场。

而为中小企业量身打造的SPAC融资工具,在支持民营企业政策频出的背景下,或将进一步被激活。

中民金融相关负责人对《21世纪经济报道》记者表示,随着投资者教育的深入展开,未来将会有更多的中国企业了解到SPAC这一特殊形式的上市渠道,而中民金融的目标客户群是:有严格的公司治理架构,符合美国纽约证券交易所或纳斯达克市场的基本上市要求的公司。特别地,该负责人指出:"对那些财务数据暂时不符合A股上市条件的企业,例如互联网或生物医药等企业,更适合与我们合作,前往美国上市。"

"正是因为看到了这一市场的巨大潜力,中民金融计划围绕SPAC打造多样化的投融资服务平台,服务中国企业和境外投资者。"该负责人说。

据悉,中民金融计划围绕SPAC打造一个多样化的投融资服务平台,利用香港特别行政区这一特殊地域优势,连接起境内外的投资者及优质企业。一方面,通过发起或参与多家SPAC,帮助境外投资者了解亚太地区尤其是中国的优质企业;另一方面,帮助中国企业走出去,实现与国际资本市场接轨。

资料来源:中民金融布局"造壳上市"工具SPAC 首单4.5亿美元交易花落开心汽车[EB/OL].(2018-11-08)[2021-12-01]. https://www.sohu.com/a/273951158_115124.

第三节 中小企业境内上市融资

中国资本市场进入注册制时代以来,逐步形成了以上海证券交易所为主的主板市场和科创板市场,以深圳证券交易所为主的主板市场和创业板市场,以及以全国中小企业股份转让系统精选层为主的新三板市场。

一、主板上市融资

1. 主板市场概述

主板市场也被称为一板市场,是指传统意义上的证券市场(通常指股票市场),是一个国家或地区证券发行、上市及交易的主要场所。主板市场是资本市场中最重要的组成部分,能够在很大程度上反映经济发展状况,有"国民经济晴雨表"之称。截至2020年12月28日,上海证券交易所主板共有1582家企业上市,深圳证券交易所主板共有468家企业上市。

中国主板市场主要面向大型蓝筹企业,具体主要指治理规范、商业模式稳定、具有规模效应的行业领导型企业以及细分领域具有一定竞争优势的企业。

2020年10月9日,《国务院关于进一步提高上市公司质量的意见》(国发〔2020〕14号)发布,再次明确"支持优质企业上市。全面推行、分步实施证券发行注册制。优化发行上市标准,增强包容性"。随着全面注册制的到来,主板的上市标准将趋于宽松,包容性更强。

2. 主板上市融资的基本条件

根据《首次公开发行股票并上市管理办法》(2020年7月修订版),发行人若在主板上市融资,则应当符合下列条件:

(1) 最近3个会计年度净利润均为正数且累计超过人民币3 000万元,净利润以扣除非经常性损益前后较低者为计算依据。

(2) 最近3个会计年度经营活动产生的现金流量净额累计超过人民币5 000万元,或者最近3个会计年度营业收入累计超过人民币3亿元。

(3) 发行前股本总额不少于人民币3 000万元。

(4) 最近一期末无形资产(扣除土地使用权、水面养殖权和采矿权等后)占净资产的比例不高于20%。

(5) 最近一期末不存在未弥补亏损。

二、科创板上市融资

1. 科创板市场概述

2018年11月5日,国家主席习近平在首届中国国际进口博览会开幕式上正式宣布设立科创板。科创板是独立于现有上海证券交易所主板市场的新设板块。截至2020年12月28日,上海证券交易所科创板共有211家企业上市。

科创板精确定位于"面向世界科技前沿、面向经济主战场、面向国家重大需求",主要服务于符合国家战略、突破关键核心技术、市场认可度高的科技创新企业,重点支持新一代信息科技、高端设备、新材料、新能源、节能环保以及生物医药等高新技术产业和战略性新兴产业。

2. 科创板上市融资的基本条件

根据《上海证券交易所科创板股票上市规则》(2020年12月修订版),发行人若在科创板上市融资,则应当符合下列条件:

(1) 预计市值不低于人民币10亿元,最近2年净利润均为正且累计净利润不低于人民币5 000万元,或者预计市值不低于人民币10亿元,最近1年净利润为正且营业收入不低于人民币1亿元。

(2) 预计市值不低于人民币15亿元,最近1年营业收入不低于人民币2亿元,且最近3年累计研发投入占最近3年营业收入的比例不低于15%。

(3) 预计市值不低于人民币20亿元,最近1年营业收入不低于人民币3亿元,且最近3年经营活动产生的现金流量净额累计不低于人民币1亿元。

(4) 预计市值不低于人民币30亿元,且最近1年营业收入不低于人民币3亿元。

(5) 预计市值不低于人民币40亿元,主要业务或产品需经国家有关部门批准,市场空间大,目前已取得阶段性成果。医药行业企业需至少有一项产品获准开展二期临床试验,其他符合科创板定位的企业需具备明显的技术优势并满足相应条件。

三、创业板上市融资

1. 创业板市场概述

创业板市场也被称为二板市场,是指专门协助高成长的新兴创新公司特别是高科技公司筹资并进行资本运作的市场,是多层次资本市场的重要组成部分。地位次于主板市场的二板市场,以纳斯达克市场为代表,在中国特指深圳证券交易所创业板。

创业板市场与大型成熟上市公司的主板市场不同,是一个前瞻性市场,注重于公司的发展前景与增长潜力。其上市标准要低于主板市场。创业板市场是一个高风险的市场,因此更加注重公司的信息披露,在上市门槛、监管制度、信息披露、交易者条件、投资风险等方面与主板市场有较大区别。其目的主要是扶持中小企业,尤其是高成长性企业,为风险投资和创投企业建立正常的退出机制,为自主创新国家战略提供融资平台,为多层次的资本市场体系建设添砖加瓦。2012年4月20日,深圳证券交易所正式发布修订后的《深圳证券交易所创业板股票上市规则》,并于5月1日起正式实施,将创业板退市制度方案内容落实到上市规则之中。创业板市场具有以下特点:

(1) 在上市条件方面对企业经营历史和经营规模有较低的要求,但注重企业的经营活跃性和发展潜力。

(2) 买者盈亏自负原则。创业板需要投资者对上市公司经营能力自行判断,坚持买者盈亏自负原则。

(3) 保荐人制度。对保荐人的专业资格和相关工作经验提出更高要求。

(4) 以"披露为本"为监管方式。对信息披露提出全面、及时、准确的严格要求。

(5) 以培育高成长性企业为主要目的。上市条件较主板市场宽松。

2. 创业板上市融资的基本条件

根据《首次公开发行股票并在创业板上市管理办法》(2018年6月修订版),发行人若在创业板上市融资,则应当符合下列条件:

(1) 发行人是依法设立且持续经营3年以上的股份有限公司。有限责任公司按原账面净资产值折股整体变更为股份有限公司的,持续经营时间可以从有限责任公司成立之日起计算。

(2) 最近2年连续盈利,最近2年净利润累计不少于1 000万元;或者最近1年盈利,最近1年营业收入不少于5 000万元。净利润以扣除非经常性损益前后孰低者为计算依据。

(3) 最近一期末净资产不少于2 000万元,且不存在未弥补亏损。

(4) 发行后股本总额不少于3 000万元。

四、新三板挂牌融资

1. 新三板市场概述

2013年1月16日,全国中小企业股份转让系统在京揭牌,新三板正式出台。新三板主要是为未上市股份公司提供股份转让服务,挂牌对象是暂时不符合主板、科创板、创业板上市标准的成长型、创新型中小企业,融资方式是对特定投资者定向募集。

境内所有符合条件的中小企业均可通过主办券商的申请在新三板挂牌,公开转让股份,进行股权融资、债权融资、资产重组等。申请挂牌的中小企业应当业务明确,产权清晰,依法规范经营,公司治理健全;可以尚未盈利,但须履行信息披露义务,所披露的信息应当真实、准确、完整。

2020年7月27日,新三板精选层设立暨首批企业晋层仪式在北京隆重举行。京外26家精选层企业及相关领导通过视频连线的方式共同见证仪式。至此,新三板开启分层管理时代,对基础层、创新层和精选层的企业分别纳入不同的市场进行分层管理。

2021年9月2日,习近平主席在中国国际服务贸易交易会全球服务贸易峰会致辞中宣布,继续支持中小企业创新发展,深化新三板改革,设立北京证券交易所,打造服务创新型中小企业主阵地。作为深化新三板改革的重要举措,设立北京证券交易所将全面提升新三板服务中小企业的能力。

2. 新三板挂牌融资的基本条件

根据《全国中小企业股份转让系统业务规则(试行)》,发行人若在新三板挂牌融资,则应当符合下列条件:

(1) 依法设立且存续满2年。有限责任公司按原账面净资产值折股整体变更为股份有限公司的,存续时间可以从有限责任公司成立之日起计算。

(2) 业务明确,具有持续经营能力。

(3) 公司治理机制健全,合法规范经营。

(4) 股权明晰,股票发行和转让行为合法合规。

(5) 主办券商推荐并持续督导。

(6) 全国股份转让系统公司要求的其他条件。

第四节　中小企业境外上市融资

与境内上市融资相对的是境外上市融资。近年来,尽管国家不断出台各种鼓励支持中小企业的优惠政策,但是长期以来困扰中小企业融资难的问题仍然没有得到根本解决。中小企业尤其是民营企业具有资产少、规模小、风险大等特点,在它们做大做强之前很难从商业银行获得贷款;此外,面对国内证券市场上市门槛高、上市时间长、容量有限、再融资难的现实,中小企业纷纷选择境外上市。

一、香港上市融资

1. 上市条件

H股是指中国内地企业在香港联合交易所上市发行的股票。内地企业采取H股方式在香港联合交易所直接公开发行上市需要同时满足中国证监会和香港联合交易所的上市条件。根据《关于股份有限公司境外发行股票和上市申报文件及审核程序的监管指引》，为更好地适应境内企业特别是中小企业的融资需求，服务实体经济发展，中国证监会将进一步放宽境内企业境外发行股票和上市的条件，简化审核程序，提高监管效率。依照《中华人民共和国公司法》设立的股份有限公司在符合境外上市地上市条件的基础上，可自主向中国证监会提出境外发行股票和上市申请。

2. 中小企业在香港上市的利弊

（1）中小企业在香港上市的有利条件：

第一，香港的地理位置优越，在交通与交流上占有先机和优势。

第二，香港是全球第三大金融中心，在国际上拥有极高的声誉和地位。中小企业在香港联合交易所上市可以与国际接轨，主动参与国际市场竞争，学习西方的技术和管理，使企业尽快熟悉国际市场的运行规则，按照国际管理标准规范企业的经营与管理，增强企业在市场中的竞争力。

第三，香港与内地的特殊关系，虽然1997年香港主权才回归中国，但香港居民的生活习惯和社交礼节都与内地居民差别不大。随着普通话在香港的普及，香港居民和内地居民在语言上的障碍也已经消除，从心理上讲，香港联合交易所是最为内地企业所接受的境外市场。

第四，在香港联合交易所实现上市融资的途径具有多样化。除传统的IPO外，还可以采用逆向收购，俗称买壳上市的方式筹集资金。

（2）中小企业在香港上市的局限：

第一，资本规模方面。与美国证券市场相比，香港联合交易所的规模要小很多，其股市总价值大约只有美国纽约证券交易所的1/30、纳斯达克市场的1/4，股票年成交额远低于纽约证券交易所和纳斯达克市场。

第二，市盈率方面。香港联合交易所的市盈率较低，大概只有13倍，而在纽约证券交易所，市盈率一般可以达到30倍以上，在纳斯达克市场也有20倍以上。在其他条件相同的情况下，在香港联合交易所上市募集的资金要少很多。

第三，股票换手率方面。香港联合交易所的换手率很低，大约只有55%，比纳斯达克市场300%以上的换手率要低很多，同时也比纽约证券交易所70%以上的换手率要低。这表明在香港联合交易所上市后要进行股份退出相对来说比较困难。

二、美国上市融资

1. 上市条件

美国拥有世界上最大、最成熟的证券市场,其证券市场体现出多层次、为不同融资需求服务的鲜明特征。美国证券市场包括纽约证券交易所(NYSE)、美国证券交易所(AMEX),以及世界上最大的电子交易市场纳斯达克(NASDAQ)。此外,还有 OTCBB、Pink Sheets 等柜台交易市场。只要企业符合其中某一个市场的上市条件,就可以向美国证券交易委员会申请登记挂牌上市。美国证券市场的不同层次为不同条件的中小企业提供了更多的选择空间,实现了真正的"无缝市场"。中国企业在美国纽约证券交易所上市发行的股票被称为 N 股,在纳斯达克市场上市发行的股票被称为中国概念股。表 5-1 是美国证券市场对上市公司的具体要求。

表 5-1 美国证券市场对上市公司的具体要求

项目	纽约证券交易所	纳斯达克全国市场	纳斯达克小型资本市场	美国证券交易所	OTCBB
最低有形资产净值要求(万美元)	6 000	1 500	500	400	无
税前净利要求(万美元)	250(或 3 年 650)	100	75	75	无
最低发行市值要求(万美元)	6 000	800	500	300	无
最低发行股数要求(万股)	110	110	100	100	无
最低股东人数要求(人)	2 000(外国 5 000)	400	300	400	无
做市商	4	3	3	3	3
财报审计要求年限(年)	2	2	2	2	2
注册后核准时间	4～10 周	4～10 周	4～10 周	4～10 周	120 天

资料来源:上海市投资促进服务中心. 中国中小企业改制上市操作手册(2021)[M]. 上海:上海交通大学出版社,2021.

从美国各层次证券市场要求的条件可以看出,适合中国中小企业的证券市场主要是纳斯达克小型资本市场和 OTCBB。目前,中国中小企业的实力不足以直接登陆纽约证券交易所、美国证券交易所及纳斯达克全国市场,但是中小企业可以选择先在 OTCBB 借壳上市,经过一年左右的培育期,达到相关标准后,再转板纽约证券交易所、美国证券交易所或纳斯达克全国市场,这条赴美上市的路径是非常可取的。

2. 中小企业在美国上市的利弊

（1）中小企业在美国上市的有利条件：

第一，美国证券市场的多层次化以及上市方式的多样化可以满足不同企业的融资要求。在美国OTCBB上市交易对企业没有任何要求和限制，只需要三个做市商愿意为这只股票做市即可。企业可以通过买壳方式先在OTCBB上市交易，筹集到第一笔资金，等满足了纳斯达克市场的上市条件，便可申请升级到纳斯达克市场上市。

第二，美国证券市场的规模是世界上任何一个金融市场所不能比拟的，在美国上市，企业筹集到的资金要比其他证券市场多得多。

第三，美国证券市场的换手率、市盈率较高，这意味着在美国上市的中国企业拥有更高的估值，能够融到更多的资金，以及后期的股份退出更加方便，对中国企业来说具有相当大的吸引力。

（2）中小企业在美国上市的局限：

第一，中美两国在地域、文化、语言及法律等方面存在巨大的差异，企业在上市过程中会遇到不少障碍，这是很多中国企业不考虑在美国上市的主要原因。

第二，美国证券市场对中国大型或知名企业的认可度较高，但对中国中小企业的认可度并不高。不过，随着"中国概念"在美国证券市场上越来越清晰，这种局面已经得到改观。

第三，如果企业选择在美国IPO上市，则面临的费用会较高；但如果选择买壳上市，则费用会降低不少。

第四，美国证券市场对企业内部控制要求提高。2002年7月，美国国会通过的《萨班斯-奥克斯利法案》第404条款要求，美国上市公司根据《1934年证券交易法》编制的每份年度报告都应包括内部控制报告，公司管理层和外部审计师都必须就此做出评价，后者还必须对公司管理层的评估过程和内部控制体系出具意见，以确保公司财务报告的可靠性。404条款对内部控制制度的严格要求以及高额的执行成本，使美国证券市场的吸引力有所下降。

综上所述，美国证券市场的多层次化以及上市方式的多样化为不同的企业提供了完备的服务，无论是大企业还是中小企业，都可以选择在美国上市。但是，美国证券市场对企业的资本、财务报告、监管和信息披露等方面都提出了严格的要求，中小企业在美国上市必须经受与本土完全不同的考验，承担较高的上市成本。

拓展阅读

全球IPO回暖叠加新经济崛起，中企赴美上市激增

2021年以来，尽管面临一些监管风险，但中资企业赴美上市热情高涨，引发了市场的

关注。数据显示,这一现象既同全球 IPO 市场的气候有关,又从侧面反映了中国经济中诸如生物医药、互联网等新经济的快速壮大,同时也为中国资本市场的改革发展带来了一些启示。

年内超 20 家企业赴美上市

2021 年以来,国内多家知名企业纷纷传出赴美上市的消息。2021 年 4 月,哈啰出行正式提交了招股说明书,拟在纳斯达克市场上市,瑞信、摩根士丹利及中金公司为承销商。而在此前,保险科技平台水滴公司已经向美国证券交易委员会递交招股说明书,准备在纽约证券交易所上市。

与此同时,还有多家知名企业传出正在计划赴美上市的消息。4 月,小红书传出即将赴美上市,IPO 规模将达 10 亿美元。中国最大的二手电子流通平台万物新生集团(爱回收)也传出将赴美 IPO 的消息,筹资规模预计为 5 亿至 10 亿美元。除上述企业外,包括作业帮、松果出行、每日优鲜等在内的多家知名企业也陆续传出了计划启动赴美 IPO 的消息。

Wind 统计数据显示,按照上市日期计算,截至 4 月 28 日,2021 年以来在美国上市的中概股数量已经达到 23 只,首发募资总额达到了 55.93 亿美元。无论是上市企业家数还是募资规模,均远远超出了 2020 年同期。从募资规模来看,雾芯科技、图森未来超过了 10 亿美元,而涂鸦智能、知乎、容联易通等 7 家企业的募资规模也均超过了 1 亿美元。从行业来看,2021 年来赴美上市的企业主要集中在生物医药及互联网领域。相比之下,2020 年全年,共计 39 只中概股在美国上市,首发募资总额为 122.29 亿元。

实际上,赴美上市中资企业数量的增加同全球 IPO 市场的表现一致。来自安永的报告显示,2021 年第一季度全球 IPO 市场共有 430 宗交易,募资总额为 1 056 亿美元,同比分别增长 85% 和 271%。其中,美洲区市场共有 121 宗 IPO 交易,募资总额达 452 亿美元,交易量和募资额均为二十年来最高;亚太区共有 200 宗 IPO 交易,募资总额为 343 亿美元,为二十年来最高。

中国新经济企业快速扩张

除全球 IPO 市场本身发生的变化外,中国经济强劲的基本面,尤其是新经济的快速发展壮大及其带来的企业规模扩张,为中资企业赴美上市提供了基础。

国家统计局数据显示,2021 年 1 至 2 月份,全国规模以上互联网及相关服务、软件和信息技术服务业企业营业收入同比分别增长 42.6%、49.1%,两年平均分别增长 25.3%、22.5%,均明显快于规模以上服务业企业 10.0% 的两年平均增速。来自工信部的数据则显示,2021 年一季度,全国规模以上互联网和相关服务业企业完成营业收入 3 249 亿元,同比增长达 28.7%,与上年同期相比增速提高 27.2 个百分点。

大数据时代,中国数字经济的快速发展正在为中国经济注入新动力。2021 年 4 月 25 日国家互联网信息办公室发布的《数字中国发展报告(2020 年)》显示,"十三五"时期数字中国建设取得重要成就,中国信息基础设施建设规模全球领先,建成全球规模最大的光纤网络和 4G 网络。国家互联网信息办公室副主任盛荣华介绍,中国信息技术创新能力和数字经济发展活力持续提升。在全球创新指数排名中,中国从 2015 年的第 29 位跃升到第 14 位,并成为全球最大的专利申请来源国。2020 年,中国数字经济总量跃居世界第二,数字经济核心产业增加值占 GDP 的比重达到 7.8%。

大量中资企业尤其是生物医药、互联网等新经济企业赴美上市,也给中国资本市场的改革发展带来了一些启示。川财证券首席经济学家陈雳对《经济参考报》记者表示,从赴美上市角度来看,医药和科技企业有很多成功案例,且境外资本市场对一些前沿领域相对比较熟悉,投资者对此兴趣也相对较高。他表示,这一现象对于中国资本市场的启示在于:第一,对医药和科技企业相应放宽盈利条件,这一点在科创板已经开始努力体现;第二,上述企业科研投入高,技术和产品升级换代比较频繁,需要加强上市公司主体与投资者的沟通;第三,对这类企业的上市应当合理、合规地多支持。

中美经贸合作潜力巨大

中资企业赴美上市激增也显示了中美经贸合作领域的潜力。来自海关总署的数据显示,2021 年一季度,中国货物进出口总值达 8.47 万亿元人民币,比上年同期增长 29.2%。一季度中美贸易高速增长,其中对美出口同比增长 62.7%,自美进口同比增长 57.9%,能源、农产品、汽车及零件等进口都快速增长。3 月份,对美出口同比增长 41.6%,自美进口同比增长 61.8%,进口进一步加快。

商务部表示,中美两国经济都在较快恢复,双方经济结构、贸易结构高度互补,合作潜力巨大。中方始终认为,中美经贸合作的本质是互利共赢。双方应在相互尊重、平等相待的基础上为推动经贸合作创造条件,不断增进两国人民福祉。

资料来源:全球 IPO 回暖叠加新经济崛起 中企赴美上市激增[EB/OL].(2021-04-29)[2021-12-02]. https://baijiahao.baidu.com/s?id=16983293226754702255&wfr=spider&for=pc.

三、英国上市融资

伦敦证券交易所是世界上历史最悠久的证券交易所,也是世界四大证券交易所之一。作为世界上最国际化的金融中心,伦敦不仅是欧洲债券及外汇交易领域的全球领先者,还受理超过 2/3 的国际股票承销业务。伦敦的市场规模与位置,意味着它为世界各地的公司及投资者提供了一个通往欧洲的理想门户。在保持伦敦的领先地位方面,伦敦证券交易所扮演着中心角色,它运作着世界上国际性最强的股票市场,其外国股票的交易规模超过其他任何证券交易所。截至 2019 年 8 月,伦敦证券交易所共有 2 090 家上市公司,总市值 393 万亿英镑,其中主板上市公司 1 154 家,总市值 383 万亿英镑。

1. 上市条件

伦敦证券交易所分为主板和 AIM 板（创业板）。主板主要为具备一定规模、盈利良好、通过英国上市管理署（United Kingdom Listing Authority，UKLA）上市审核的企业提供服务,而 AIM 板主要为中小企业提供服务。所有在伦敦证券交易所交易的股票都必须符合其"准入标准"和"披露标准"。

对于主板上市,其条件比较严格:①公司一般须有 3 年的经营记录,并须呈报最近 3 年的总审计账目。如果没有 3 年的经营记录,某些科技公司、投资实体、矿产公司以及承担重大基建项目的公司,只要能满足伦敦证券交易所上市细则中的有关标准,亦可上市。②公司的经营管理层应能以独特的商业模式、难以超越的技术优势、严格的风控体系和漂亮的经营管理数据等,充分显示出其对公司经营所承担的责任。③公司呈报的财务报告一般须按国际或英美现行的会计及审计准则编制,并按上述标准独立审计。④公司在本国其他交易所的注册资本应超过 70 万英镑,已至少有 25% 的股份为社会公众所持有。实际上,通过伦敦证券交易所进行国际募股,其总股本一般要求不少于 2 500 万英镑。⑤公司须按伦敦证券交易所要求的规范编制上市说明书,发起人必须使用英语发布有关信息。至于 AIM 板上市,公司无须报经 UKLA 核准,仅须经伦敦证券交易所同意即可进行交易。

2. 中小企业在英国上市的利弊

（1）中小企业在英国上市的有利条件：

第一,伦敦拥有独一无二的国际市场,聚集了世界上最大的资本投资群体,其巨大的资金容量完全可以满足拟上市企业的资金需求。

第二,与其他大部分证券市场不同的是,AIM 板对有意来此上市的企业的规模、经营记录、公众需持有的股份数额等没有硬性规定,且不必经过 UKLA 审批,可操作性更强。

第三,耗时更短。理论上,AIM 板整个上市过程 3 到 6 个月就能完成,一般不会超过 1 年,远远快于境内主板上市。

（2）中小企业在英国上市的局限：

第一,发行成本较高。中小企业在英国上市所聘请的承销商一般都是实力强、水平高、信誉好的国际大型投资银行,其承销费用远高于国内承销商。此外,即使不考虑其他如市场推广、公关服务以及上市费用等的差异,聘请英国有专业资格的人士来担任律师和会计师,也要比国内支付更高的成本。

第二,再融资难以实现。英国与中国具有巨大的语言、文化和法律差异,国内一些企业在英国上市后,不熟悉英国的资本运作方式,与投资者信息沟通不畅,往往导致股票的后续表现不佳,而再融资也将难以实现,严重者甚至面临退市危险。

四、新加坡上市融资

新加坡证券交易所目前有主板（SES-Mainboard）和二板（SES-SESDAQ）两个交易板。新加坡稳定的政治和经济环境、良好的商业和法规环境、超过 800 家的国际基金经理和分析员网络是吸引中国企业赴新加坡上市的重要因素。中国已成为新加坡证券市场最大的外国企业来源地，中国企业占外国企业总数的 32%。中国企业在新加坡证券交易所上市发行的股票被称为 S 股。

1. 上市条件

在新加坡上市的企业必须满足表 5-2 所示的上市条件。

表 5-2　新加坡上市条件

项目	标准一	标准二	标准三
税前盈利	税前净利润 3 年累计大于 750 万新元，年税前净利润大于 100 万新元	近 1 年或 2 年税前净利润大于 1 000 万新元	上市市值不低于 8 000 万新元
	3 年营业记录		
	控股股东全部股份在上市之日起 6 个月内不能出卖	控股股东全部股份在上市之日起 6 个月内不能出卖	控股股东全部股份在上市之日起 6 个月内不能出卖，后 6 个月 50% 不能出卖
股权分布	25% 的股份由至少 1 000 名股东持有，若市值超过 3 亿新元，可酌减至 12%		
会计	在新加坡主板上市的企业，其财务资料需要依照新加坡或国际会计准则编制；若计划向公众募股，则必须向社会公布招股说明书；若已有足够的合适股东和资本，则必须准备一份与招股说明书类似的通告给交易所，以备公众查询		

2. 中小企业在新加坡上市的利弊

（1）中小企业在新加坡上市的有利条件。在新加坡上市的优势主要是上市门槛和上市费用相对较低。主板市场对没有连续 3 年盈利甚至存续 3 年的企业只要满足其他标准也能上市，二板市场的条件更低，对税前盈利、资本额等均无要求，而且主板与二板之间可以转市，二板上市企业上市满 2 年达到主板要求的，即可转入主板市场。更为诱人的是，企业上市后再融资也更为便利，只要市场投资者接受，再融资就没有间隔期的要求，融资量也没有上限。中国企业到美国上市所需费用约是上市筹集资金的 15%，而新加坡为 6%～8%。此外，新加坡与中国距离较近，由此所带来的交通等相关费用也要比欧洲和北美等地低得多。

（2）中小企业在新加坡上市的局限。新加坡证券市场的规模相对较小，民营中小企业在新加坡上市可以筹集的资金有限。适合在新加坡上市的企业是国内一些不希望等待审核、支付能力有限的民营中小企业。

关键术语

上市融资　主板市场　科创板市场　创业板市场　新三板市场　首次公开发行　买壳上市　借壳上市　造壳上市

复习思考题

1. 简述上市融资的定义和特点。
2. 试分析上市融资的利弊。
3. 审批制、核准制和注册制的区别是什么？
4. 简述首次公开发行的流程。
5. 简述买壳上市的流程。
6. 简述借壳上市的流程。
7. 简述造壳上市的流程。
8. 中小企业境内上市融资主要有哪些板块？
9. 中小企业境外上市融资主要有哪些渠道？

第六章

项目融资

> **学习目标**

- 掌握项目融资的含义及基本特征,了解项目融资的适用范围及参与者
- 掌握项目包装融资的含义,熟悉项目包装融资的具体内容,理解出色项目包装融资的主要特征
- 了解各种项目融资模式的含义及特点,掌握BOT模式的含义、特点及运作程序

> **素养目标**

通过对拓展阅读和典型案例的分析,培养学生的契约精神,以及对现代国家治理理念、合作共赢、开放包容、政府信用等问题的认识。

> **案例导读**

长春市养老综合项目PPP融资模式

一、项目基本情况

长春市养老综合项目整体规模较大,计划投资约76 235万元。项目合作期为25年,其中建设期3年,营运期22年。项目公司采用BOT(建设—运营—移交)模式。在建设阶段,项目公司按照协议的方案进行建设,确保项目按时完成;在项目建成后,由项目公司按照协议规定负责项目的管理。本项目以"医养护一体化"为经营理念,通过智慧养老、互联网+、物联网等科技手段,使政府、社会资本、老年人都可以从中受益,最终从根本上解决老年人的养老、医疗、健康等问题,让老年人过上较为舒适的生活。本项目主要包

括三个子项目：①医养结合养老机构项目；②托老服务中心项目；③居家养老服务中心项目。

二、项目运作方式

在本项目中，长春市政府通过竞争性采购选择项目经验丰富、财务实力雄厚的社会资本。长春市长发展投资有限公司作为政府出资方与中选社会资本共同出资成立项目公司，市政府授权市民政局与项目公司签订各子项目的PPP（政府和社会资本合作）协议，协议约定：在建设期，由项目公司负责医养结合养老机构项目的投资、设计和建设，以及托老服务中心项目与居家养老服务中心项目的投资、设计和改扩建。在运营期，由项目公司负责养老设施的运营和维护，以及市场化增值服务和养老设施的更新换代；并向服务人群收取床位费、伙食费等费用，收取政府可行性缺口补助及居家养老服务中心项目的服务费。按照建设和运营协议，25年合作期满后，项目公司社会资本方将按照协议，通过法定程序将三个子项目股权移交给市民政局指定单位，实现退出。

三、项目运用PPP融资模式的实施流程

本项目具体实施流程可分为立项、选择社会资本、成立项目公司、项目公司融资、项目建设与运营和项目移交。

1. 立项

2016年7月，长春市民政局编撰完成《长春市养老综合项目可行性研究报告》，进行物有所值评价并论证了项目的财务承受能力，长春市政府对长春市养老综合项目立项。

2. 采用竞争性磋商的方式选择社会资本

长春市政府在选择社会资本时采用竞争性磋商的方式，充分引入社会竞争。采用此种采购方式有以下优势：第一，充分利用市场竞争机制，选出最合适的社会资本方，降低政府融资成本。第二，体现出"公平、公正、公开"的原则。第三，通过准入条件，更客观地引入社会资本，增加项目吸引力，保证项目顺利执行。第四，按照采购文件中的条款进行协商，避免双方在谈判上纠缠，合理缩短采购时间。最终确认的四家公司在养老服务、建筑设计等方面具有明显的优势和丰富的管理经验。

3. 给予社会资本合理的收益，成立项目公司

为了实施长春市养老综合项目，市民政局采用BOT模式进行项目运作。长春市长发展投资有限公司作为政府出资方与社会资本以股权形式参与设立长春市养老综合项目公司，并通过协议约定双方的权利和义务。项目公司注册资本为15 247万元，其中政府方出资3 049万元，社会资本方出资12 198万元。设立项目公司可以更好地发挥双方的优势，促进对外融资。

社会资本未来的收益来源于项目公司的运营收入和政府可行性缺口补助。本项目于2017年开工，2019年竣工，2020年投入使用。在特许经营期的25年内，依据项目公司每年通过提供服务得到的年度营业收入，得出25年内的预期最低年收益。

同时，政府为参与长春市养老综合项目建设的私营企业提供6%的收益率保证，即在

特许经营期内,若私营企业的收益率没有达到预先设定的标准,则政府负责补贴其差额部分,通过设置固定收益率的方式来吸引民间资本。

4. 项目公司融资

本项目建设初期向金融机构贷款 60 988 万元,贷款期限暂定为 15 年,贷款利率按 4.90% 计算。运营期的设备设施重置和更新贷款为 13 377 万元,贷款期限按 10 年计算。除项目公司注册资本的 20% 外,剩下 80% 由项目公司负责融资。项目公司利用其资产和项目未来收益权进行抵押或质押的方式融资。本项目的资金需求巨大,用项目公司的资产和项目未来收益权进行抵押或质押,加上政府相关部门按照 PPP 规范出具相关融资支持性文件,项目公司更容易取得贷款。

5. 社会资本经验丰富,保障项目建设与运营

根据协议,在本项目中,政府只需要说明项目标准,如项目规模、地理位置等即可,由项目公司负责整个项目的建设与运营。引入的社会资本具备较强的专业能力、财务实力、公司信誉,保证了项目在建设与运营环节的顺利实施。其中,最大的股东为长春市长发养老服务有限公司,该公司是一家专门为老年人提供服务的养老企业,具有丰富的项目设计、建设、融资、运营经验,有助于长春市政府通过该项目吸收经验,克服困境,保障项目的建设与运营。

6. 项目移交

合作期满后,项目公司社会资本方将按照协议移交股权,实现退出。

案例详情链接

李庆凤.长春市养老综合项目 PPP 融资模式案例分析[D].保定:河北金融学院,2020.

你是不是有下面的疑问?

1. 什么是 BOT 模式?BOT 模式的特点有哪些?
2. 什么是项目融资?BOT 模式与项目融资之间是什么关系?
3. 项目融资方式与其他传统的融资方式有什么不同之处?
4. 任何项目都可以用项目融资的方式筹集资金吗?
5. 除 BOT 项目融资外,项目融资模式还有哪些?

进入内容学习

项目融资作为一种新型融资方式,在国际上越来越受到借款人的青睐。它对于大型建设项目,特别是基础设施和能源、交通运输等资金密集型项目具有较大的吸引力和运

作空间。近年来,随着项目融资在我国多个领域中应用程度的加强,它大大改善了企业的融资状况,对我国的经济发展起到了巨大的促进作用。本章从项目融资的含义入手,分析了其与传统公司融资相区别的基本特征,介绍了其适用范围、参与者及主要模式。项目离不开包装,要想取得良好的经济和社会效益,必须做好项目的包装。本章还对项目包装融资进行了初步介绍。通过本章的学习,可以更好地理解项目融资的运作,认识到其在大型工程项目上应用的优势。

第一节　项目融资概述

一、项目融资的含义

项目融资是近年来兴起的新型融资方式,其雏形可以追溯到20世纪30年代。然而,项目融资开始受到人们的广泛重视,是以20世纪60年代中期英国在北海油田开发项目中使用有限追索权项目贷款为标志的。与传统的融资方式相比,项目融资方式能更有效地解决大型建设项目的资金问题,因此,世界上越来越多的国家开始采用这一方式。80年代中期项目融资被介绍到我国,并在一些大型的水利电力项目中得到成功运用。目前,项目融资已经成为大型建设项目筹措资金的一种新方式。

项目融资作为一种新型融资方式,虽然在世界上一些国家已有多年的实践,但作为学术用语,尚没有一个公认的定义。但总体而言,可把项目融资的定义分为广义和狭义两类。广义的项目融资是指凡是为了建设一个新项目或者收购一个现有项目以及对已有项目进行债务重组所进行的融资。它包括传统意义上的公司融资和为大型建设项目而专门组织的项目融资。狭义的项目融资是指一种以项目资产和预期收益为保证的、由项目的各个参与方分担风险的、具有无追索权或有限追索权的特殊融资方式。我们一般提到的项目融资仅指狭义上的概念。按照这一定义,项目融资用来保证贷款偿还的首要来源被限制在被融资项目本身的经济强度之中。项目的经济强度是从两个方面来测度的:一方面是项目未来的可用于偿还贷款的净现金流量;另一方面是项目本身的资产价值。从而,在为一个项目安排项目融资时,项目借款人对项目所承担的责任与其本身所拥有的其他资产和所承担的其他义务在一定程度上是分离的。如果项目的经济强度不足以支撑在最坏情况下的贷款偿还,那么贷款人就可能要求项目借款人以直接担保、间接担保或其他形式给予项目附加的信用支持。因此,一个项目的经济强度加上项目投资者(借款人)和其他与该项目有关的各个参与者对项目所做出的有限承诺,就构成了项目融资的基础。

二、项目融资的基本特征

项目融资作为近年来兴起的新型融资方式,与传统的公司融资方式相比有很大的区别。

(一)项目导向

项目融资是以项目为主体安排的融资,主要是依赖于项目的现金流量和资产而不是依赖于项目发起人的资信来安排融资。由于项目导向,有些投资者很难借到的资金则可以利用项目来安排,有些投资者很难得到的担保条件则可以通过组织项目融资来实现。因此,与传统的融资方式相比,项目融资一般可以获得较高的贷款比例,通常根据项目的经济强度可以获得60%~70%的贷款,在某些项目中甚至可以做到100%。另外,项目融资的贷款期限可以根据项目的具体需要和经济寿命来安排设计,做到比一般商业贷款期限长,有的项目贷款期限可以长达20年之久。

(二)有限追索或无追索

追索是指借款人未按期偿还债务时,贷款人要求借款人用除抵押资产之外的其他资产偿还债务的权利。在某种意义上,贷款人对项目借款人的追索形式和程度是区分融资是属于项目融资还是属于传统公司融资的重要标志。传统的公司融资方式(如贷款)下,债权人在关注项目本身投资前景的同时,更关注项目借款人的资信及现实资产,追索权具有完全性。贷款人在借款人违约而项目收益不足以还本付息时,有权把借款人的其他资产也作为抵押品收走或拍卖,直到偿清贷款本金和利息。而项目融资方式是就项目本身而言的,属于有限追索或无追索。作为有限追索的项目融资,贷款人可以在贷款的某个特定阶段对项目借款人进行追索,或者在一个规定的范围内对项目借款人进行追索。除此之外,无论项目出现任何问题,贷款人均不能追索到项目借款人除该项目资产、现金流量以及所承担的义务之外的任何形式的财产。也就是说,项目融资完全依赖于项目未来的经济强度,还本付息完全依赖于项目收益,必须从项目资产中获取担保,项目收益不能还本付息时,贷款人无权向项目借款人追索。而有限追索的极端是"无追索",即融资百分之百地依赖于项目的经济强度,在融资的任何阶段,贷款人均不能追索到项目借款人除项目之外的资产。然而,在实际工作中无追索权的项目融资很少见。由于有限追索或无追索的设定,使得投资者的其他资产能够得到有效保护,这就调动了大批具有资金实力的投资者参与开发与建设的积极性。

(三)风险分担

任何项目的开发与建设都存在风险。而且,与传统的公司融资方式相比,项目融资具有投资数额巨大、建设周期长的特点,因此投资风险大、风险种类多。为了保证项目融资的顺利实施,实现项目融资的有限追索,对于与项目有关的各种风险要素,需要以某种形式在项目投资者(借款人)、与项目开发有直接或间接利益关系的其他参与者和贷款人之间进行分担。一个成功的项目融资结构应该是在项目中没有任何一方单独承担起全部项目的债务违约责任。项目借款人应学会识别和分析项目的各种风险,确定自己、贷款人及其他参与者所能承受的最大风险及可能性,利用一切优势,设计出投资者具有最小追索权的融资结构。

风险分担一般是通过出具各种保证书或做出承诺来实现的。保证书是项目融资的生命线,因为项目公司的负债率都很高,保证书可以把财务风险转移给一个或多个对项目有兴趣但又不想直接参与经营或直接提供资金的第三方。

(四)非公司负债型融资

非公司负债型融资也被称为资产负债表之外的融资。它是指项目的债务不表现在项目投资者(实际借款人)的资产负债表中的一种融资形式。这样的会计处理是通过对投资结构和融资结构的设计来实现的。这样,一方面可以实现贷款人对借款人的有限追索;另一方面使得项目所属公司有可能以有限的财力从事更多的投资,同时将投资风险分散和限制在更多的项目之中。

由于大型工程项目的建设周期和投资回收期都比较长,对于项目借款人而言,如果这种项目的贷款安排全部反映在公司的资产负债表中,则很可能造成公司的资产负债比例失衡,超出银行通常所能接受的安全警戒线,并且这种状况在很长一段时间内可能无法获得改善。公司将因此无法筹措新的资金,影响未来的发展能力。采用非公司负债型的项目融资则可以避免这一问题。

(五)信用结构多样化

在项目融资中,用于支持贷款的信用结构的安排是灵活和多样化的。一个成功的项目融资可以将贷款的信用支持分配到与项目有关的各个关键方面。典型的做法包括:在市场方面,可以要求对项目产品感兴趣的购买者提供一种长期购买合同作为融资的信用支持;在工程建设方面,可以要求工程承包公司提供固定价格、固定工期的合同,或"交钥匙"工程合同,可以要求项目设计者提供工程技术保证等;在原材料和能源供应方面,可以要求供应方在保证供应的同时,在定价上根据项目产品的价格变化设计一定的浮动价格公式,保证项目的最低收益。

(六)融资成本较高

融资成本是为筹集和使用债务资金而付出的代价,它包括融资的前期费用和利息成本两个主要组成部分。项目融资的前期费用与融资规模有直接关系,一般占贷款金额的$0.5\%\sim2\%$。由于项目融资涉及面广,融资结构、担保体系复杂,参与方较多,因此前期需要做大量协议签署、风险分担、纳税筹划、资产抵押、咨询顾问等工作,从而发生各种融资顾问费、成本费、承诺费、律师费等。项目融资利息成本一般要高于同等条件公司融资的$0.3\%\sim1.5\%$,其增加幅度与贷款银行在融资结构中承担的风险以及对项目借款人的追索程度密切相关。

项目融资的成本较高是项目融资被广泛运用的一个障碍。但其强大的融资能力及其带来的规模经济效应能够抵消较高的成本代价;此外,精心的财务管理和合理的融资结构也能够降低融资成本。

（七）负债比例高

在传统的公司融资方式下,一般要求项目投资者自有资金的比例至少达到40%以上。而项目融资主要考虑项目未来能否产生足够的现金流量来偿还贷款以及项目自身的风险等因素,对投资者自有资金的比例要求不高,绝大部分资金是依靠银行贷款来筹集的。一般而言,投资者自有资金占项目总投资的30%即可,而具体的负债比例根据项目的经济强度、融资规模等因素而定,结构严谨的项目融资可以实现90%以上的负债比例。因此可以说,项目融资是一种负债比例较高的融资方式。

项目融资虽比传统的公司融资方式复杂,但可以实现传统公司融资方式实现不了的目标。其对借款人的有限追索保证了在项目失败时,不至于危及借款人的其他财产;在国家和政府建设项目中,政府可以通过灵活多样的融资方式来处理债务可能对政府预算的负面影响;在海外合资投资项目中,跨国公司可以有效地将公司其他业务与项目风险分离,从而限制项目风险或国家风险。这些都表明项目融资作为一种新型融资方式包含着丰富的内容,具有特殊的魅力,对于大型建设项目,特别是基础设施和能源、交通运输等资金密集型项目具有较大的吸引力和运作空间。

三、项目融资的适用范围

尽管项目融资具有融资能力强、风险分散等优点,但项目融资成本高、结构复杂,因此无论是发达国家还是发展中国家,对项目融资方式都采取谨慎的态度。并非任何项目都可以采用项目融资的方式筹集资金,它主要适用于具有一定的垄断性或竞争性不强的项目,通常项目经济寿命较长,有可靠的现金流,经济效益较好。从各国应用项目融资方式的种类来看,主要有以下三种:

（一）资源开发项目

这类项目一般可分为两大类:一是石油、天然气、煤炭、铀等能源开发项目;二是铁、铜、铝等金属矿产资源开发项目。一般来说,资源开发项目具有两大特点:一是开发投资数额巨大;二是一旦项目运作成功,投资收益就较为丰厚。项目融资最早就是源于资源开发项目。典型的运用项目融资方式开发资源的项目有英国北海油田开发项目,以及被誉为"开创了澳大利亚铁矿发展史上的新时代"的澳大利亚恰那铁矿项目等。

（二）基础设施项目

无论是发达国家还是发展中国家,项目融资应用最多的领域是基础设施。这类项目可分为三大类:第一类是公共设施项目,包括电力、电信、自来水、排污等;第二类是公共工程项目,包括铁路、公路、海底隧道、大坝等;第三类是其他交通工程项目,包括港口、机场、城市地铁等。国际上已经成功运作的项目大都集中在电力、公路、海底隧道等领域。其中,电力项目有美国霍普威尔火力电站项目、巴基斯坦赫布河燃油发电厂项目、菲律宾大马尼拉汽轮机发电厂项目等;公路项目有马来西亚南北高速公路项目、泰国曼谷第二期高速公路项目等;海底隧道项目有英法合作的英吉利海峡隧道项目、澳大利亚悉尼港海底隧道项目、土耳其马尔马拉海底隧道项目等。我国从 20 世纪初 80 年代开始尝试项目融资方式。项目融资主要运用于电力、公路、地铁等基础设施项目。例如,电力项目有深圳沙角 B 电厂、广西来宾 B 电厂、山东日照电厂、合肥二电厂等项目;公路项目有广州至深圳高速公路、北京兴延高速公路、北京京通快速公路等项目;地铁项目有重庆地铁、深圳地铁等项目。污水处理厂项目有兰州七里河安宁污水处理厂、晋州市亚太污水处理厂等项目。

(三) 大型工业项目

随着运用范围的扩大,近年来项目融资在工业领域也有运用,但与在资源开发、基础设施领域的运用相比,项目融资在工业领域的运用还很少。不过,在这方面也有成功的典型,如澳大利亚波特兰铝厂项目、加拿大塞尔加纸浆厂项目和中国四川水泥厂项目。在工业领域,项目融资多用于工程上比较单纯或某个工程阶段中已使用特定技术的制造业项目;此外,也适用于委托加工生产的制造业项目。

四、项目融资的参与者

(一) 项目公司

项目公司也称项目的直接主办人,是指直接参与项目投资和管理,直接承担项目债务责任和项目风险的法律实体。项目融资中普遍的做法是成立一个单一目的的项目公司,作为项目的直接主办人,而不是母公司的控股公司(即项目的实际投资者)作为项目的直接主办人。这种做法的好处是:①有利于实现对项目投资者的有限追索;②有利于实施表外融资;③便于集中管理和操作。

(二) 项目的实际投资者

项目的实际投资者是项目的真正主办人、发起人,是真正的借款人,也可以是项目产品的购买者。其可以是单独一家公司,也可以是由多家公司组成的投资财团;可以是私人公司,也可以是政府机构或者是二者的混合体。其通过项目投资获取利润并实现综合目标要求。在有限追索的融资结构中,项目投资者除拥有项目公司的全部股权或部分股权,提供一部分股本资金外,还需要以直接担保或间接担保的形式为项目公司提供一定的信用支持。作为项目融资中的真正借款人,项目投资者在融资中需要提供的担保的性质、金额和时间要求,主要取决于项目的经济强度和贷款银行的要求。

(三) 项目的贷款人

项目的贷款人是项目资金的主要提供者,包括商业银行、非银行金融机构(如租赁公司、财务公司、某种类型的投资基金等)和一些政府的出口信贷机构。由于采用项目融资的项目投资规模大,资金需求量很大,风险往往也很大,一个贷款人很难独立承担贷款业务,也不愿意冒很大的风险为一个大项目提供全部贷款。因此,通常情况下是由多家银行组成银团共同为项目提供贷款。在为项目提供贷款的银团中,银行参与数目主要根据贷款规模和项目风险(特别是项目所在国的国家风险)两个因素决定。根据一般经验,贷款额超过3 000万美元的项目,通常需要至少三家以上的银行组成银团来提供资金。但是,对于一些被认为是高风险的国家,几百万美元的项目贷款,也常常需要由多家银行组成的国际银团来提供。

(四)项目的信用保证实体

1. 项目产品的购买者或项目设施的使用者

项目的信用保证责任一般由项目发起人本身、对项目产品(设施,下同)有需求的独立第三方,或者有关政府机构(多数在交通运输、电力等基础设施项目中)承担。项目产品的购买者通过与项目公司签订长期购买合同,特别是具有"无论提货与否均需付款"和"提货与付款"性质的合同,保证了项目的市场和现金流量,为投资者对项目的贷款提供了重要的信用保证。项目产品的购买者作为项目融资的一个参与者,可以直接参加融资谈判,确定项目产品的最小承购数量和价格。

2. 项目建设的工程公司或承包公司

项目建设的工程公司或承包公司通过与项目公司签订项目工程合同,成为项目融资的重要信用保证者。项目建设的工程公司或承包公司的资信情况、工程技术能力和以往的经营历史记录,将在很大程度上影响项目融资的贷款人对项目建设期风险的判断。一般来说,如果有信用卓著的工程公司承建项目,有较为有利的合同安排,则可以帮助项目投资者减少在项目建设期间所承担的义务和责任,在建设期间就将项目安排成为有限追索的形式。

3. 项目设备、能源、原材料的供应者

通过"固定价格的长期供货协议"或延期付款或低息优惠贷款的安排,项目设备、能源、原材料的供应者为项目融资提供信用保证。项目设备的供应者通过延期付款、低息优惠贷款的安排,可以构成项目资金的一个重要来源。这种安排为许多国家在鼓励本国设备出口时所采用。项目能源、原材料的供应者为了寻找长期稳定的市场,在一定条件下愿意以长期的优惠价格条件为项目供应能源和原材料。这种安排有助于减少项目初期以至项目经营期间的许多不确定性因素,为项目投资者安排项目融资提供便利条件。

(五)项目融资顾问

项目融资的组织安排工作需要具有专门技能的人来完成,绝大多数的项目投资者缺乏这方面的经验和资源,需要聘请专业的融资顾问,包括财务与金融顾问、技术顾问、法律顾问、保险顾问及会计税务顾问等。项目融资顾问分为两类:一类是只担任项目投资者的顾问,为其安排融资结构和贷款,而自己不参加最终的贷款银团;另一类是在担任融资顾问的同时,也参与贷款,作为贷款银团的成员和经理人。多数情况下,项目融资安排完成后,融资顾问也加入贷款银团并成为其经理人,代表银行参加一定的项目管理和决策;有时也会根据银团的要求控制项目的现金流量,安排项目资金的使用,确保从项目的收益中拨出足够的资金用于贷款的偿还。

（六）有关政府机构

政府机构能够在项目融资中发挥多方面的作用。从宏观方面来讲,政府机构可以为项目建设提供一种良好的投资环境,例如利用批准特殊外汇政策和特殊税务结构等种种优惠政策降低项目的综合融资成本,提高项目的经济强度和可融资性。从微观方面来讲,政府机构可以为项目的开发提供土地、良好的基础设施、长期稳定的能源供应、某种形式的经营特许权,降低项目的建设风险和经营风险;还可以为项目提供条件优惠的出口信贷和其他类型的贷款担保,这种贷款或贷款担保可以作为一种准股本资金进入项目,促成项目融资的完成。

上述项目融资参与者之间的关系如图 6-1 所示。

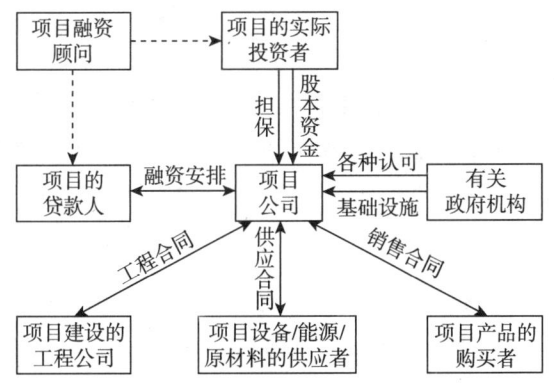

图 6-1 项目融资参与者之间的关系

第二节 项目包装融资

一、项目包装融资的含义

所谓项目包装融资,是指根据市场运作规律,经过精密的构思和策划,对具有潜力的项目进行包装和运作,以丰厚的回报吸引投资者,为项目融得资金,从而完成项目的建设。项目离不开包装,要想取得良好的经济和社会效益,必须做好项目的包装。

做好项目包装融资,一定要认识到对项目的包装是成功融资的关键,绝非可有可无。包装是对一个项目各种要件的充分准备和尽可能地完善。项目的名称、外观、环境、采用的材料既属于项目自身的内容,又属于项目包装的范畴。所以,做好项目自身也包含着做好项目包装的含义。任何一个项目的投资者必须按市场经济规律办事,看该项目是否具有经济效益和发展前景,是朝阳产业还是夕阳产业,是能够在短时间内见效益的还是在很久之后才能收回成本的。每一个投资者都会做出一个直观的成本核算,最终做出是否投资的决策。所以,对于一个项目的包装,其最终目的就是要让国内外投资者在很短的时间内,选择既是政府所需要的,又是投资风险较小和发展前景看好的项目。

二、项目包装融资说明书的具体内容

项目包装融资说明书中最核心的部分是可行性研究。以寻找国际合作伙伴为项目融资为例,其项目包装融资说明书通常包括如下具体内容:

(一)项目名称

项目名称包括项目规模、产品、合作方式、初步提议投资方的出资比例等。特别应注意项目名称与国际通用标准一致,如许多化工、高科技产品在使用和翻译过程中极容易出差错,导致误解和不必要的麻烦。

(二)合作伙伴

合作伙伴包括合作伙伴的历史、经营现状、发展战略以及主要人员的重要履历等。

(三)项目现状

项目现状包括项目是否立项及批准部门,支持项目的法律、法规和经济政策。特别应注意提供:与项目有关的法律、法规;国家和本地区的有关产业政策;上级机关关于项目的指示性文件;与国民经济有关的长远规划;行业发展规划、专业协作规划等。

(四)市场预测

市场预测包括现有产品的市场、3～5年市场占有率的科学预测、合资产品的内销及出口比例预测、产品经销网络的具体说明和营销战略。重点是分析产品竞争力、国内外市场需求量。

(五)项目前景

项目前景包括时代发展主题、行业发展趋势、未来可预期相关因素对项目的盈利前景、营销前景的影响等。

(六)投资概算

投资概算包括各方的出资列项及比例,重点是编制资金筹措表、总投资费用支出预算表和建设投资估算表。

(七)财务预测

财务预测包括项目计算期、折旧费、经营收入、经营成本、税金及附加、利息等财务预测前提,以及投资回收期、净现值、投资回报率、年内部收益率等财务结论。

(八)基础设施及其他条件

基础设施及其他条件包括项目所在地的支柱行业、工农业产值、进口状况及与项目有关的交通运输、水电等。

（九）融资需求及项目合作方式

融资需求及项目合作方式包括建议融资方式、项目合作方式、合作或管理方式、投融资流程表等。

三、出色的项目包装融资的主要特征

出色的项目包装融资应通过完善、科学的准备工作，将项目回报展现给投资者，从而吸引投资者向项目投放资金，为项目的开展和建设筹集资金。一般而言，出色的项目包装融资具有以下特点：

（一）科学性

科学性要求在进行项目包装时，以财务会计、管理会计、技术经济学等领域的科学为依据，对项目的经济效益进行科学论证。同时，一个好的项目包装，其论证结果必须达到一定的精确度。为此，在进行项目包装时，企业必须坚持实事求是的原则，数据资料要真实可靠、据理论证、公正客观。而故意缩小投资风险、夸大经济效益的包装做法，为招商引资留下了纠纷，同时对企业的发展也极为有害，是在进行项目包装时需要避免的。

（二）可行性

项目包装应认真做好市场需求预测，充分考察项目产品的国内外市场供求情况，对未来项目产品的销售前景进行可行性分析，采用动态和静态两种分析方法，提出投资项目可行或不可行的结论以及多种选择的方案。在项目可行性研究中，对一些基础数据和经济评价的主要指标（如投资额、成本费用、生产量、销售收入、收益率、经济净现值、投资净效益率等）数据，计算方法、结论要准确；对政治、法律环境等各种因素的变化对经济评价指标的影响及项目的风险要合理预测与推算，对各项动态经济评价指标和对项目的盈亏平衡分析、敏感性分析等要具有充分的科学依据；对设备选择、建设规模、发展方向等要进行多方案比较。在项目可行性研究中，要尽量减少主观性描述，多用客观经济分析；保证数据的正确性、合理性、可靠性，结论应清晰、简洁。对项目在技术、市场、经济上的问题，以及应注意和预防的问题要充分估计，不能有意隐瞒可能出现的困难和风险。

（三）规范性

项目包装的程序、内容、语言、格式要符合国际惯例。这就需要做到：一是把定量分析和定性分析结合起来，凡是能定量化的经济要素都应进行定量分析和计算，将有关工艺技术方案、工程方案、环境方案等经济价值用定量表现出来。二是语言文字规范化。语言文字是项目包装中影响信息沟通的一个重要因素，要注意规范语言文字，准确反映并表达项目的真实状况。避免发生因语言文字处理不当而碰到麻烦的情况。三是格式符合特定项目的要求。世界一些重要的国际金融组织如世界银行等都把项目包装作为申请贷款的必要条件，国际上对不同种类的项目基本上形成了固定格式，为此项目包装应严格遵照有关格式要求。

(四) 吸引力

项目有无吸引力,直接决定着项目融资的效果,为此,应充分挖掘项目的优势和潜力,在多因素的对比分析中,展示项目的可行性;把宏观和微观结合起来,结合项目的内容、技术、经济等方面做深度分析和界定;按照项目包装的整体结构和思路进行全方位的策划,把创新贯穿项目包装的始终。项目包装要具有较高的立意,总体策划要充满新意,准确把握时代脉搏,与国际市场的需求和最新发展尽量保持同步。项目包装对投资者关心的重点问题要深入论述,包装项目在内容上要层次分明、重点突出,深入分析相关市场,衬托出项目的特色和优势。项目包装要结合当地和本企业的特殊优势,注重从整体上充分挖掘与深入分析当地和本企业自身资源优势,揭示项目的独特性,如对项目如何扬长避短、增强地区经济实力、合理利用地区资源以及如何与企业发展规划相衔接等问题进行深入分析,利用外部优势来渲染项目本身的独特性。项目包装形式要避免过于简陋,包装格式、计算方法和标准要尽量与国际惯例接轨,要善于利用地图、方位图等图表,生动形象地反映和表现项目的本质特征。对一些专业名称的表达,要尽量规范,避免引起投资者的误解。

(五) 出色的融资项目说明书

一个项目包装融资要取得成功,则必须具有一份出色的融资项目说明书。目前,在我国项目包装融资实践中,融资项目说明书的表述过于模式化,千篇一律。项目包装融资首先要让项目吸引人,要让投资者看到投资前景,认识到有一个良好的适合投资的环境,特别是对投资风险的论证。为此,一定要站在投资者的角度去撰写融资项目说明书。而且,融资项目说明书必须突出项目特色,因为缺乏独特性的融资项目说明书便很难将投资者的注意力吸引过来,同时"投资额"和"回收期"等融资具体内容会在投资者眼中变得生硬。对于需要创意的融资项目,一定要具有优秀的创意和包装,在融资前即做好详尽的准备。

四、中小企业项目包装融资应注意的主要问题

中小企业进行项目包装融资,不仅是吸引投资者的过程,还是展示企业形象的过程,项目包装成功与否对中小企业的发展起着至关重要的作用。中小企业要确保项目包装融资的成功,则应注意以下六个方面:

(一) 要清楚认识项目包装的内在规律

一般情况下,完成一个项目的包装,应当按照规范化的程序来进行,即经过申请、立项、审核、建议、中介介入、审查、评估、项目包装融资说明书、推介等步骤,逐步完成。具体来讲,对于一个未成型的项目包装,首先要设计并填写相关内容的申请表格,由相关决策者决定是否立项。立项后,制作项目包装融资建议书,并将其委托给具有一定资质的中介机构。该中介机构对提交的资料进行初步审查和评估后,根据实际情况提出咨询意

见，进而形成正式的项目包装融资说明书。对于一些发展潜力巨大的项目，还要进行深入、全面的分析研判和策划，建立起该项目的文本档案，并通过网络媒体等多种手段，向潜在投资者大力推介。项目包装全部完成后，还要继续做好与项目包装相关的跟踪工作并提供专业的后续支持服务。实际上，中小企业对项目包装的过程就是一个招商引资的过程，是一个从项目开始包装到融资成功，并实现项目推介方与投资方"双赢"的过程。

（二）要掌握与项目包装相关的知识

中小企业要努力掌握国际咨询业的发展动态，高度重视和认真研究项目的包装问题。要清醒地认识到，在当前市场经济条件下，项目包装融资不仅是专业人士，还是各类企业或组织的管理者、决策者，甚至是政府负责招商引资部门的工作人员，应当了解与掌握的一门实用性和操作性较强的科学。对一个企业来讲，项目包装不是生产经营之外的事情，而是企业寻求合作与发展、开拓新市场的基础和前提。

（三）要注重发挥社会中介组织的作用

社会中介组织在项目包装上具有得天独厚的优势。社会中介组织大多专业性较强；具有广泛的对外联络渠道，了解国际上著名跨国公司、金融投资机构在项目投资方面的要求；熟悉国际咨询业和项目包装领域发展的最新动态，了解世界国际通用软件的功能和作用，并与国内外咨询机构建立了广泛的联系；具有进行项目包装的实践经验。重视和发挥社会中介组织的作用已是大势所趋，也是市场经济的内在要求。

（四）要善于利用国际通用软件

利用国际通用软件对融资项目进行包装的好处是：有信誉；具有科学性；规范化，用数据说话；通用性，能在国际和各领域间通行；简易性，利用规范图表提供全方位服务。以目前国际上流行的 COMFAT III 为例，该软件由联合国工业发展组织支持开发，主要用于工业项目和基础设施项目投资前的可行性分析。目前，该软件已广泛应用于各国工业发展银行、咨询公司、跨国公司和大学，是一个非常实用和灵活的估算投资项目的工具。它能够帮助投资者筹划和估算整个项目，模拟资金的流入和流出，利用计算机进行投资前的机遇分析、敏感性分析和可行性分析；提供调研阶段投资估算所需要的有关财务特性的预测等。该软件通过改变项目的参数来建立多种功能，即可以提供多种方案以便进行分析和估算，确定计划参数对项目的敏感性。由此可见，利用规范化的国际通用软件对融资项目进行包装，既是我们按照世界贸易组织规则的要求与世界经济接轨的一个重要步骤，又是我国企业开展国际经济技术合作的有效途径和最佳选择。

（五）要善于开展市场调研并做好统计工作

中小企业要积极开展市场调研，积累和完善各行业数据，了解各行业发展状况。只有这样才能在项目包装中做好同行业比较，让投资者对行业投资一目了然，进一步坚定投资的信心和决心。此外，统计工作可以说是项目包装融资工作的晴雨表。只有对各种数据进行长时间的积累，才能使项目包装更有选择性、针对性和有效性，更多地反映企业全面、真实的情况。

（六）要加大项目包装后推介的力度

一个项目是否成功，可以说与包装有很大的关系。包装的主要目的之一在于让投资者"一见倾心""一拍即合"，最终完成项目融资。所以，对于进行了成功包装的项目，就不能束之高阁，而要积极、主动、全方位地向外推介，尽可能地给投资者以最大的选择余地。中小企业要充分利用办展、参会、来访和信息网络等途径寻求项目融资的合作伙伴；通过委托代理招商、网上招商、"小分队"招商等多种形式和渠道，加大项目推介的力度，不断提高项目融资的成效，使项目融资工作迈上一个新的台阶。

第三节　项目融资的主要模式

一、直接融资模式

（一）直接融资模式的含义

直接融资模式是指由投资者直接安排项目的融资，并直接承担起融资安排中相应的责任和义务。它是最简单的一种融资模式，适用于项目发起人本身财务结构不是很复杂的情况。

（二）直接融资模式的类型

1. 投资者面对同一贷款银行直接安排融资

根据合资协议，投资者分别投入一定比例的自有资金，统一安排项目融资，由各投资者独立与贷款银行签订协议；投资者按照投资比例合资组建一个项目公司，负责项目建设，代表投资者签订工程建设合同，监督项目建设，支付项目建设费用；项目建成后，项目公司负责项目的经营与管理，并作为投资者的代理人销售项目产品；项目产品的销售收入进入贷款银行监控账户，按融资协议中规定的资金使用的优先序列用于支付生产费用、再投资、到期债务及盈余资金分配。

2. 投资者各自独立直接安排融资

投资者按照投资比例，直接支付项目的建设费用和生产费用，根据各自的财务状况自行安排融资；投资者根据合资协议组建项目公司，负责项目的建设和生产管理；项目公司代表投资者安排项目建设和生产经营，组织原材料供应，并根据投资比例将项目产品分配给项目投资者；投资者按照协议规定的价格购买项目产品，销售收入根据与贷款银行之间签订的现金流量管理协议进入贷款银行监控账户，并按照资金使用的优先序列进行分配。

（三）直接融资模式的特点

1. 融资结构比较灵活

项目投资者可以根据投资战略的需要，灵活地安排融资结构。这种灵活性一般表现在三个方面:第一,在选择融资方式及资金来源上比较灵活。投资者可以根据不同的需要在多种融资方式、多种资金来源之间充分地加以选择和组合。第二,在负债比例的安排上比较灵活。投资者可以根据项目经济强度和本身资金状况灵活地安排负债比例。第三,可以灵活地运用投资者在商业活动中的信誉,从而降低融资成本。对于大多数资信良好的公司来说,其信誉本身就是一种担保。

2. 税务安排比较灵活

投资者直接拥有项目资产并控制项目现金流量,有利于进行灵活的税务安排,充分地利用项目的税务亏损降低融资成本。

3. 实现有限追索相对复杂

直接融资模式下,贷款由投资者安排并直接承担债务责任,将融资结构设计成有限追索比较复杂。若不同投资者在信誉、财务状况、营销和管理能力等方面不一致,以项目现金流量及项目资产为融资担保和抵押在法律上就较为复杂,在安排融资时需要划清投资者在项目中所承担的融资责任和其他业务责任之间的界限。

二、项目公司融资模式

(一) 项目公司融资模式的含义

项目公司融资模式是指投资者通过建立一个单一目的的项目公司来安排融资的一种模式。

(二) 项目公司融资模式的类型

1. 单一项目子公司安排融资

单一项目子公司安排融资由投资者通过建立一个单一目的的项目子公司的形式作为投资载体,以该项目子公司的名义与其他投资者组成合资结构安排融资。这种模式的特点是项目子公司将代表投资者承担项目全部的或主要的经济责任,但是由于该项目子公司是投资者为一个具体项目而专门组建的,缺乏必要的信用记录和经营历史(有时也缺乏资金),因此可能需要投资者提供一定的信用支持和保证。这种信用支持一般至少包括完工担保和保证项目子公司具备较好经营管理的意向性担保。

2. 合资项目公司安排融资

合资项目公司安排融资由投资者共同投资组建一个项目公司,以项目公司的名义建设、拥有、经营项目和安排有限追索融资。项目建设期间,投资者为贷款银行提供完工担保。这种模式下,项目融资由项目公司直接安排,主要的信用保证来自项目现金流量、项目资产以及项目投资者所提供的与融资有关的担保和商业协议。对于具有较好经济强度的项目,这种融资模式可以安排成为对投资者无追索权的形式。

（三）项目公司融资模式的特点

1. 法律关系较为简单

项目投资者通过出资设立项目公司，由项目公司享有项目的所有权，对外独立进行公司行为，负责项目的建设、运营、融资。项目公司融资模式下，项目融资的抵押比较简单易行，项目的现金流量比较容易被贷款人监管，项目公司与贷款人的法律关系简单、明确，借贷关系表现为贷款人（如果为银团贷款的话，则由银团的代理行作为贷款人的代理人）与作为借款人的项目公司之间的关系。对于贷款人而言，如果以项目资产和现金流量为主要担保，辅之以其他的信用保证方式，则比较容易接受，会使项目融资成本降低、效率提高。

2. 投资者的债务责任清晰

在项目公司融资模式下，项目投资者对项目承担的责任仅限于其出资部分，换句话来说，根据有限责任原则，贷款人对项目投资者的追索权紧紧锁定在项目公司的特定范围内。除此之外，投资者并不直接进行项目融资，而是仅仅通过间接的信用保证方式来支持项目公司融资，如提供完工担保、以"无论提货与否均需付款"或"提货与付款"等形式。这种担保一般不反映在投资者的会计报表中，对投资者的资产负债率不会产生不良影响，不会对投资者的项目外正常经营产生消极影响，从而便于投资者资产负债表外融资。

3. 在税务安排和融资结构选择上缺乏灵活性，很难满足不同投资者对融资的各种要求

主要表现在虽然投资者可以选择多种形式进行融资，但是由于投资者难以直接控制项目现金流量，因此各个投资者难以单独选择融资形式。

三、BOT 模式

（一）BOT 模式的含义

BOT 是英文单词 Build、Operate 和 Transfer 第一个字母的缩写。BOT 模式是指项目所在国政府将一个基础设施项目的特许权授予承包商，承包商在特许期内负责项目设计、融资、建设和运营，并回收投资和成本、偿还债务、赚取利润，特许期结束后将项目移交政府的一种融资模式。BOT 一词通常直译为"建设—运营—移交"，这种译法直截了当，但不能反映 BOT 的实质。所以，将其意译为"基础设施特许权"更为合适。

BOT 是国际上近十几年逐渐兴起的一种基础设施建设的融资模式，是一种利用外资和私人资本兴建基础设施的融资模式。BOT 既是一种融资方式，又是一种投资方式。项目融资只是 BOT 的一个阶段。政府是 BOT 项目实施过程的主导。政府只是让渡 BOT 项目的经营权，项目终极所有权仍归政府所有；政府不干涉项目公司的正常经营，但要参与项目实施过程的组织协调，并对项目服务质量和收费进行监督。政府与项目公司是经济合同关系，在法律上是平等的经济主体。项目特许权通常通过规范的竞争性招标来授予。

（二）BOT 模式的特点

1. 通常采用 BOT 模式的项目主要是基础设施项目

通常采用 BOT 模式的项目主要是基础设施项目，如道路、桥梁、轻轨、隧道、铁路、地铁、发电厂、水厂、污水处理厂、垃圾处理厂等。特许期内，项目生产的产品或提供的服务可能销售给国有单位，或直接向使用者收取费用。

2. 利用私人资本，能减轻政府的直接财政负担

基础设施项目需要巨额资金，而 BOT 模式将所有的项目融资债务责任都转移给项目发起人，建设资金来自外资或民间的闲置资本，可以在一定程度上弥补政府在基础设施投资方面的不足，减轻基础设施项目对政府的财政压力和外债负担。

3. 项目风险转移给项目公司，有利于降低风险

传统的开发模式下，国有建设项目经常发生项目延期和成本超支。采用 BOT 模式后，这些风险会转移给项目公司，而项目公司的投资者则会采取更为严密的计划和措施，严格控制工期和预算。此外，由于基础设施项目建设和运营时间长，在项目建设期和运营期还存在一系列风险，如利率和汇率风险、市场风险、技术风险等。而采用 BOT 模式可以把这些风险转移给项目公司，从而降低了政府因相关风险而可能造成的损失。

4. 有利于提高项目的运作效率

BOT 被看作提高基础设施运营效率的一种方式。一方面，BOT 项目一般都涉及巨额资金投入，项目周期长，风险较大，由于有私人资本的加入，贷款机构对项目的要求就会比对政府更严格；另一方面，私人资本为了降低风险，获得较多的收益，客观上会加强管理，控制造价，降低项目建设费用，缩短工期。

5. 可以提前满足社会和公众的需求

采取 BOT 模式，可以在私人资本的积极参与下，使一些本来亟须建设而政府目前又无力投资建设的基础设施项目，在政府有力量建设前，提前建成并发挥作用，从而满足社会和公众的需求。

6. 可以带来先进的技术和管理经验

BOT 项目通常由境外发达国家和地区具有实力的公司来承包，而多数 BOT 项目都吸收当地企业参与。因此，这会给项目所在国带来先进的技术和管理经验，促进本国承包商提高技术和管理水平。

（三）BOT 的衍生模式

1. BOOT 模式

BOOT 是英文单词 Build、Own、Operate 和 Transfer 第一个字母的缩写，直译为"建设—拥有—运营—移交"。这种模式明确了 BOT 项目的所有权，项目公司在特许期内既有经营权又有所有权。

2. BOO 模式

BOO 是英文单词 Build、Own 和 Operate 第一个字母的缩写,直译为"建设—拥有—运营"。这种模式是项目主办人在获得政府特许授权、事先约定经营方式的基础上,从事基础设施项目投资建设和运营,但并不将此基础设施移交给政府或公共部门。项目公司实际上成为建设、运营某个特定基础设施而不转让项目资产所有权的纯粹的私人公司。例如,近年来活跃于香港资本市场的浙江沪杭甬高速公路股份有限公司和江苏宁沪高速公路股份有限公司对其名下道路设施就采用了类似 BOO 的投资经营方式。

3. BOOST 模式

BOOST 是英文单词 Build、Own、Operate、Subsidy 和 Transfer 第一个字母的缩写,直译为"建设—拥有—运营—补贴—移交"。开发商在项目建成后,在特许期内,既直接拥有项目资产又经营管理项目,但由于存在相当高的风险或非经营管理原因的经济效益不佳,须由政府提供一定的补贴,特许期满后将项目资产转让给政府。

4. FBOOT 模式

FBOOT 是英文单词 Finance、Build、Own、Operate 和 Transfer 第一个字母的缩写,直译为"融资—建设—拥有—运营—移交"。它类似于 BOOT,只是多了一个融资环节,只有先融通到资金,政府才考虑是否授予特许经营权。

5. BTO 模式

BTO 是英文单词 Build、Transfer 和 Operate 第一个字母的缩写,直译为"建设—移交—运营"。它与 BOT 的不同之处在于"运营"和"移交"发生了次序上的变化,即在项目建成后,由政府先行偿还所投入的全部建设费用、取得项目资产所有权,然后按照事先约定由项目公司租赁经营一定年限。翠谷工程有限公司获得的香港新界东南区一个垃圾填埋场项目,采用的就是 BTO 模式。

6. BLT 模式

BLT 是英文单词 Build、Lease 和 Transfer 第一个字母的缩写,直译为"建设—租赁—移交"。它是指项目建成后在项目运营期内出租给第三者,以租赁分期付款方式收回项目投资和运营收益,特许期满后,所有项目资产再转让给政府。

7. ROT 模式

ROT 是英文单词 Rehabilitate、Operate 和 Transfer 第一个字母的缩写,直译为"重整—运营—移交"。在这一模式下,重整是指在获得政府特许权的基础上,对过时、陈旧的项目设施、设备进行更新改造;在此基础上由投资者经营若干年后再转让给政府。这是 BOT 模式适用于已经建成但已陈旧过时的基础设施改造项目的一个变体,其差别在于"建设"变化为"重整"。

8. IOT 模式

IOT 是英文单词 Investment、Operate 和 Transfer 第一个字母的缩写,直译为"投资—运营—移交",即收购现有的基础设施,然后再根据特许权协议运营,最后移交给政府。

此外,还有 BT、BRT、TOT、DBOT、DBOM 等模式,虽然提法不同,具体操作上也存在一些差异,但它们的结构与 BOT 并无实质差别,所以习惯上将上述所有模式统称为 BOT。从 BOT 及其变形来看,BOT 模式的核心内容在于项目公司对特定基础设施项目特许权的获得,以及特许权具体内容的确定。而建设(重整、投资)、移交则可以视项目不同情况而有所差异。这样既能解决政府财政资金不敷项目需求的困难,又能保证项目公司在经营期间的获益权和国家对基础设施的最终所有权。政府通过项目特许权的授予,赋予私人资本在一定期限内建设、运营并获取项目收益的权利,期限届满项目资产移交给政府。同时,除投资者自有资金外,项目建设所需大部分资金来自银行贷款等融资渠道,还款来源限于项目收益,并以项目资产及其收益设定浮动抵押为债务担保。

(四) BOT 模式的参与者

1. 政府

在 BOT 项目中,政府选择项目的建设经营者,是特许权的授予者,也是项目的最终所有者。政府是 BOT 项目成功与否的关键角色之一,为项目的建设与运营提供保障(政策支持、后勤保证、收入保障、财政支持等),往往是项目产品的购买者。政府对 BOT 项目的态度以及在 BOT 项目实施过程中给予的支持将直接影响项目的成败。从项目所在国政府的角度,项目采用 BOT 模式的主要吸引力在于:第一,可以减少项目建设的初始投入,政府部门可以将有限的资金投入更多的领域;第二,可以吸引外资,引进新技术,改善和提高项目的管理水平。

2. 项目发起人

项目发起人是项目的实际投资者,其通过项目的投资和经营活动,实现项目投资和融资的综合目标要求。由于 BOT 项目一般是大项目或特大项目,具有投资多、收益高、风险大的特点,因此项目发起人一般是具有很高资信的机构和项目所在国政府指定的机构,有时也可以是许多与项目有关的公司(如项目承包商、设备供应商、原材料供应商、产品的购买者或最终用户等)组成的投资集团,或者是政府指定的机构与私营机构的混合体。在 BOT 项目建设与运营期间,项目发起人在法律上既不拥有项目,又不经营项目,而是通过发起项目给项目投入一定数量的股本、从属性贷款。

3. 项目公司

项目公司是 BOT 模式的主体,是项目的直接承办者,是项目发起人为建设、运营某项目而组建的自主经营、自负盈亏的公司,具体负责项目开发、建设和融资。正是这种做法,可以实现项目借款不出现在项目发起人的资产负债表上。项目公司一般以在这一领域具有技术能力的经营公司和工程承包公司为主体,有时也吸收项目产品(或服务)的购买者和一些金融性投资者参加。

4. 项目的贷款人

BOT 模式中的贷款人是项目融资中的资金提供者,其组成较为复杂,具体包括商业银行和非银行金融机构,以及政府的出口信贷机构和世界银行或地区性开发银行等。在实践中,项目的贷款人可以是一家或几家银行,也可以是由几十家银行组成的银团。贷款的条件取决于项目本身的经济强度、项目经营者的经营管理能力和资金状况,但是在很大程度上主要依赖于项目发起人与所在国政府为项目提供的支持和特许经营协议的具体内容。

特许经营协议通常包括三个方面的内容:一是批准项目公司建设与运营项目,并给予使用土地、获得原材料等方面的便利条件;二是政府按照固定价格购买项目产品,或者担保项目可以获得最低收入;三是在特许经营协议终止时,政府可以根据协议商定的价格购买或无偿收回整个项目,项目公司保证政府所获得的是一个正常运转并保养良好的项目。

除以上参与者外,BOT 模式的参与者还有保险公司、财务顾问、承包商、供应商、运营商等。

(五) BOT 模式的融资结构

以 BOT 模式组织项目实施的结构类型根据具体项目的特征、项目所在国的情况以及项目承包商的情况等不同而存在差别,但是也可以总结出典型的 BOT 模式融资结构,如图 6-2 所示。①由经营公司、工程承包商、设备供应商以及其他投资者共同组建一个项目公司,并以同政府签订的特许经营协议为项目建设运营与安排融资的基础。②项目公

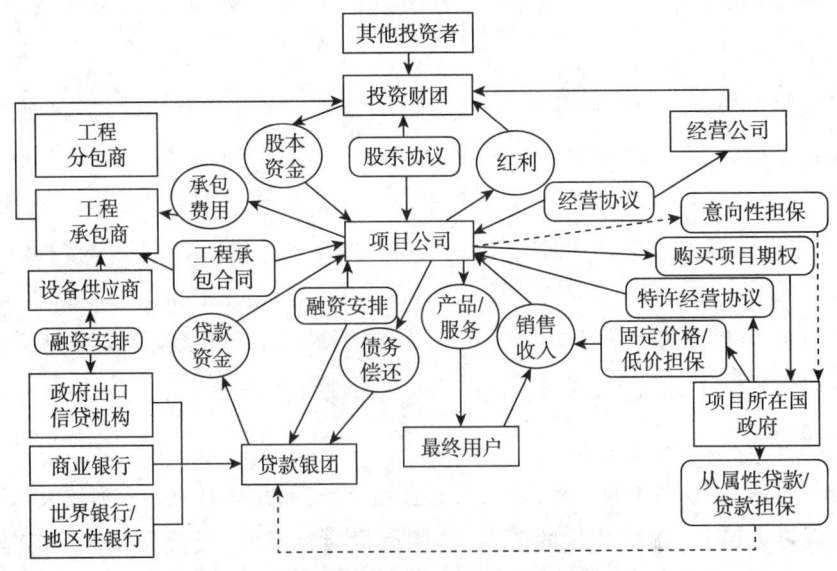

图 6-2 典型的 BOT 模式融资结构

司将特许经营协议等权益转让给贷款人作为抵押来安排融资,并且设计专门的机构控制项目的现金流量。有时,贷款人要求项目所在国政府提供一定的从属性贷款和贷款担保作为融资的附加条件。③工程承包商与项目公司签订工程承包合同进行项目建设,并提供完工担保。④经营公司根据经营协议负责项目公司投资建造的公用基础设施的运行、维护,获得投资收益并支付贷款本息,并保证在特许期结束时将一个运转良好的项目移交给项目所在国政府或其他所属机构。

(六) BOT 模式的运作程序

一般来说,BOT 模式的运作程序主要包括确定项目、项目招投标、合同谈判和签约、项目融资、项目实施和项目移交等阶段。

1. 确定项目阶段

这一阶段的主要目标是研究并提出项目建设的必要性,进一步研究确定项目规模和项目需要实现的目标,而不需要确定项目采用的技术、项目投资额或投资收益水平。一个项目是否采用 BOT 模式,不是由领导拍板决定的,而是由政府聘请咨询公司进行可行性研究,提出项目技术参数并进行实施方案的比较。

一经确定采用 BOT 模式后,政府需要成立项目委员会或全权委托一家机构代表政府运作项目。其具体工作任务是做好项目的准备工作:一是按有关程序制定建设规划;二是选择项目发起人,通常采用招标方式来选择项目发起人。

2. 项目招投标阶段

在这一阶段,政府有关部门对拟参与项目的投标人进行深入对比,从中选择最合适的投标人。这一过程具体可分为以下步骤:

第一步是招标准备。政府成立招标委员会和招标办公室,并由其聘请中介机构(包括专业的投融资咨询公司、律师事务所和设计院)来帮助政府进行充分和细致的招标准备工作:在规划条件、技术标准、工艺和设备水平、环境保护等方面提出明确的要求;准备资格预审文件,在资格预审文件中明确资格预审标准;设计项目结构,逐项落实项目的各种条件;准备招标文件、特许经营协议,制定评标标准。

第二步是资格预审。邀请对项目有兴趣的公司参加资格预审,如果是公开招标则应在媒体上刊登招标公告。招标委员会应组织资格预审专家组,对提交资格申请文件(包括技术力量、工程经验、财务状况、履约记录等方面的资料)的公司进行完整性、有效性及正确性的资格预审,拟定一个数量不多、参加最终投标的备选名单,并在项目条件基本落实和招标文件基本准备就绪之后,发出资格预审结果通知。为了在确保充分竞争的前提下尽可能地减少招标评标的工作量,通过资格预审的投标人数量不宜超过 5 家。如北京第十水厂 BOT 项目的资格预审通告发布后,共有 34 家跨国公司和银行购买了资格预审文件,7 家联合体提交了资格申请文件。招标委员会选择了其中的 5 家联合体参加项目投标。这些公司分别来自法国、英国、日本、意大利和中国香港地区。

第三步是邀请投标。投标资格预审后,招标委员会应邀请通过资格预审的投标人投标。为了防止投标人在投标后撤标或在中标后拒不签订合同,还通常要求投标人提供一定比例或金额的投标保证金,该保证金在确定中标人后予以退还。在获得招标委员会的书面邀请后,通过资格预审的投标人,如果决定继续投标,则应按照招标文件的要求和条件,在规定的日期前呈交投标书。在准备标书阶段,投标人应认真分析研究招标人的真实需求,了解项目的详细情况,必要时到现场进行实地考察,结合自己的实际情况,编制标书。

第四步是评标与决标。投标结束后,招标委员会将组建评标委员会,按照招标文件中规定的评标标准对投标人提交的标书进行评审,以选择和确定最终的中标人。评标标准必须在招标文件中做出明确陈述,而且一般情况下,招标文件中规定的评标标准不允许更改。

3. 合同谈判和签约阶段

定标后,招标委员会应邀请中标人与政府进行合同谈判。在一系列合同谈判中,特许经营协议是 BOT 项目的核心。由于 BOT 项目涉及的内容较多,牵涉一系列合同以及相关条件,谈判的结果要使中标人能为项目筹集资金,并保证政府把项目交给最合适的投标人。一轮谈判可能解决不了所有问题,一般需要 3~5 轮谈判,因此 BOT 项目的合同谈判时间较长。在特许经营协议签订之前,政府和中标人都必须准备花费大量的时间与精力进行谈判和修改合同。如果政府与排名第一的中标候选人不能达成协议,则政府可能会转而与排名第二的中标候选人进行谈判,以此类推。运作良好的 BOT 项目,由于投标人之间的竞争十分激烈,从而使政府在谈判中的地位非常主动。如北京第十水厂 BOT 项目,谈判工作共进行了三轮:第一轮主要是了解双方的观点,第二轮解决了水价等核心问题,第三轮解决了遗留问题。谈判结果在很多方面突破了国内类似项目的惯例,中方的利益得到了更好的保护。

4. 项目融资阶段

项目融资是 BOT 项目实施的关键环节,BOT 项目一般要求在签订特许经营协议后 1 年内完成项目融资。谈判结束且草签特许经营协议后,中标人将组建项目公司。项目公司的主要工作包括:进行融资决策,在项目可行性研究的基础上进行项目融资可行性研究,并在决定采用项目融资的方式后,进行融资结构的初步设计;在初步确定融资方案后,就要物色潜在的贷款人,起草项目融资的有关文件,进行融资谈判,与贷款人一起协商起草贷款协议条款,并签署最终的贷款协议。此外,为了配合项目融资谈判,中标人还要与工程承包商、运营维护承包商和保险公司等进行谈判并签订相关合同。

5. 项目实施阶段

项目公司在签订所有合同之后,开始进入项目的实施阶段。实施阶段包含 BOT 项目建设阶段与运营阶段。在项目建设阶段,项目公司通过顾问咨询机构,组织项目设计与施工,安排进度计划与资金营运,控制工程质量与成本,监督工程承包商,并保证财团按计划投入资金,确保工程按预算按时完工。在项目运营阶段,项目公司的主要任务是要求运营公司尽可能地边建设、边运营,争取早投入、早收益,特别要注意外汇资产的风险管理及现金流量的安排,以保证按时还本付息,并最终使股东获得一定的利润。同时在运营过程中要注意项目的维修与保养,以期项目以最大效益运营以及最后顺利移交。

需要强调的是,在项目实施中的任何时间点,政府都不能放弃监督和检查的权利。因为项目最终要由政府或其指定机构接管并在相当长的时间内继续运营,所以必须确保项目从设计、建设到运营和维护都完全按照政府与中标人在合同中规定的要求进行。

6. 项目移交阶段

BOT项目特许期届满,项目公司需要按照特许经营协议中规定的项目质量标准和资产完好程度等,将项目的资产、运营期预留的维护基金和经营管理权全部移交给东道国政府。BOT项目移交可以是无偿的,也可以是有偿的。项目移交政府后,项目公司还可继续经营,但这时的经营是受政府委托代为经营,项目公司本身不再享有原特许经营协议中授予的各项权利。

> 拓展阅读

来宾B电厂移交广西政府为我国PPP模式添范例

2015年9月3日零时,我国首个经国家批准的BOT试点项目来宾B电厂结束特许经营期,如期移交自治区政府。代表自治区政府权益和义务执行机构的广西投资集团,与法方真诚合作、携手运营18年后,成功接收该项目成为广西投资集团来宾发电有限公司并实现并网发电。这一项目作为BOT探路者的成功破题与完美收官,为当前我国推进PPP模式提供了重要范例。

头上顶着"全国首个"的光环,来宾B电厂项目从"出生"就格外引人注目,其成长更是倍受关注。项目的成功签约和建设迎来好评如潮,当年即荣膺"1997年度最佳中国项目""1997年度最佳亚太电力项目"等业界十项大奖,并引领了各地的BOT投资热潮。然而,在18年运营期里,外界对其高利润、高电价的不同声音也从未中断过。项目移交后,广西投资集团用一组数据有力回应了相关质疑:从投资收益来看,项目总投资51.3亿元,法方获净利润约45亿元,而广西从上缴各类税费及BOT专项资金等方面获益达91.2亿元。此次成功移交后,广西还收获了净值约为12亿元的72万千瓦机组火电厂,至少还能运营15年。从社会贡献来看,按照电量每千瓦时拉动GDP增长10元计,项目累计566.99亿千瓦时的上网电量拉动了广西GDP增长共计5 669.9亿元。

18年间,出于种种原因,各地的BOT电力项目纷纷撤销或改制。来宾B电厂项目成了第一面也是最后一面旗帜。然而在困境中,自治区政府自始至终彰显出契约精神,大力支持广西投资集团与法方密切合作,通过降低超发电电价、置换贷款等一系列举措,成功地解决了项目运营过程中出现的各种冲突和问题,树立了广西开放包容、合作共赢的国际形象。

在项目移交仪式上,来宾法资发电公司总经理罗曼尼特别感谢了自治区政府和各方的支持,认为这一项目对双方都是一次非常成功的合作。广西投资集团党委书记、董事长冯柳江则表示,项目不仅对促进全区经济发展,加快广西吸引外资起到了积极作用,还通过吸收西方先进的技术和管理经验,培养了一批国内高素质的技术和管理人才。合约双方携手在运营管理、项目融资、合同体系、风险控制、制度安排、冲突解决等方面的创新之举,更是为完善 BOT 投资方式增添了新亮色,成为我国 BOT 乃至 PPP 新模式的经典案例。

资料来源:黎攀,魏恒,欧乾恒.来宾 B 电厂为我国 PPP 模式添范例[N].广西日报,2015-09-11.

四、设施使用协议融资模式

(一)设施使用协议融资模式的含义

设施使用协议(Tolling Agreement)是指在某种工业设施或服务性设施的提供者和使用者之间达成的一种具有"无论使用与否均需付款"性质的协议。利用这种协议安排项目融资,要求项目设施的使用者无论是否真正利用了项目设施所提供的服务,都要无条件地在融资期间定期向设施的提供者支付一定数量的预先确定下来的项目设施的使用费。此承诺合约与完工担保一起构成项目信用保证的主要组成部分。项目设施的使用费在融资期间应能够足以支付项目的生产经营成本和项目债务还本付息。以设施使用协议为基础的项目融资方式适用于资本密集、收益相对较低但相对稳定的基础设施项目。

(二)设施使用协议融资模式的特点

1. 投资结构的选择比较灵活

采用设施使用协议融资模式,既可以采用公司型合资结构,又可以采用非公司型合资结构、合伙制结构或者信托基金结构。投资结构选择的主要依据是项目的性质、项目投资者和设施使用者的类型及融资、税务等方面的要求。

2. 适用于基础设施项目

项目投资者可以利用与项目利益有关的第三方(设施使用者)的信用来安排融资,分散风险,节约资金投入,以降低融资成本。因而设施使用协议融资模式特别适用于资本密集、收益相对较低但相对稳定的基础设施项目。

五、杠杆租赁融资模式

(一) 杠杆租赁融资模式的含义

杠杆租赁(Leveraged Lease)融资模式是一种承租人可以获得固定资产使用权而不必在使用初期支付全部资本开支的一种融资结构。其一般形式为：当项目公司需要筹资购买设备时，由租赁公司向银行融资并购买所需设备，然后租赁给项目公司。项目公司在项目营运期间以营运收入向租赁公司支付租金，租赁公司以其收到的租金向贷款银行还本付息。

该融资模式下，资产出租人的收入主要来自避税收益和租赁费，融资成功的关键在于税务安排的有效性以及避税收益的数额。杠杆租赁融资模式的税务减免主要包括对设备折旧提取、贷款利息偿还和其他一些费用项目开支的减免，这些减免与投资者可以从一个项目投资中获得的标准减免没有任何区别。但一些国家对杠杆租赁的使用范围和税务减免有很多具体的规定与限制，这就要求项目公司在设计融资结构时必须了解和掌握当地法律与具体的税务规定。

(二) 杠杆租赁融资模式的优缺点

1. 杠杆租赁融资模式的优点

(1) 可以利用项目的避税收益降低融资成本。杠杆租赁融资模式充分利用了项目的税务减免，如税前偿息等作为投资者的投资收益，在一定程度上降低了投资者的融资成本，同时也增加了融资结构中债务偿还的灵活性。据统计，杠杆租赁融资模式中利用税务减免一般可以偿还项目融资总额的30%～50%。

(2) 应用范围比较广泛。既适合大型项目融资，又适合专项设备融资。

2. 杠杆租赁融资模式的缺点

(1) 融资结构比较复杂。由于杠杆租赁融资模式的参与者较多，资产抵押及其他形式的信用保证在股本参与者与债务参与者之间的分配和优先顺序问题上比一般项目融资模式复杂，再加上税务、资产管理与转让等方面的问题，造成组织这种融资模式所花费的时间要相对长一些，法律结构及文件的确定也相对复杂，但其特别适用于大型项目的融资安排。

(2) 灵活性差。杠杆租赁融资模式一经确定，重新安排融资的灵活性较小。

六、生产支付融资模式

(一) 生产支付融资模式的含义

生产支付(Production Payment)融资模式建立在由贷款银行购买某一特定资源储量的全部或部分未来销售收入的权益的基础上，即提供融资的贷款银行从项目公司购买一个特定份额的生产量，这部分生产量的收益成为项目融资主要偿债资金的来源。这种融资模式一般适用于资源储量已经探明并且项目现金流量能够较准确预测的资源开发项目。

生产支付融资模式的基本思路是:第一,由贷款银行或项目投资者建立一个融资中介机构(一般为信托基金结构),从项目公司购买一定份额项目资源的生产量(如石油、天然气、矿藏储量)作为融资的基础。第二,贷款银行为融资中介机构安排用以购买这部分项目资源生产量的资金,融资中介机构再根据生产支付协议将资金注入项目公司作为项目的建设和资本费用;作为生产支付协议的一方,项目公司承诺按照一定的公式(购买价格加利息)安排生产支付;同时,以项目固定资产抵押和完工担保为项目融资的信用保证。第三,在项目进入生产期后,根据销售代理协议,项目公司作为融资中介机构的代理人销售其产品,销售收入(即生产收入)将直接进入融资中介机构用来偿还债务。在生产支付融资模式中也可以不使用中介机构而直接安排融资,但是这样做融资的信用保证结构将会变得较为复杂;另外,使用中介机构还可以帮助贷款银行将一些由于直接拥有资源或产品而引起的责任和义务(例如环境保护责任)限制在中介机构内。

(二) 生产支付融资模式的特征

1. 信用保证结构较其他融资方式独特

生产支付融资模式是通过直接拥有项目的资源生产量及其销售收入,而不是通过抵押或权益转让的方式来实现融资的信用保证。

2. 融资容易被安排成为无追索或有限追索的形式

由于所购买的资源生产量及其销售收入被用作主要偿债资金来源,因此融资比较容易被安排成为无追索或有限追索的形式。

3. 贷款银行只为项目的建设和资本费用提供融资

贷款银行一般只为项目的建设和资本费用提供融资,而不承担项目生产费用的贷款,并且要求项目投资者提供最低生产量、最低产品质量标准等方面的担保。

关键术语

项目融资　项目包装融资　直接融资模式　项目公司融资模式　BOT 模式　设施使用协议融资模式　杠杆租赁融资模式　生产支付融资模式

复习思考题

1. 什么是项目融资?项目融资的基本特征有哪些?
2. 简析项目融资成本高的主要原因。
3. 项目融资的参与者有哪些?
4. 成功的项目包装融资一般具有哪些特点?

5. 什么是直接融资模式？直接融资模式有哪些特点？
6. 什么是项目公司融资模式？项目公司融资模式有哪些特点？
7. 简述 BOT 模式的运作程序。
8. 什么是设施使用协议融资模式？设施使用协议融资模式有哪些特点？
9. 什么是杠杆租赁融资模式？杠杆租赁融资模式有哪些优缺点？
10. 什么是生产支付融资模式？生产支付融资模式有哪些特征？

第七章

中小企业扶持资金

学习目标

- 掌握政策性融资的含义及分类
- 了解我国中小企业扶持资金体系
- 熟悉中小企业发展专项资金的支持范围及支持方式
- 熟悉我国政府引导基金的发展阶段、投资模式与投资领域
- 熟悉国家中小企业发展基金的宗旨与投资方向

素养目标

通过对拓展阅读和典型案例的分析,培养学生的诚实守信、实干精神,以及对国家发展、国家战略、创新发展、创新创业、开放包容等问题的认识。

案例导读

"天眼查"完成 1.3 亿元 A 轮融资　打造大数据信息查询解决方案

2017 年 3 月 21 日,商业调查工具"天眼查"宣布完成 1.3 亿元人民币的 A 轮融资,由中小企业发展基金(江苏南通有限合伙)领投。天眼查创始人兼 CEO(首席执行官)柳超向腾讯科技表示,此轮融资除了会加速产品的迭代更新,还会加大在市场拓展和资本、业务层面的合作上的投入。

天眼查由柳超创建于 2014 年 10 月,是时下流行的企业信息查询工具之一。2016 年

3月,天眼查个人版产品全面上线。截至2021年12月,天眼查收录了全国超2.8亿家社会实体信息,除企业背景、企业发展、司法风险、经营风险、经营状况、知识产权等近40种数据维度的信息展示外,天眼查独特的关系梳理能让用户直观地看清关联实体及其背后的商业关系。"天眼查将自己定位于商业调查工具,有别于百度等网络搜索引擎。天眼查的数据来源都是政府的公示信息,权威可信。天眼查将这些信息进行自动化关系梳理。"柳超介绍。

公开资料显示,柳超曾供职于微软、腾讯、搜狗等互联网公司,后于2014年创业创办了天眼查,并于2015年7月获得北京腾业创新投资管理中心(以下简称"腾业创投")2 500万元人民币的天使轮投资。

腾讯科技查询工商资料获悉,天眼查运营主体——北京金堤科技有限公司成立于2014年10月30日,公司注册资本为1 435.6392万元。

此次领投的中小企业发展基金(江苏南通有限合伙)是由国家中小企业发展基金出资设立的直投基金,由清控银杏创业投资管理(北京)有限公司(以下简称"清控银杏")担任管理人,总规模为45亿元人民币。清华控股有限公司高级副总裁、清控银杏创始合伙人雷霖表示,与天眼查的结缘是源自日常的工作场景。"当初发现这个项目,是因为当时我们注意到有很多的投资经理在用天眼查做投资筛选。后面调研发现,天眼查确实解决了投资圈的一大痛点,尤其是关系发现,为投资经理们节省了很多的时间和精力"。

谈及未来的发展,柳超表示:"纵观国内外成功科技企业的发展史,大多始于创新,成于资本。我们非常感谢投资人对天眼查的信任和认可,并热烈欢迎更多的资本方的加入。"

案例详情链接

冯军."天眼查"完成1.3亿元A轮融资 打造大数据信息查询解决方案[EB/OL].(2017-03-21)[2022-02-27].https://tech.qq.com/a/20170321/014771.htm.

你是不是有下面的疑问?

1. 什么是国家中小企业发展基金?是否所有中小企业都可获得国家中小企业发展基金支持?

2. 为什么要设立国家中小企业发展基金?

3. 什么是政策性融资?除国家中小企业发展基金等扶持资金外,还有哪些政策性融资方式?

> 进入内容学习

中小企业在促进就业、改善民生、推动科技创新等诸多方面具有重要的战略地位。然而,中小企业由于其自身的特殊性,融资始终是其发展的瓶颈。为解决中小企业融资难问题,我国各级政府设立了种类繁多的基金、专项资金,有针对性地对中小企业的发展提供资助和扶持,形成了较为完整的中小企业扶持资金体系。本章从理论分析入手,首先介绍政策性融资的概念及分类,然后介绍我国中小企业扶持资金体系中的中小企业发展专项资金、国家中小企业发展基金以及国家新兴产业创业投资引导基金。通过本章的学习,可以更好地掌握我国中小企业发展专项资金的发展历史及最新动态,并对国家中小企业发展基金以及国家新兴产业创业投资引导基金有所了解。

第一节　政策性融资与中小企业扶持资金体系

一、政策性融资的含义

中小企业政策性融资是专门为中小企业设计的一种融资服务。政策性融资是政府调控经济的重要工具和现代金融体系的重要组成部分,它广泛存在于发展中国家和金融体制完善的发达国家。

政策性融资是根据国家政策,以政府信用为担保,政策性银行或其他银行对一定的项目提供的金融支持。中小企业政策性融资则是指那些由政府出资、参股或保证的,不以营利为目的的,专门为贯彻执行政府有关经济政策,为帮助中小企业发展、提高中小企业运行效率和提升中小企业在国民经济中的地位,直接或间接提供融资或信用保证的政策性融资活动。政策性融资适用于具有行业或产业优势、技术含量高、有自主知识产权或符合国家产业政策的项目,通常要求中小企业运行良好且达到一定的规模、中小企业基础管理完善等。政策性融资活动可以通过政策性金融机构开展,也可以通过商业金融机构开展。而在发达国家,则大多通过政策性金融机构与商业金融机构以共同合作、共担风险的形式开展。政策性融资强调采用金融手段实现国家特定的经济与社会发展战略意图和政策目标。

二、政策性融资的分类

根据融资方式的不同,政策性融资可分为以下五类:

(一) 政策性贷款

一般来说,政策性银行贷款利率较低、期限较长,有特定的服务对象,其放贷支持的主要是商业银行在初期阶段不愿意进入或不涉及的领域。例如,国家开发银行服务于国民经济发展的能源、交通等"瓶颈"行业和国家需要优先扶持的领域,包括西部大开发、振兴东北老工业基地等。进出口银行则致力于扩大机电产品与高新技术产品出口以及支持对外承包工程和境外投资项目。农业发展银行主要承担国家政策性农村金融业务,代理财政性支农资金拨付,专司粮棉油收购、调销、储备贷款业务等。

（二）政策性担保

随着市场经济的发展,担保制度逐渐衍生出另一种功能——经济激励功能。政策性担保是配合国家特定经济和社会发展政策而进行的一种特殊性资金融通行为,是公共财政在市场经济体制下调节经济发展、维护社会公平的间接调控工具,它以优惠的担保费率和扶持条件等对国家政策支持发展的产业、产品和技术提供融资担保支持。尤其是近年来政府性担保聚焦支农支小,不断提高支农支小担保业务规模和占比,体现了一定的政策引导意向。

（三）财政贴息

财政贴息是政府为支持特定领域或区域发展,根据国家宏观经济形势和政策目标,对承贷企业的银行贷款利息给予的补贴。它是政府提供的一种较为隐蔽的补贴形式,即政府代企业支付部分或全部贷款利息,其实质是向企业成本价格提供补贴。财政贴息主要有两种方式:①财政将贴息资金直接拨付给受益企业;②财政将贴息资金拨付给贷款银行,由贷款银行以政策性优惠利率向企业提供贷款,受益企业按照实际发生的利率计算和确认利息费用。

（四）专项扶持资金

专项扶持资金是国家或有关部门或上级部门下拨的具有专门指定用途或特殊用途的资金,是国家为了发展、扶持某领域或区域发展而专门设立的。专项扶持资金独立运作,其使用方向由政策加以限定,而且要求进行单独核算,专款专用,不能挪作他用。

（五）政策性投资

政策性投资又称非营利性投资,是指用于保证社会发展和群众生活需要而不能带来经济效益的投资。它是以社会效益为主、政府决策的投资活动。政策性投资通常集中于基础性项目,这些项目投资规模大、周期长、收益低,难以激起企业投资和个人投资的兴趣,因而要依靠政府决策,由政府负责投资。

三、我国中小企业扶持资金体系

中小企业在经济运行中发挥着越来越重要的作用,如充当经济增长引擎、创造就业机会、活跃市场以及优化调整产业结构等,是我国建设社会主义市场经济所不容忽视的生力军。然而,中小企业由于其自身的特殊性,融资始终是其企业发展的瓶颈。为解决中小企业融资难的问题,我国各级政府都设立了种类繁多的基金、专项资金,有针对性地对中小企业的发展提供资助和扶持,形成了较为完整的中小企业扶持资金体系。中小企业无论在其发展的种子期、初创期、初步成长期或快速成长期,只要符合国家和地方的产业政策,都可以申请并获得中央或地方财政资金的扶持。

具体而言,我国中小企业扶持资金体系主要包含:①财政直接支持资金,包括中小企业发展专项资金、中小企业国际市场开拓资金、中小企业银河培训工程、农业科技成果转化资金、国家重点新产品计划、国家高技术研究发展计划(863计划)、星火计划、火炬计划、重大产业技术开发专项等;②政府引导基金,包括国家中小企业发展基金、国家新兴产业创业投资引导基金、地方性创业投资引导基金等。

本书将重点介绍中小企业发展专项资金、政府引导基金。

第二节 中小企业发展专项资金

一、中小企业发展专项资金的设立

中小企业发展专项资金(以下简称"专项资金")是根据《中华人民共和国中小企业促进法》,由中央财政预算安排主要用于支持中小企业发展的专项资金。

《中华人民共和国中小企业促进法》(2002年6月29日第九届全国人民代表大会常务委员会第二十八次会议通过,2017年9月1日第十二届全国人民代表大会常务委员会第二十九次会议修订)第八条明确规定:"中央财政应当在本级预算中设立中小企业科目,安排中小企业发展专项资金。县级以上地方各级人民政府应当根据实际情况,在本级财政预算中安排中小企业发展专项资金。"2004年,财政部与国家发展改革委发布了《中小企业发展专项资金管理暂行办法》(财企〔2004〕185号),并自2004年起,我国中央财政预算安排了中小企业发展专项资金,专项资金的申报和立项周期为每年一次,每年的项目内容都会略有不同。

自2004年起,财政部负责专项资金的预算管理、项目资金分配和资金拨付,并对资金的使用情况进行监督检查。国家发展改革委负责确定专项资金的年度支持方向和支持重点,会同财政部对申报的项目进行审核,并对项目实施情况进行监督检查。此后,专项资金主管部门于2008年起变更为财政部以及工业和信息化部。2014年,由于整合了多项专项资金,专项资金主管部门则包括财政部、工业和信息化部、科技部以及商务部。2015年,专项资金主管部门增加了国家工商行政管理总局(2018年3月撤销职能并入国家市场监督管理总局)、国家民委等部门。2016年,专项资金主管部门变更为财政部、工业和信息化部、科技部、商务部、国家工商行政管理总局等部门。而根据2021年6月新修订的《中小企业发展专项资金管理办法》,专项资金由财政部归口管理,中央有关主管部门、地方财政部门和同级有关主管部门按职责分工共同做好专项资金有关的管理工作,并没有明确规定有关主管部门具体包括哪些部门。

二、专项资金的支持范围

自2004年,我国中央财政预算安排中小企业发展专项资金以来,专项资金的支持范围都会略有不同。

2004年10月,财政部与国家发展改革委发布了《中小企业发展专项资金管理暂行办法》(财企〔2004〕185号),规定专项资金主要用于支持中小企业专业化发展、与大企业协作配套、技术创新、新产品开发、新技术推广等方面。

2006年7月,财政部与国家发展改革委对2004年《中小企业发展专项资金管理暂行办法》进行了修改,出台了《中小企业发展专项资金管理办法》(财企〔2006〕226号),规定专项资金主要用于支持中小企业专业化发展、与大企业协作配套、技术进步和改善中小企业发展环境等方面。

2008年9月,财政部与工业和信息化部发布财企〔2008〕179号文,对2006年《中小企业发展专项资金管理办法》进行了修改,规定专项资金主要用于支持中小企业结构调整、产业升级、专业化发展、与大企业协作配套、技术进步、综合利用、品牌建设,以及中小企业信用担保体系、市场开拓等中小企业发展环境建设等方面。

2012年5月,财政部与工业和信息化部发布财企〔2012〕96号文,对2008年《中小企业发展专项资金管理办法》进行了修订,规定专项资金主要用于支持中小企业特别是小型微型企业技术进步、结构调整、转变发展方式、扩大就业,以及改善服务环境等方面。并明确专项资金主要用于:①促进中小企业特别是小型微型企业结构调整和优化。重点支持中小企业技术进步和技术改造,创建和保护自主知识产权及加强品牌建设,提升"专精特新"发展能力,加强与大企业协作配套,稳定和扩大就业,开展节能减排和安全生产,挖掘和保护特色传统工艺和产品,发展国家重点培育的产业,提升经营管理水平等。②改善中小企业特别是小型微型企业服务环境。重点支持高技术服务业、商务服务业、现代物流业等生产性服务业企业,以及中小企业服务机构等提升服务能力和服务质量,加强和改善中小企业创业、创新、质量、管理咨询、信息服务、人才培养、市场开拓等服务。

2014年4月,财政部、工业和信息化部、科技部以及商务部整合多项中小企业专项资金,联合制定了《中小企业发展专项资金管理暂行办法》(财企〔2014〕38号),规定专项资金用于支持中小企业特别是小微企业科技创新、改善中小企业融资环境、完善中小企业服务体系、促进国际合作等方面。此外,该暂行办法还明确了各方面支持的具体内容:①在支持科技创新方面,专项资金安排专门支出支持中小企业围绕电子信息、光机电一体化、资源与环境、新能源与高效节能、新材料、生物医药、现代农业及高技术服务等领域开展科技创新活动。②在改善融资环境方面,专项资金安排专门支出支持中小企业信用担保机构、中小企业信用再担保机构增强资本实力、扩大中小企业融资担保和再担保业务规模。③在完善服务体系方面,专项资金安排专门支出支持各类中小企业公共服务平台和服务机构的建设和运行,增强服务能力、降低服务成本、增加服务种类、提高服务质量,为中小企业提供全方位专业化优质服务。重点支持科技服务、商贸服务、综合性服务以及其他促进中小企业发展的服务。④在促进国际合作方面,专项资金安排专门支出支持国内中小企业与欧盟企业、研究单位等在节能减排相关领域开展科研合作。包括促进国内中小企业与欧方合作机构联合研究开发国际尖端节能减排技术、引导国内中小企业转化中欧节能减排先进技术合作成果、鼓励国内中小企业从欧方合作机构引进消化吸收国际先进节能减排技术,以及推动国内中小企业与欧方合作机构加强节能减排技术交流与合作。

2015年7月,财政部制定了《中小企业发展专项资金管理暂行办法》(财建〔2015〕458号),规定专项资金用于优化中小企业发展环境、引导地方扶持中小企业发展及民族贸易、少数民族特需商品定点生产企业发展等。该暂行办法明确了专项资金的支持范围,包括:小微企业创业创新基地城市示范;中小企业参加重点展会、完善中小企业公共服务体系、中小企业创新活动、融资担保及国内贸易信用保险等;民族贸易和少数民族特需商品定点生产企业发展;其他促进中小企业发展的工作。此外,还规定财政部会同工业和信息化部、科技部、商务部、国家工商行政管理总局、国家民委等部门确定专项资金支持重点;以及财政部会同相关部门根据国家促进中小企业发展的决策部署适时适当调整专项资金支持的重点领域,并通过发布工作指南等组织实施。

2016年12月,财政部对《中小企业发展专项资金管理暂行办法》(财建〔2015〕458号)进行了修订,发布了《中小企业发展专项资金管理办法》(财建〔2016〕841号)。该办法规定专项资金旨在引领带动地方积极探索政府扶持中小企业的有效途径,支持改善中小企业发展环境,加大对薄弱环节的投入,促进提升为中小企业提供公共服务的能力,突破制约中小企业特别是小微企业发展的短板与瓶颈,建立扶持中小企业发展的长效机制,有效促进形成"大众创业、万众创新"的良好局面。而且,该办法明确了专项资金的支持范围,包括:小微企业创业创新基地城市示范;中小企业参加重点展会、完善中小企业公共服务体系、中小企业创新活动、融资担保及国内贸易信用保险等;其他促进中小企业发展的工作。此外,该办法还规定,财政部会同工业和信息化部、科技部、商务部、国家工商行政管理总局等部门确定专项资金支持重点;以及财政部会同相关部门根据国家促进中小企业发展的决策部署适时适当调整专项资金支持的重点领域,并通过发布工作指南等组织实施。

2018年8月,财政部会同工业和信息化部、科技部联合制定的《关于支持打造特色载体 推动中小企业创新创业升级的实施方案》(财建〔2018〕408号)公开发布。根据实施方案,中央财政将通过中小企业发展专项资金,于2020年以前安排100亿元支持引导200个国家级、省级开发区打造4种类型的创新创业特色载体,包括专业资本集聚型,即创业投资、产业投资资本主导的特色载体;大中小企业融通型,即行业龙头企业主导的特色载体;科技资源支撑型,即高校、科研院所主导的特色载体;高端人才引领型,即以聚集高端人才为核心要素的特色载体。并由各省(自治区、直辖市、计划单列市)和新疆生产建设兵团从《中国开发区审核公告目录》中选择国家级、省级各类开发区作为申报和实施主体。每个开发区按聚焦发展一种类型的创新创业特色载体进行申报。

2018年10月,财政部、工业和信息化部联合印发《关于对小微企业融资担保业务实施降费奖补政策的通知》(财建〔2018〕547号),决定实施小微企业融资担保业务降费奖补政策。根据通知要求,对扩大小微企业融资担保业务规模、降低小微企业融资担保费率等政策性引导较强的地方进行奖补。2018年,对全国37个省份(包括省、自治区、直辖市、计划单列市及新疆生产建设兵团)均安排奖补资金。2019年和2020年,对符合一定条件的省份予以奖补。2021年4月,财政部、工业和信息化部印发《关于继续实施小微企业融资担保业务降费奖补政策的通知》(财建〔2021〕106号)。通知明确,2021—2023年,继续组织实施小微企业融资担保业务降费奖补政策,对扩大小微企业融资担保业务规模、降低小微企业融资担保费率等政策性引导较强的省份(包括省、自治区、直辖市、计划单列市及新疆生产建设兵团)进行奖补。

2021年1月,财政部、工业和信息化部联合印发《关于支持"专精特新"中小企业高质量发展的通知》(财建〔2021〕2号)。通知指出,中央财政安排资金,引导省级财政部门、中小企业主管部门统筹支持以下两个方面:一是重点"小巨人"企业。由工业和信息化部商财政部从已认定的专精特新"小巨人"企业中择优选定(不含已在上交所主板、科创板和深交所主板、中小板①、创业板,以及境外公开发行股票的)。二是公共服务示范平台。由省级中小企业主管部门商同级财政部门从工业和信息化部(或省级中小企业主管部门)认定的国家(或省级)中小企业公共服务示范平台中选定,每省份每批次自主确定不超过3个平台。

2021年6月,财政部发布财建〔2021〕148号文,对《中小企业发展专项资金管理办法》(财建〔2016〕841号)进行了修订,规定专项资金围绕党中央、国务院有关决策部署,重点引导地方等有关方面完善中小企业公共服务体系、融资服务体系,改善中小企业发展环境,突破制约中小企业发展的短板和瓶颈,支持中小企业高质量发展。该办法明确了专项资金的支持范围,包括:支持中小企业提升创新能力及专业化水平,优化创新创业环境;支持完善中小企业公共服务体系,促进中小企业开展合作交流;支持中小企业融资服务体系建设,促进中小企业融资;其他促进中小企业发展的工作。此外,该办法还规定,专项资金支持对象包括符合条件的项目或企业,中小企业公共服务平台等机构或载体,开发区、城市等试点示范区域。

> **拓展阅读**

小微企业创业创新基地城市示范政策解读

2015年4月16日,财政部、工业和信息化部、科技部、商务部、国家工商行政管理总局联合印发了《关于支持开展小微企业创业创新基地城市示范工作的通知》(财建〔2015〕114号,简称"两创示范")。财政部有关负责同志就"两创示范"工作回答了记者提问。

---

① 2021年4月6日,深交所主板与中小板合并正式实施。

问：近期财政部等五部门联合开展的"两创示范"工作引起了社会广泛关注,请介绍一下该项政策出台的背景与重要意义。

答：中小微企业是创业的主渠道、创新的主力军。党中央、国务院高度重视中小企业特别是小微企业发展,财政部、工信部、科技部、商务部、工商总局等五部门认真贯彻落实,出台了税收优惠、商事制度改革、发展众创空间等多项政策,有力促进了小微企业发展。当前,经济发展进入新常态,2015年一季度经济下行压力较大,党中央、国务院就"稳增长、促改革、调结构、惠民生"做出了系列部署,五部门联合开展"小微企业创业创新基地城市示范"是贯彻落实党中央、国务院决策部署,打造"大众创业、万众创新"新引擎的有力举措;是聚集政策要素、整合财政资金推动创新创业的重要制度建设;是财政政策加力增效,激发经济增长内生动力、促进经济平稳运行的重要内容。

问：与以往中央扶持小微企业的资金政策相比,"两创示范"政策有何新特点?

答：近年,财政不断加大资金投入支持小微企业发展,取得了积极效果。但也存在资金使用较为分散、仍以项目管理为主、支持政策传递距离长、"最后一公里"问题仍较为突出等,此次开展"两创示范"工作,主要实现了两个改变:一是将对小微企业的项目直接支持,改为对示范城市整体支持,发挥地方贴近小微企业、处理复杂信息的优势,突出地方在组织实施中的责任主体地位,缩短了政策流程,可以有效解决"最后一公里"问题。二是将分部门分行业专项推进,改为财政、工信、科技、商务、工商五部门联合实施,各自发挥职能作用共同推动工作,真正为"大众创业、万众创新"加油助力。

问：数量众多的小微企业是市场经济重要的微观主体,财政政策应当重点支持哪些内容,在这个过程中应当如何正确处理政府与市场的关系?

答：小微企业的成长发展最终是靠创业者自身不懈的努力。政府关键是创造公平竞争的环境,发挥好市场配置资源的决定性作用,财政资金支持立足于弥补市场失灵,聚焦小微企业实际需求,不干预市场正常运行,着力为小微企业发展营造良好的政策环境和制度环境。按此原则,财政资金重点支持内容包括:一是支持为小微企业提供创业创新空间。提升创业创新基地(众创空间、创业基地、科技孵化器、商贸集聚区等)服务能力;充分利用闲置库房、工业厂房以及新增场地为小微企业提供生产、经营、试验场所;在租金、税费等方面采取减免措施为小微企业降低创业创新成本等。二是支持改进对小微企业的公共服务。采取"互联网+公共服务"的模式,鼓励建设综合服务平台,为小微企业提供多元化服务,如人才培训、创业辅导、法律维权、技术服务、会展服务等,并运用大数据、云计算等信息化手段,促进服务体系互联互通、资源共享。三是鼓励地方对接创业担保贷款贴息、税收优惠、科技创新等政策措施,将各项既定支持政策落到实处。

问：要激发小微企业发展活力,体制机制是关键,"两创示范"工作在促改革、建机制方面将采取哪些措施?

答：大力推动体制机制创新、充分释放改革红利是"两创示范"工作的重要着力点。具体来说将从以下方面推动:一是进一步推动落实商事制度改革措施,将城市实行"先照后证"、注册资本认缴登记制、投资项目联审联批作为基本要求,大力鼓励"一照一号"、企业信息公示,使城市示范成为促进落实商事制度改革、进一步实施简政放权的"加速器"。二是融资难和融资贵仍是小微企业发展面临的难题,为此,"两创示范"将鼓励城市探索采取融资担保、贷款风险分担补偿、创业投资等多种方式,动员银行信贷资金破解小微企业融资难题。三是各个区域小微企业发展状况不同,所面临的矛盾问题也不一样,为此,"两创示范"将鼓励城市结合区域特点不断探索新常态下培育小微企业发展的有效、特色做法,形成可复制、可推广的经验,为其他类似的地方提供借鉴。

问:"两创示范"突出了地方的主体责任,中央财政将如何支持地方开展相关工作?

答:文件明确了地方政府是"两创示范"的责任主体,中央层面将从以下三个方面给予引导支持:一是中央财政将给予示范城市奖励支持。在三年示范期内,对计划单列市及省会城市奖励总额为9亿元;对一般城市,包括直辖市所属区县,奖励总额为6亿元,奖励资金由示范城市统筹使用。二是加强考核评估。五部门将对示范城市进行绩效考核,对不能按期保质完成示范工作的城市,扣回奖励资金并责其退出示范;对示范工作完成好、成绩突出的城市,按奖励资金规模10%加大奖励。三是积极给予业务指导。五部门将及时协调解决示范中的问题,加大业务指导,确保示范工作取得成效。

问:地方申请"两创示范"的积极性很高,五部门将如何确定示范城市?

答:示范城市的选择将坚持"公开、公平、公正"的原则。五部门将采取竞争性选拔方式确定示范城市。一是省级推荐。省级财政部门联合工信、科技、商务、工商等部门向财政部等五部门提出申请,推荐1个城市。二是认真编制实施方案。此前,五部门联合印发了"两创示范"实施方案编制指南,包括城市现行情况、示范目标、示范内容、保障措施四个部分,申请示范的城市应当按照指南要求科学谋划支持创业创新的总体思路,翔实编制实施方案,细化示范目标、示范内容和各项保障措施。三是五部门将联合开展竞争性选拔,使财政资金真正支持那些条件具备、方案科学、组织实施有保证的城市,切实发挥好示范带动作用。

资料来源:小微企业创业创新基地城市示范政策解读[EB/OL].(2015-07-06)[2021-12-08]. http://ltfzs.mofcom.gov.cn/article/jingmaoxinxi/201507/20150701034931.shtml.

三、专项资金的支持方式

自2004年中小企业专项资金设立以来,一直到2014年对多项中小企业专项资金进行整合,专项资金主要采取的支持方式为无偿资助和贷款贴息方式。以自有资金为主投资的固定资产建设项目,一般采取无偿资助方式;市场开拓等项目,一般采取无偿资助方式;以金融机构贷款为主投资的固定资产建设项目,一般采取贷款贴息方式;中小企业信用担保体系建设项目,一般采取无偿资助方式,特殊情况可采取资本金注入方式。

2014年,财政部、工业和信息化部、科技部以及商务部整合多项中小企业专项资金,联合发布了《中小企业发展专项资金管理暂行办法》(财企〔2014〕38号),专项资金的支持方式也相对多样化。该暂行办法第五条规定:"专项资金综合运用无偿资助、股权投资、业务补助或奖励、代偿补偿、购买服务等支持方式,采取市场化手段,引入竞争性分配办法,鼓励创业投资机构、担保机构、公共服务机构等支持中小企业,充分发挥财政资金的引导和促进作用。"该暂行办法明确规定专项资金运用业务补助、增量业务奖励、资本投入、代偿补偿、创新奖励等方式,对担保机构、再担保机构给予支持;专项资金运用无偿资助、业务奖励、政府购买服务等方式,对中小企业公共服务平台和服务机构给予支持;专项资金运用无偿资助方式,对科技型中小企业创新项目给予资助。此外,该暂行办法还规定专项资金安排专门支出设立科技型中小企业创业投资引导基金(以下简称"引导基金"),用于引导创业投资企业、创业投资管理企业、具有投资功能的中小企业服务机构等(以下统称"创业投资机构")投资于初创期科技型中小企业。引导基金运用阶段参股、风险补助和投资保障等方式,对创业投资机构及初创期科技型中小企业给予支持。

2015年,财政部对《中小企业发展专项资金管理暂行办法》(财企〔2014〕38号)进行了修订,规定专项资金补助对象按照政府机构、事业单位和企业等分类,专项资金补助根据支持内容的不同,可以采取无偿资助、投资补助、政府购买服务等方式。

2016年,财政部对《中小企业发展专项资金管理暂行办法》(财建〔2015〕458号)进行了修订,发布了《中小企业发展专项资金管理办法》(财建〔2016〕841号)。但是,专项资金的支持方式没有变化,依然是根据支持内容的不同,可以采取无偿资助、投资补助、政府购买服务等方式。

2018年8月,财政部会同工业和信息化部、科技部联合制定的《关于支持打造特色载体 推动中小企业创新创业升级的实施方案》(财建〔2018〕408号)规定,中央财政通过中小企业发展专项资金,采取奖补结合的方式予以支持。根据确定的开发区数量,按每个开发区奖补资金总额不超过0.5亿元的标准,分三年安排。其中:第一年统一补助0.25亿元;第二年根据工作实施成效予以补助,最高补助0.15亿元;第三年根据最终绩效进行奖励,最高奖励0.1亿元。

2018年10月,财政部、工业和信息化部联合印发《关于对小微企业融资担保业务实施降费奖补政策的通知》(财建〔2018〕547号),决定实施小微企业融资担保业务降费奖补政策。根据通知要求,中央财政将在2018—2020年每年安排资金30亿元,采用奖补结合的方式,而奖补资金分配的基础数据来源于工业和信息化部"中小企业信用担保业务信息报送系统"。2019年和2020年,从中选择以小微企业业务为主的政策性融资担保机构的相关数据作为分配依据。资金分配包括:一为分档定额奖励。2018年,对东部、中部、西部地区按上一年度新增小微企业年化担保额规模排名分别位于前9名、前7名、前9名,共计25个省份进行定额奖励。奖励标准根据各省份上一年度新增小微企业年化担保额、小微企业年化担保费率分为四档。2019年和2020年,对按上述办法排名且上一年度小微企业年化担保费率不超过2%的省份进行奖励,并提高奖励标准,每个年度在上一年度的基础上增加1 000万元。二为因素法补助。2018年,对全国37个省份(含兵团)安排补助资金。补助资金按因素法分配,以上一年度新增小微企业融资担保额规模为分配因素,兼顾区域协调。2019年和2020年,对上一年度小微企业年化担保费率不超过2%的省份继续按上述因素法分配补助资金。新一轮奖补政策结合新冠肺炎疫情和经济下行压力对小微企业造成的影响以及原政策具体实施情况,对原政策进行了适当完善,主要通过增设奖励系数等,对于降费成效明显的地方提高奖励标准,引导地方将小微企业年化担保费率降低到1.5%及更低水平;继续通过设定区域补助系数,体现向中西部地区的政策倾斜。同时,为提高奖补政策和中央财政资金支持的精准性,进一步强化对有关业务数据信息的审核要求。

2021年1月,根据财政部、工业和信息化部联合印发的《关于支持"专精特新"中小企业高质量发展的通知》(财建〔2021〕2号),2021—2025年,中央财政通过中小企业发展专项资金累计安排100亿元以上奖补资金,引导地方完善扶持政策和公共服务体系,分三批(每批不超过三年)重点支持1 000余家国家级专精特新"小巨人"企业高质量发展,促进这些企业发挥示范作用,并通过支持部分国家(或省级)中小企业公共服务示范平台强化服务水平,聚集资金、人才和技术等资源,带动1万家左右中小企业成长为国家级专精特新"小巨人"企业。

2021年6月,财政部对《中小企业发展专项资金管理办法》(财建〔2016〕841号)进行了修订,规定专项资金采取财政补助、以奖代补、政府购买服务等支持方式,主要用于引导地方政府、社会资本等支持中小企业高质量发展,而且专项资金不得用于平衡本级财政预算及偿还债务,不得用于行政事业单位人员经费、机构运转经费等。此外,还规定专项资金分配可以采取因素法、项目法、因素法和项目法相结合等方式。采取因素法分配的,主要依据专项资金有关预算额度、被支持对象有关工作基础、目标设定及完成情况等因素测算分配资金。采取项目法分配的,一般由财政部、有关中央主管部门发布申报通知,由有关中央主管部门牵头组织专家评审或公开招标等工作,并依据评审或招标结果,经公示后确定拟支持对象。采取因素法和项目法相结合分配的,资金分配方法依据专项资金有关支持政策文件执行。小微企业融资担保业务降费奖补政策涉及的因素法补助资金,以专项资金有关预算额度、上一年度新增小微企业年化担保额、区域补助系数为分配因素。

> 拓展阅读

中央财政支持"专精特新"中小企业高质量发展政策解读

2021年1月23日,财政部、工业和信息化部(统称"两部门")联合印发《关于支持

"专精特新"中小企业高质量发展的通知》(财建〔2021〕2号,以下简称《通知》),启动中央财政支持"专精特新"中小企业高质量发展政策。为回应社会广泛关注,推动政策加快落地,结合有关方面关注的问题,现对有关政策要点做出解读。

1. 关于两部门出台支持中小企业"专精特新"发展政策的背景

中小企业的韧性是我国经济韧性的重要基础,是保市场主体、保就业的主力军,是提升产业链、供应链稳定性和竞争力的关键环节,是构建新发展格局的有力支撑。为加快提升中小企业专业化、精细化、特色化及创新水平,在工业和信息化部持续组织地方培育"专精特新"中小企业的基础上,2018年起,财政部会同工业和信息化部、科技部支持实体经济开发区打造创新创业特色载体,促进中小企业创新发展,成长为专精特新"小巨人"企业。截至2021年2月,中央财政已通过中小企业发展专项资金累计安排近84亿元奖补资金,支持了200个开发区,受益企业有2 000家以上成长为国家级专精特新"小巨人"企业或省级"专精特新"中小企业。

截至2021年2月,全国范围内已认定省级"专精特新"中小企业2.6万家,国家级专精特新"小巨人"企业1 832家。这些"专精特新"中小企业专注细分市场,抗风险能力较强,在新冠肺炎疫情发生后,率先复工复产,发挥了积极示范作用。鉴于推进中小企业"专精特新"发展已具备一定工作基础,但政策措施还不够精准直接,上下工作联动还不够紧密,已获认定的企业存在创新协作不足、产业配套能力有限等问题,着眼于支持中小企业高质量发展、助推构建双循环新发展格局,将通过中央财政资金引导,进一步带动地方加大"专精特新"中小企业培育力度,强化政策措施精准性,做强梯度培育优质企业的关键环节。

2. 关于两部门印发《通知》的重要意义

为深入贯彻习近平总书记关于培育一批"专精特新"中小企业的重要指示精神,落实党的十九届五中全会精神、《政府工作报告》和国务院促进中小企业发展工作领导小组工作部署,两部门联合印发本《通知》。《通知》的出台,旨在通过中小企业发展专项资金引导,促进上下联动,加快培育一批专注于细分市场、聚焦主业、创新能力强、成长性好的专精特新"小巨人"企业,推动梯度培育优质企业,着力提升中小企业创新能力和专业化水平,助力实体经济特别是制造业做实做强做优,提升产业链、供应链稳定性和竞争力。

3. 关于《通知》明确的支持事项

在"十四五"期间,中央财政将通过中小企业发展专项资金累计安排100亿元以上奖补资金,引导地方完善扶持政策和公共服务体系,分三批(每批不超过三年)重点支持1 000余家国家级专精特新"小巨人"企业(重点"小巨人"企业)高质量发展,促进这些企业更好发挥示范作用。

主要支持专精特新"小巨人"企业推进以下工作:一是加大创新投入,加快技术成果产业化应用,推进工业"四基"领域或制造强国战略明确的十大重点产业领域"补短板"和"锻长板";二是与行业龙头协同创新、产业链上下游协作配套,支撑产业链补链、延链、固链,提升产业链、供应链稳定性和竞争力;三是促进数字化、网络化、智能化改造,业务系统向云端迁移,并通过工业设计促进提品质和创品牌。另外,支持企业加快上市步伐,加强国际合作等,进一步增强发展潜力和国际竞争力。

此外,为落实《中华人民共和国中小企业促进法》关于中小企业发展专项资金"重点用于支持中小企业公共服务体系建设"要求,还支持每省每批次不超过3个国家(或省级)中小企业公共服务示范平台,为国家级专精特新"小巨人"企业提供技术创新、上市辅导、创新成果转化与应用、数字化智能化改造、知识产权应用、上云用云及工业设计等服务。其中,对于重点"小巨人"企业,还应提供"点对点"服务。

4. 如何从专精特新"小巨人"企业中选拔由中央财政支持的重点"小巨人"企业

首先,纳入选拔范围的企业是工业和信息化部认定的专精特新"小巨人"企业,在此基础上,企业可自愿申请,并由地方做出推荐。目前,工业和信息化部已发布《关于公布第一批专精特新"小巨人"企业名单的通告》(工信部企业函〔2019〕153号)和《关于公布第二批专精特新"小巨人"企业名单的通告》(工信部企业函〔2020〕335号),累计认定两批专精特新"小巨人"企业1 832家。后续工业和信息化部还将继续认定新的专精特新"小巨人"企业,本《通知》印发后工业和信息化部新认定的专精特新"小巨人"企业同样有资格按程序申请支持。

其次,两部门将制定可量化、可考核的统一标准,在地方推荐企业名单的基础上,在全国范围内统一排名,优中选优,全力打造"专精特新"中小企业的国家队。

最后,对重点"小巨人"企业采取淘汰制。为加强激励约束,通过考核逐年淘汰部分成长速度、目标实现进度相对落后的重点企业。

另外,申请企业名称须与工业和信息化部认定文件所公布的名称一致,不含已在上交所主板、科创板和深交所主板、中小板、创业板,以及境外发行股票的,且须符合产业导向、专业化程度、创新能力、经营管理、成长性等方面的条件。

5. 中央财政有关奖补资金如何下达

对于每一批重点"小巨人"企业,财政部分别于《××省份第×批支持专精特新"小巨人"企业工作实施方案》(以下简称《实施方案》)批复当年、实施期满1年及满2年时,按照预算管理规定、分年度绩效考核结果及工业和信息化部建议,按程序滚动安排奖补资金,切块下达省级财政部门。对于2021年启动支持的首批重点"小巨人"企业,将于2021年下达首笔奖补资金,后续奖补资金金额将与绩效考核结果挂钩。第二批、第三批重点"小巨人"企业也按此执行。

省级中小企业主管部门商同级财政部门按照完善后的《实施方案》,并结合本地区重点"小巨人"企业、公共服务示范平台实际情况,确定资金分配方案(奖补资金90%以上用于直接支持重点"小巨人"企业)。省级中小企业主管部门商同级财政部门确定资金分配方案时,应统筹考虑全省产业布局,重点"小巨人"企业发展现状与前景,确定每家重点"小巨人"企业的资金分配金额,避免简单分配,并按照直达资金有关要求下达。

6. 在中央财政有关奖补资金使用方面有何要求

对于重点"小巨人"企业所获奖补资金,充分发挥企业能动性,不对奖补资金使用方向做限制,由企业围绕"专精特新"发展目标自主安排使用。对于示范平台所获奖补资金,要求必须用于服务专精特新"小巨人"企业,不得用于平衡本级财政预算,不得用于示范平台自身建设、工作经费等;如检查考核发现存在此类问题的,酌情扣减有关奖补资金。对检查考核发现以虚报、冒领等手段骗取财政资金的,按照《财政违法行为处罚处分条例》等有关规定处理。

7. 如何开展绩效考核,考核结果如何应用

省级中小企业主管部门会同财政部门按照两部门批复的《实施方案》,组织推进实施并做好分年度实施成效自评估。工业和信息化部商财政部对地方培育工作组织分年度绩效考核,明确绩效考核等次,以及继续支持的重点"小巨人"企业(通过可量化、可考核的统一标准择优确定),考核结果与后续奖补资金安排挂钩。对于年度绩效考核中发现问题及不足的,由有关省级中小企业主管部门会同财政部门组织落实整改。

资料来源:财政部经济建设司、工业和信息化部中小企业局有关负责人解读《财政部 工业和信息化部关于支持"专精特新"中小企业高质量发展的通知》[EB/OL].(2021-02-11)[2021-12-08]. https://www.gov.cn/zhengce/2021/02/11/content_5586768.htm.

第三节 政府引导基金

一、政府引导基金概述

(一) 政府引导基金的概念

政府引导基金通常是指由政府主导出资设立政策性母基金,以股权投资的方式,与社会资本共同设立子基金。

事实上,政府引导基金并非一个标准的官方称谓,根据财政部2015年11月印发的《政府投资基金暂行管理办法》(财预〔2015〕210号),其对政府投资基金的定义为:由各级政府通过预算安排,以单独出资或与社会资本共同出资设立,采用股权投资等市场化方式,引导社会各类资本投资经济社会发展的重点领域和薄弱环节,支持相关产业和领域发展的资金。

而国家发展改革委2016年12月发布的《政府出资产业投资基金管理暂行办法》(发改财金规〔2016〕2800号),也对由政府出资产业投资基金进行了定义——由政府出资,主要投资于非公开交易企业股权的股权投资基金和创业投资基金。

因此,结合两部委对引导基金的定义来看,政府引导基金在广义上涵盖了政府设立的政策性基金、产业引导基金、PPP基金、创业投资引导基金以及科技型中小企业创新基金,而狭义的政府引导基金则仅是指政府创业投资引导基金。此处我们所讨论的是指广

义的政府引导基金。

从特征来看,政府引导基金通常不以营利为目的,而是通过子基金的市场化运作,发挥财政资金的杠杆放大效应,强调扶持创新型企业发展,推动产业转型升级和经济结构调整。这也决定了政府引导基金与传统私募相比,在基金设立目标、资金来源、资金投向、备案及监管机制等方面均有诸多不同。

(二)我国政府引导基金的发展阶段

1. 探索起步阶段

20世纪80年代初,我国开始由政府推动产业投资和创业投资的发展,之后的十多年,地方政府开始引入国际先进经验,探索新的产业投资政策。1995年,当时的国家计委借鉴国际"创业投资基金"的运作机制,结合当时的国情,将主要以非公开流通的股权投资方式直接投资于产业领域的一种集合投资制度定义为"产业投资基金"。

2. 逐步试点阶段

2002年,中关村创业投资引导资金的成立标志着我国政府引导基金发展的开端。2002—2008年是试点阶段。期间各地开始进行相关探索,但受制于基金业整体发展水平,政府引导基金尚处于起步阶段。2005年,中央十部委联合发布的《创业投资企业管理暂行办法》第二十二条明确规定:国家与地方政府可以设立创业投资引导基金,通过参股和提供融资担保等方式扶持创业投资企业的设立与发展。2007年,财政部、科技部联合制定的《科技型中小企业创业投资引导基金管理暂行办法》(财企〔2007〕128号)第二条规定:科技型中小企业创业投资引导基金专项用于引导创业投资机构向初创期科技型中小企业投资。事实上,产业投资基金最初在我国的发展基本上都有政府资金作为有限合伙人(Limited Partner,LP),引导其他各类社会资本进行合作。

3. 规范化运作阶段

2008—2010年是规范化运作阶段。2008年,国家发展改革委、财政部、商务部联合发布《关于创业投资引导基金规范设立与运作的指导意见》(以下简称《指导意见》)为政府引导基金组织和设立明确了法律基础。《指导意见》明确了引导基金的性质和宗旨:引导基金是由政府设立并按市场化方式运作的政策性基金,主要通过扶持创业投资企业发展,引导社会资金进入创业投资领域。引导基金本身不直接从事创业投资业务。引导基金的宗旨是发挥财政资金的杠杆放大效应,增加创业投资资本的供给,克服单纯通过市场配置创业投资资本的市场失灵问题。特别是通过鼓励创业投资企业投资处于种子期、起步期等创业早期的企业,弥补一般创业投资企业主要投资于成长期、成熟期和重建企业的不足。随着《指导意见》的出台,各地创业投资引导基金的设立进入高潮,规模也呈现逐年增长的趋势。

4. 全面发展阶段

2011—2014年是全面发展阶段。为了加快新兴产业创投计划的实施,加强资金管理,2011年出台的《新兴产业创投计划参股创业投资基金管理暂行办法》(财建〔2011〕668号)第七条明确提出,中央财政参股基金应集中投资于节能环保、信息、生物与新医药、新能源、新材料、航空航天、海洋、先进设备制造、新能源汽车、高技术服务业等战略性新兴产业和高新技术改造提升传统产业领域。该办法的出台对引导基金的投资范围进行了划定,有利于推动地方战略性新兴产业的发展以及中小型创业企业的发展,发挥政府资金的杠杆放大效应。

5. 极速发展阶段

2015—2018年是极速发展阶段,政府引导基金的规模不断扩大,政府的引导作用明显增强,运作模式日趋完善。2015年,财政部颁布《政府投资基金暂行管理办法》(财预〔2015〕210号)以及《关于财政资金注资政府投资基金支持产业发展的指导意见》(财建〔2015〕1062号),进一步对政府引导基金运作和管理进行了规范。我国政府引导基金开始进入快速发展阶段,基金数量和规模快速增长。2015—2018年,基金数量年增速分别为102.63%、75.32%、19.47%、11.51%,基金规模年增速分别为266.72%、90.76%、37.995%、22.21%。

6. 存量优化阶段

从2019年开始,我国政府引导基金开始进入存量优化阶段,基金数量和规模增速明显趋缓。截至2019年年末,政府引导基金数量同比增长5.88%,规模同比增长10%,而2018年同期的数量及规模增速分别为11.51%、22.21%。财政部2020年年初发布的《关于加强政府投资基金管理 提高财政出资效益的通知》(财预〔2020〕7号),明确将加强对设立基金或注资的预算约束,提高财政出资效益,促进基金有序运行。该项政策也预示着我国政府引导基金发展进入了存量优化的新阶段。

(三)我国政府引导基金的发起主体

从发起基金的主体来看,必须是政府,且法律对政府层级没有限制,从中央政府到市县级政府均可设立政府引导基金。各级政府引导基金如有需要还可以互相投资,不限于上级政府设立的基金投资下级政府设立的基金。

(四)我国政府引导基金的资金来源

政府引导基金可以政府独资,也可以与社会资本合资。由于政府出资受财政预算限制,政府独资的资金有限,通常无法满足基金对资金的需求,且对政府而言面临的风险更大,故大部分政府引导基金是由政府和社会资本共同出资成立。其中,政府出资部分纳入财政预算安排,出资人包括本级政府财政、下一级政府财政等,而社会资本则包括银行、保险、信托等各类金融机构以及民间资本。采用这种股本结构的基金,政府出资占比一般较小,出资在基金总规模的20%以下,可以较好地发挥政府资金的杠杆作用,此外如果采取子母基金的形式,子基金可以选择继续加杠杆,进一步放大政府资金的杠杆作用。

（五）我国政府引导基金的投资模式

政府引导基金采用市场化运作方式，政府部门不直接参与基金的日常管理和投资决策。各出资方按照"利益共享，风险共担"的原则约定收益分配和亏损负担方式。目前，我国政府引导基金主要有参股投资和跟进投资两种投资模式。

1. 参股投资模式

从实践来看，参股投资模式是政府引导基金目前的主要投资模式。它是指政府引导基金作为母基金向子基金或具体企业或项目进行股权投资，并在约定的期限内退出，该方式的主要目的是通过发起设立新的子基金引导社会资本（尤其是产业资本）参与投资。在此过程中，政府引导基金不参与子基金的日常管理，仅仅充当出资占股角色。在该模式下，政府引导基金参股创业投资引导基金（子基金）以参股不控股为原则，子基金中政府引导基金的认购比例一般不超过25%，且不能成为第一大股东。该模式能够通过发起设立创业投资引导基金（子基金）引导社会资本投资初创期企业，从而起到政府资金的杠杆作用。

2. 跟进投资模式

跟进投资即当创业投资引导基金投资早期创业企业或政府重点扶持产业领域创业企业时，政府引导基金可按适当比例向该目标企业投资，该比例一般不超过机构投资额的30%~50%，或投资总规模不超过300万~500万元。政府引导基金投资形成的股权与共同投资的创业投资机构享有同等权益，并委托共同投资的创业投资机构进行管理，按投资收益一定比例向创业投资机构支付管理费和效益奖励。跟进投资模式也是政府引导基金普遍采用的投资模式之一，为了防止这种投资模式被滥用，多数政府引导基金管理办法对跟进投资的条件做出了严格限制，要求政府引导基金不得以"跟进投资"之名，直接从事创业投资运作业务。

（六）我国政府引导基金的投资领域

2015年制定的《政府投资基金暂行管理办法》（财预〔2015〕210号）对政府投资基金的投资领域做了明确要求，主要引导社会资本投资社会经济发展的重点领域和薄弱环节，可以归纳为以下四类：

（1）支持创新创业。为了加快有利于创新发展的市场环境，增加创业投资资本的供给，鼓励创业投资企业投资处于种子期、起步期等创业早期的企业。

（2）支持中小企业发展。为了体现国家宏观政策、产业政策和区域发展规划意图，扶持中型、小型、微型企业发展，改善企业服务环境和融资环境，激发企业创业创新活力，增强经济持续发展内生动力。

（3）支持产业转型升级和发展。为了落实国家产业政策，扶持重大关键技术产业化，引导社会资本增加投入，有效解决产业发展投入大、风险大的问题，有效实现产业转型升级和重大发展，推动经济结构调整和资源优化配置。

（4）支持基础设施和公共服务领域。为了改革公共服务供给机制，创新公共设施投融资模式，鼓励和引导社会资本进入基础设施和公共服务领域，加快推进重大基础设施建设，提高公共服务质量和水平。

> **拓展阅读**

发改委推广深圳创新，三大经验助力组建早期创业投资引导基金！

2021年7月21日，国家发展改革委发布了《关于推广借鉴深圳经济特区创新举措和经验做法的通知》（发改地区〔2021〕1072号）（以下简称《通知》），共5方面47条。

除推动城市治理和公共服务现代化，以及健全经济高质量发展体质机制外，《通知》重点就"基础研究＋技术攻关＋成果产业化＋科技金融＋人才支撑"全过程创新生态链进行总结，提到要发挥政府投资杠杆作用组建早期创业投资引导基金，对子基金在项目投资过程中的超额收益全部让渡，同时最高承担子基金在一个具体项目上40％的投资风险，助力种子期、初创期企业跨越"死亡谷"。

《每日经济新闻》记者就此采访了深圳本地已获得深圳市、区乃至配套参与投资的基金管理机构。从它们的反馈来看，深圳创投氛围的活跃，除产业配套完善之外，关键在于政府出资的比例在不断提高，同时在让利的容忍年限上有所延长。且相较于传统意义上的固利式回购，深圳或在投资风险方面给予更多宽容度。

经验一：财政配套融资支持力度或高于40％

《通知》就深圳创新经验做法，对深圳发挥政府投资杠杆作用组建早期创业投资引导基金的做法进行了总结，其中在投资比例方面，提到最高承担子基金在一个具体项目上40％的投资风险。业内人士指出，市一级财政支持力度上限在40％，倘若结合财政配套融资，总体政府引导基金的比例或将更高。

深圳某知名VC投资总监在接受记者采访时表示，子基金在申请引导基金投资实务中，会根据实际情况选择有财政配套融资的政府引导基金，即在深圳市一级政府引导基金40％上限的基础上，同时申请国家级财政支持。"从母基金的角度来讲，深圳市此前规定政府引导基金对子基金的最高参投比例高达70％。虽然目前整体上有所下调，但也通过政策引导吸引其他财政配套资金共同投资。"

在该人士看来，这得益于深圳的创投氛围以及产业配套优势，相比国内其他重视财政补贴的省市来说，深圳在投资结构上更加灵活。不仅如此，就对接子基金募资端而言，深圳目前也在探索将相关财政补贴"化整为零"，通过基金的方式带动更多社会资本参与股权投资。

据悉，深圳每年划拨技术改革创新、科技创新的专项资金多达数十亿元。"过去，这些钱大多是财政直接向企业进行补贴，省去中间环节，而现在却提倡通过基金的形式间接参与。"前述投资总监表示，从功能定位来说，财政补贴的目的没有发生改变，但组建引导基金参与却能发挥杠杆作用,撬动更多社会资本。

经验二:让利容忍年限延长,主动承担投资风险

从《通知》中提及的最高承担子基金在一个具体项目上40%的投资风险来看,单个项目拟撬动社会资本参与投资上限在60%,这意味着被投子基金的LP序列当中,财政系或占到四成比例。而据前述投资总监介绍,这样的比例在全国各省市、地区当中依然不多见。

最大的现实障碍来自财政投资的保值增值,且从深圳和其他地区的财政投资发挥杠杆作用的效果来看,深圳不仅在让利容忍年限上更长,而且能主动承担投资风险。

据该投资总监介绍,所谓让利容忍年限,与财政投入的固利式回购要求有关,即作为一种保值增值的稳妥做法,政府引导基金通常都会与其他LP一同参与投资,却要提前选择退出兑现。该投资总监介绍:"对于传统保守型财政LP来说,一般会选择在投后三年内优先退出,此时财政LP的收益全部让利;如果是五年内要求GP(General Partner,普通合伙人)或其他LP回购,要收取同期银行贷款利息;假如超过五年,则同股同权。"

事实上,一般的创业投资引导基金,特别是早期基金三年内就有明确收益的极少,即便五年内要求回购,也很难实现超本金之外的收益,"因此,多数引导基金只能跟到最后,或提前让利退出。"虽然从结果来看,财政投资收益端存在不确定性,但该投资总监表示,深圳相关财政的容忍度偏高,本次《通知》亦指出,要助力种子期、初创期企业跨越"死亡谷",而基金陪跑企业步入稳定期,至少要在B轮往后,大多需要花上三五年光景。

需指出的是,风投事业当中早期投资风险最高,作为本就充当杠杆资金的财政LP来说,提前退出无可厚非,但要拉长陪跑年限,势必也在推高投资有去无回的风险。"如果投后的财政最终回不来,不仅不利于财政投资的保值增值,更对财政投资的年度绩效考核审计埋下隐患。"该投资总监表示。

然而,正因前述深圳现行相关财政补贴多采用"化整为零"的方式给予引导基金更多倾斜,故在风险承担上容忍度更高,叠加本土创投氛围的良好势头,实务中的确也赢得不少非财政LP的信赖。

经验三:政府诚信度高,营商环境好

其实,对于政府引导基金来说,其本质上都带有让利性质。尽管部分地区会选择固利式回购,但投资之初依旧是引导为主,盈利排其次;且在具体操作层面上,如何协调各LP之间的利益关系,保证引导基金、子基金平稳运行,考验的还是政府的诚信度以及本地的营商环境。

有投资人表示,部分地区虽然也有类似政策,但因为本地区创新力不足,可投标的有限,因此很难促成社会资本的融入,使得子基金在后期管理阶段很容易出现LP之间的意见分歧。特别是当被投项目和投资组合收益尚浅或亏损时,财政LP或面临无人接盘的境地。

但从深圳来看,相关企业的创新力较强,产业配套集聚,涉及早中期乃至初创期的项目资源较多,GP 在投资端具有选择权。"虽然各级财政的投入会在返投上有要求,但后期政府引导基金的提前退出似乎不成问题。"上述投资总监表示。

据此前发布的《粤港澳大湾区独角兽企业白皮书(2018)》记载,早在 2018 年年初,粤港澳大湾区就拥有"独角兽"企业 35 家,其中深圳拥有 22 家位列第一,占粤港澳大湾区"独角兽"企业总数的 62.9%。

另据《2020 胡润全球独角兽榜》统计,全球有 586 家"独角兽"企业,比 2019 年增加 92 家,中国以 227 家位列亚军,而中美两国的"独角兽"数量占全球总数八成。值得关注的是,"独角兽"数量排名前 12 位的城市中深圳在列,数量超过伦敦。

可见,深圳已经从人才、项目、土地等一系列要素上构建了全方位的政策体系,为"独角兽"企业的成长创造了优质条件,助力本土创新创业资源聚集,打造全球科创生态典范。

资料来源:任飞,何剑岭.国家发改委推广深圳 47 条创新,三大经验助力政府组建早期创业投资引导基金![EB/OL].(2021-07-27)[2022-02-27].http://www.nbd.com.cn/articles/2021-07-27/1855760.html。

二、国家级主要中小企业政府引导基金

(一) 国家中小企业发展基金

1. 设立与发展

2020 年 5 月,为贯彻落实中共中央办公厅、国务院办公厅《关于促进中小企业健康发展的指导意见》、国务院决策部署,在工业和信息化部与财政部的牵头推动下,中央财政与中国烟草总公司、上海国盛(集团)有限公司等社会出资人共同发起成立国家中小企业发展基金有限公司(母基金)。它是根据《中华人民共和国中小企业促进法》的有关要求,按照国务院的批复方案,依法设立的公司制母基金,于 2020 年 6 月 22 日注册于上海市浦东新区,注册资本 357.5 亿元。2020 年 7 月 16 日,国家中小企业发展基金有限公司在上海正式揭牌。

国家中小企业发展基金有限公司在挂牌不到一个月后,便开始迈出重要一步。2020 年 7 月 31 日,国家中小企业发展基金有限公司在其官网上发布了《第一批子基金管理机构遴选公告》(以下简称"公告"),并按照"公开、公平、公正、择优"的原则,委托第三方代理机构承担遴选评审等相关工作。经过申报资料审查、专家评审、现场答辩、入围机构反向尽职调查、公司投资决策、董事会核准等程序,最终确定 9 家申报机构中选成为公开遴选的第一批子基金拟合作管理机构,并经董事会核准,于 2020 年 11 月 17 日向第一批子基金拟合作管理机构出具了中选通知书,要求 6 个月内完成设立任务。截至 2021 年 5 月 16 日,第一批共 8 支子基金的签约设立工作顺利完成,8 支子基金设立总规模 189.63 亿元,注册地覆盖东中西部地区,投资方向涵盖新一代信息技术、高端装备制造、新能源、新

材料、生物医药、节能环保,以及大健康与消费升级、现代服务业、教育、文化、农业等多个领域。

2021年2月26日和8月8日,国家中小企业发展基金有限公司在其官网上分别发布了《第二批子基金管理机构遴选公告》和《第三批子基金管理机构遴选公告》。

虽然国家中小企业发展基金有限公司于2020年7月才宣告成立,但实际上,国家中小企业发展基金已经设立并运作近5年。早在2015年9月,国务院常务会议就决定,中央财政通过整合资金出资150亿元,创新机制发挥杠杆作用和乘数效应,吸引民营和国有企业、金融机构、地方政府等共同参与,建立总规模为600亿元的国家中小企业发展基金,通过设立母基金、直投基金等,用市场化的办法,重点支持种子期、初创期成长型中小企业发展。

此前,国家中小企业发展基金已投资4支子基金,已投项目中主要以种子期、初创期成长型中小企业为主,涵盖了高端装备制造、新能源、新材料、生物医药、节能环保、信息技术等战略性新兴行业,基本覆盖了全国各个区域,同时也兼顾了欠发达地区的项目投资。其中,国家中小企业发展基金的首支实体子基金中小企业发展基金(深圳有限合伙)于2015年12月成立,深圳市中小企业服务署代表深圳市政府出资,深圳国中创业投资管理有限公司受托管理实体基金。中央财政作为合伙人出资15亿元,深圳市政府和其他社会出资人合计出资45亿元,总规模为60亿元。子基金中小企业发展基金(江苏有限合伙)于2016年11月成立,江苏毅达股权投资基金管理有限公司负责管理。子基金中小企业发展基金(江苏南通有限合伙)成立于2016年12月,由清控银杏创业投资管理(北京)有限公司负责管理。子基金中小企业发展基金(深圳南山有限合伙)成立于2016年12月,由深圳市富海中小企业发展基金股权投资管理有限公司负责管理。

工业和信息化部公布的数据显示,到2019年4月,国家中小企业发展基金的4只子基金共完成投资项目222个,投资金额超过60亿元,已投项目主要涵盖高端装备制造、新能源、新材料、生物医药等战略性新兴行业。

2. 宗旨

国家中小企业发展基金以"围绕促进中小企业发展的政策目标,用市场化手段扩大对中小企业的股权投资规模,激发中小企业创业创新活力,支持成长型中小企业加快发展,切实保护股东合法权益"为宗旨,坚持政府引导、公司化管理、市场化运营,聚焦中小企业,助力创新发展。

3. 出资结构

国家中小企业发展基金有限公司背后的出资人阵容堪称"豪华",包括财政部、中国烟草总公司、上海国盛(集团)有限公司、上海浦东科创集团有限公司、中国人寿保险股份有限公司等15家出资方。第一大股东为财政部,认缴出资152.5亿元,持股42.66%;中国烟草总公司、上海国盛(集团)有限公司分别出资50亿元,并列第二大股东;紧随其后的是上海浦东科创集团有限公司和中国人寿保险股份有限公司,两方各出资30亿元,持股比例均为8.39%。此外,基金子公司也作为重要股东入股。数据显示,中国民生银行旗下的民生加银资产管理有限公司认缴出资5亿元,持股1.4%;易方达资产管理有限公司也出资1亿元,持有0.28%的股份。

4. 投资模式和投资方向

国家中小企业发展基金的投资模式为参股投资模式和跟进投资模式。其中,不低于可投资金的80%用于投资设立或参股子基金,不超过可投资金的20%用于跟随子基金直接投资部分优质项目(包括同一轮次联合投资)。在投资方向上,作为以扶持中小企业发展为目的的基金,国家中小企业发展基金并没有严格的行业和区域要求,但明确指出:子基金投向种子期、初创期成长型中小企业的金额比例不低于可投资总规模的60%。种子期、初创期成长型中小企业应当同时满足以下条件(即"522"条件):职工人数不超过500人,年销售(营业总收入)不超过2亿元,资产总额不超过2亿元。

5. 子基金设立的主要要求

根据国家中小企业发展基金有限公司网站公布的《国家中小企业发展基金第一(二、三)批子基金管理机构申报指南》,子基金设立的主要要求有:

(1) 设立形式。原则上采取有限合伙制。

(2) 存续期限。原则上不超过8年,其中:投资期3年(投资期可根据实际情况最多延长1年),其他为退出期。

(3) 设立规模。每支子基金认缴总规模不低于15亿元,其中国家中小企业发展基金出资比例原则上不超过30%,其余向社会募集。子基金管理机构应在通知中选确认后6个月内完成设立任务,原则上9个月内启动并落实首批投资。

(4) 收益分配。收益分配采取先回本后分红模式并设置门槛收益率,门槛收益率不低于税前8%。存续期内分红时,对门槛收益率以内的收益,子基金管理机构出资部分不参与分配;超过门槛收益率的部分,子基金管理机构提取绩效奖励,剩余部分原则上由各出资人按出资比例分配。子基金管理机构向子基金提取的绩效奖励原则上不高于超额收益的20%(具有正向激励的阶梯绩效奖励机制除外)。

(5) 退出机制。子基金各合伙人原则上通过到期清算退出。到期清算时,按各方出资比例分配收益或承担损失。

(二) 国家新兴产业创业投资引导基金

1. 设立

2015年1月14日,国务院总理李克强主持召开国务院常务会议,决定设立国家新兴产业创业投资引导基金,总规模400亿元,以助力创业创新和产业升级。

会议认为,设立国家新兴产业创业投资引导基金,重点支持处于"蹒跚"起步阶段的创新型企业,对于促进技术与市场融合、创新与产业对接,孵化和培育面向未来的新兴产业,推动经济迈向中高端水平,具有重要意义。

会议确定,一是将中央财政战略性新兴产业发展专项资金、中央基建投资资金等合并使用,盘活存量,发挥政府资金杠杆作用,吸引有实力的企业、大型金融机构等社会、民间资本参与,形成总规模400亿元的新兴产业创业投资引导基金。二是基金实行市场化运作、专业化管理,公开招标择优选定若干家基金管理公司负责运营、自主投资决策。三是为突出投资重点,新兴产业创业投资引导基金可以参股方式与地方或行业龙头企业相关基金合作,主要投向新兴产业早中期、初创期创新型企业。四是新兴产业创业投资引导基金收益分配实行先回本后分红,社会出资人可优先分红,国家出资收益可适当让利,收回资金优先用于基金滚存使用。

2. 参股基金要求

根据国家发展改革委办公厅、财政部办公厅《关于做好国家新兴产业创业投资引导基金参股基金推荐工作的通知》(发改办高技〔2016〕1509号),参股基金即国家新兴产业创业投资引导基金主要投资的基金,需要满足以下要求:

(1) 参股基金总规模(各方认缴承诺出资总额,含地方政府出资)不低于2亿元。其中由地方政府出资的参股基金,社会出资不低于基金总规模的60%。

(2) 参股基金管理机构须已经完成工商注册,并在基金中认缴出资,出资比例不应低于基金总规模的1%,不支持推荐同一管理团队(实际控制人)发起设立多支基金。

(3) 参股基金出资人架构清晰明确,并详细披露。基金出资人基本落实。出资人对基金出资应自愿,严禁各类非法集资和出资人代持行为。

(4) 对于各地推荐的地方政府出资的新兴产业创业投资基金方案,参股基金主要发起人、托管银行应已基本确定,并已草签基金的相关协议且有一定的项目储备。

3. 参股基金介绍

(1) 国投创合国家新兴产业创业投资引导基金(有限合伙)。2016年7月,国家开发投资集团有限公司的母基金和引导基金管理平台国投创合基金管理有限公司通过招标成为国家新兴产业创业投资引导基金管理机构,与财政部、国家发展改革委签订协议,获得国家新兴产业创业投资引导基金管理资格。2016年9月,经过紧张有序的筹建工作,引导基金完成工商注册。除财政部外,国家开发投资集团有限公司、北京市工程咨询公司、国投创合(北京)基金管理有限公司、北京顺义科技创新集团有限公司、上海嘉定创业投资管理有限公司、广州产业投资基金管理有限公司、杭州和港创业投资有限公司等背景雄厚的机构成为基金出资人。基金规模为178.5亿元。

(2) 中金启元国家新兴产业创业投资引导基金(有限合伙)。中金启元国家新兴产业创业投资引导基金(有限合伙)成立于2016年8月,目标规模400亿元人民币,由中金佳成投资管理有限公司、万林国际控股有限公司、建信(北京)投资基金管理有限责任公司、浙江省产业基金有限公司、湖北省联合发展投资集团有限公司及博时资本管理有限公司等共同发起设立,由中金启元国家新兴产业私募创业投资基金管理有限公司负责管理。

（3）盈富泰克国家新兴产业创业投资引导基金（有限合伙）。盈富泰克国家新兴产业创业投资引导基金（有限合伙）于 2016 年 9 月正式成立。由深圳市鲲鹏股权投资有限公司、深圳红树林创业投资有限公司、深圳市龙岗金融投资控股有限公司、河南国土资产运营管理有限公司、中华人民共和国财政部、合肥高新建设投资集团公司、安徽省高新技术产业投资有限公司及盈富泰克（深圳）新兴产业投资基金管理有限公司共同发起设立，由盈富泰克（深圳）新兴产业投资基金管理有限公司负责管理。基金募集规模 100 亿元，其中国家财政部出资 22.5 亿元，河南国土资产运营管理有限公司作为社会出资人出资 2 亿元，基金的 80%将投资于从事新兴产业中早期投资的创业投资基金，20%参与直投，主要投向国家战略性新兴产业中处于初创期、早中期的创新型企业。

关键术语

政策性融资　中小企业发展专项资金　政府引导基金　国家中小企业发展基金　新兴产业创业投资引导基金

复习思考题

1. 简述中小企业发展专项资金的支持范围。
2. 简述中小企业发展专项资金的支持方式。
3. 简述我国政府引导基金的发展阶段。
4. 简述我国政府引导基金的投资模式。
5. 简述我国政府引导基金的投资领域。
6. 简述国家中小企业发展基金的宗旨与投资方向。
7. 国家中小企业发展基金对子基金设立有哪些要求？

第八章

中小企业融资风险管理

学习目标

- 掌握融资风险的含义及主要特征,理解中小企业融资风险的主要来源
- 掌握中小企业融资风险的表现形式,了解不同的融资风险所造成的不良后果
- 了解中小企业融资风险管理的基本原则
- 熟悉中小企业融资风险管理的具体措施,并能够进行实际应用

素养目标

通过对拓展阅读和典型案例的分析,培养学生的风险意识、守法意识,以及对政府担当、社会责任与加强投资者教育等问题的认识。

案例导读

2012年2月3日,浙江温州立人教育集团有限公司(以下简称"立人集团")董事长董顺生被公安机关依法采取刑事强制措施,揭开了这个当地"明星企业"高额民间借贷导致资不抵债的面纱,这个涉资45亿元左右、牵涉逾7 000人的全国民间借贷大案被推入公众的视线。

立人集团成立于2003年,注册资本3.2亿元,法人代表董顺生。集团下属36家独资、控股、参股企业,分布温州、上海、内蒙古、江苏等地,经营范围涉及教育、房地产、矿产等。1998年8月,董顺生瞅准泰顺县教育资源匮乏之商机,联合6名股东合计出资60万

元租用了一家陶瓷厂,首创民办育才高中,由他任校长。2001—2003年,又相继开办了育才初中、小学和幼儿园。多年来,育才学校投入资金数亿元,形成了学生4 760人、教职员工1 000多人的规模。高中、小学为温州市现代化学校,初中为省级示范学校。办学之初,董顺生为了解决资金匮乏问题,通过亲朋好友吸收民间借贷。但办教育是个长远事业,短期难以获得回报,办学前几年,育才学校一直亏损。

为了弥补教育之亏,从2003年起,董顺生抓住当时矿产、房地产业等暴热、暴利的机会,相继到内蒙古鄂尔多斯、江苏淮安等地开拓矿产、房地产业务,走"以矿补教""以房补学"之路。在集团融资上,董顺生一方面积极面向校内融资,鼓励教职员工把资金放贷给立人集团,从而获取高息回报;另一方面开始向社会融资,通过设定融资门槛,然后逐步放开、有计划地进行利息浮动以及不时地提前还本付息等策略,给当地民众造成了放贷风险低、收益高的感觉。十多年来,尽管利息较高,对董顺生资金成本形成较大压力,但他一直稳兑利息,有时甚至提前支付利息,谁想拿回本利,随叫随还,从不拖延。

立人集团债务危机苗头早在2009年就已出现,虽然当时集团欠款已达10亿多元,但通过月息3分左右的高息仍能勉强维持,直到2011年,立人集团已经濒临资金链断裂的边缘。为了把这场"豪华游戏"玩下去,立人集团推出4分、5分甚至6分利高息揽储。由此,大批不明真相的群众纷纷跟入越滚越大的队伍中。长期以来,立人集团向公众吸收存款基本上翻版国外"庞氏骗局"的游戏,即不断吸纳新投资者的钱,并将其付给前期投资者。前期投资者获得巨大的投资回报,吸引后期投资者投入。

2011年爆发的温州民间借贷危机,给立人集团资金链雪上加霜。10月31日,董事会宣布自11月1日起停止支付所融资金本金和利息,集团进行资产重组,并提出了债转股、认购待售待建房产、5年内分期偿还债务等解决方案。2012年2月3日,董顺生等6名立人集团高管因涉嫌"非法吸收公众存款罪"被采取刑事强制措施,这意味着案件进入了司法程序。

除立人集团、债权人、地方政府在这场困局中存在输牌的风险外,银行也不例外。由于房地产抵押贷款是相当部分债权人放款资金的来源,到底有多少涉案资金来自房地产抵押贷款很难精确统计。

案例详情链接

45亿元巨额民间借贷泡沫是如何吹破的?[EB/OL].(2012-03-01)[2022-01-15]. https://m.sohu.com/n/336418243/?pvid=000115_3w.

你是不是有下面的疑问？

1. 立人集团爆发融资风险的关键因素有哪些？
2. 立人集团的融资成本是否合理？
3. 立人集团的主要经营方式有哪些？
4. 立人集团的融资模式有哪些？

进入内容学习

中小企业在经营发展过程中普遍存在资金不足的问题，这就迫使中小企业通过多种渠道筹集资金以扩大经营规模，从而实现持续发展。如前文所述，中小企业的融资方式较多，然而不同融资方式所带来的风险类型、风险程度和风险后果也各不相同，这就要求中小企业必须结合自身情况，在综合考虑多种因素的前提下选择最优的融资方式，合理确定融资规模和资本结构。同时，中小企业还应提高融资风险的识别能力，重视对融资风险的分析，提高融资风险管理水平。本章系统梳理融资风险的内涵、特征和来源，概括中小企业融资风险的表现形式，分析中小企业融资风险的识别方法，进一步提出中小企业融资风险管理的具体措施。

第一节 融资风险概述

一、融资风险的含义

风险可以理解为当某一随机事件按其概率发生为行为主体不曾预期的现实状况时，该行为主体有可能因不确定性而遭受的损失，其损失大小取决于现实与预期结果之间的差异。而融资风险则专指企业在融资过程中面临的风险。融资风险也称财务风险，一方面表现为预期收益的不确定性，另一方面表现为损失发生的可能性。

概括来说，中小企业面临的风险主要来自经营风险和融资风险两个方面，而后者占有更大的比重。融资活动是一个企业生产经营活动的起点，一般企业筹集资金的主要目的是扩大生产经营规模、提高经济效益。企业为了获得更多的经济效益而进行融资，必然会增加按期还本付息或支付股利的资金成本，由于企业资金利润率和资金成本率均具有不确定性，使得企业资金利润率可能高于或低于资金成本率。如果企业决策正确、管理有效，就可以实现其经营目标，即企业的资金利润率高于资金成本率。但在市场经济条件下，市场行情瞬息万变，企业之间的竞争日益激烈，这些都可能导致企业决策失误、管理失当，从而使得资金的使用效益具有较大的不确定性，由此产生融资风险。

二、中小企业融资风险的特征

(一) 融资风险的变动性

从实际情况来看,每项融资的收益和风险往往是无法精确计量的。一般来说,企业融资是为了实现资产在"资金——原材料——产品——销售收入(现金)"这一过程中的价值增值,然而由于受到市场、外部环境等因素的影响,产品的价格、成本、销量会发生预想不到且无法控制的变化,使得预期收益产生不确定性。此外,由于中小企业所处地域和发展阶段不同,其技术水平、产品质量、经营能力和管理人员素质均会对融资行为产生一定的影响,使得融资风险存在变动性。

(二) 融资风险随时间变化的转移性

中小企业事先对融资成本的估计往往并不准确,例如中小企业融资多以解决内部流动资金不足为目的,融资资金多用于生产,但当产品生产出来后,由于市场发生了不利变化导致产品滞销,预计收回的货款不能按时收回;由于合伙人的资金无法按时到位,或者由于价格上涨,原计划投入的资金已无法满足融资需求,这些融资过程中存在的不确定性使得融资成本只有在融资过程接近尾期时才逐渐确定。因此,随着时间的推移,融资的不确定性逐渐减小,直到融资过程接近尾期,融资成本才能确定。从这一点来看,融资风险总是"一定时期内"的风险。

(三) 融资风险的两面性

风险可能给融资企业带来灾难性的超出预期的损失,也可能给企业带来超出预期的收益。因此,风险不一定总是负面的,它还有可能表现为正面的。由于不确定性因素的存在,中小企业对融资的预期与实际产生的结果往往存在偏差,这种偏差有两种可能:当风险带来超出预计的损失,表现出风险的负面性;当风险带来超出预期的收益,则表现出风险的正面性。一般来说,企业对风险损失的关心程度要比对风险收益的关心程度强烈得多,因此研究融资风险时侧重于减少损失,主要从不利的方面来考察风险。

三、中小企业融资风险的来源

中小企业的规模一般较小,资金投入也十分有限,在发展过程中存在管理意识薄弱、风险防控机制不完善等问题,一些企业在发展过程中一味地追求经济效益,对融资带来的潜在风险重视不足,不规范的操作也可能使企业暴露于更大的风险之下。

(一) 经营风险大,抵押资产少

中小企业在经营过程中面临原材料价格上涨、产品同质化、市场竞争激烈等风险,导致其生产规模较小、自有资金较少,抵抗风险能力较弱。因此,当面对诸多不确定性因素和较高的经营风险时,中小企业偿还资金的能力降低,再次融资的困难和风险加大。由于中小企业的厂房、设备、场地等固定资产较少,当经营项目失败时,其资产变现能力也较弱,因此中小企业融资面临更大的阻力和风险。

(二)融资成本较高

金融机构更偏好于放贷给发展稳定、抗风险能力强、实力雄厚的国有企业、中央企业和上市公司,而不愿放贷给抗风险能力弱、资产规模小的中小企业,所以金融机构对中小企业的贷款审核更加严格。一般金融机构会根据企业的情况,采取不同幅度的提升贷款利率的方式,对中小企业进行一定的风险管控,从而加大了中小企业的融资成本。与大企业相比,中小企业在债权融资中存在议价过程中没有话语权,融资费用高、时间成本高、抵押率低等问题,加大了融资风险。

(三)融资规划不科学

一些中小企业的管理者在企业发展过程中缺乏长远规划,只设定年度目标,从而融资规划也是服务于当年目标。但是企业的发展并不是分段的,而是连续的,不能只考虑眼前的利益,间断的融资规划导致了企业发展过程中受资金制约而发展缓慢,甚至导致企业陷入债务危机。

此外,由于中小企业的管理者担心股权融资会稀释企业股权,往往优先选择债权融资来解决资金问题。然而,一些中小企业对自身经营状况及抗风险能力缺乏清醒的认识,一味地盲目扩张,不断地扩大债务融资规模,甚至有的企业资产负债率达到了70%以上,仍在想方设法进行银行举债,给企业带来了巨大的融资风险,一旦新项目运营发生问题,就会造成资金链断裂,企业的生存将受到严重影响。

(四)融资规模与时机存在问题

在融资过程中,由于金融机构审批的不确定性,中小企业往往很难掌握融资时机,一般都是采取提前沟通、提前审批的办法。如果金融机构审批顺利,资金已经到账,但项目还未达到启动时机,就会造成资金利用率低的问题。还有的企业对金融机构融资过于乐观,在预计时间内却未能完成审批,造成项目实施的延误。更有甚者,金融机构临时抽贷,而企业资金管理不规范、不科学,没有风险预案措施,在风险来临时手足无措,造成不可弥补的损失。

(五)"担保圈"风险加大

由于中小企业自身实力较弱,想要找到实力雄厚的企业提供担保往往很难,很多中小企业采取了互相担保的融资方式,以来抱团取暖,而且通常不是单纯的两个企业互保,而是多个企业联保,从而陷入了"担保圈、担保链"困局。在这个过程中,一旦其中一个环节出现问题,就极易引起连锁反应,导致资金运转困境,大大增加了企业风险。

第二节 中小企业融资风险的表现形式

一、政府经济政策变化导致的融资风险

多数中小企业生产经营的稳定性较差,政府经济政策的变化有可能对其生产经营、市场环境和融资决策产生较大的影响。例如,若企业投资于产业政策限制的行业或项目,则其直接融资和间接融资的风险都较大,一旦企业经营得不到正常的资金供给,企业则难以为继。又如,受货币政策的影响,在货币政策紧缩时期,市场上资金的供给减少,中小企业通过市场融资的风险增大,一方面中小企业很难筹集到所需资金,另一方面融资成本提高、融资数量减少,直接影响了企业资金链的连续性,增大了中小企业的经营风险。中小企业需要根据政府经济政策的变化做出敏锐的反应和调整。

二、经营性亏损导致的融资风险

企业融资的目的是提高自身的盈利能力,但融资行为的不确定性使得企业可能面临经营亏损,并由此产生融资风险。这种融资风险形式包含两种情况:第一,企业资金全部是自有资金,经营亏损造成自有资金损失,增加了企业的财务风险,造成企业资金周转失灵;第二,企业资金一部分来源于外部融资,如果经营管理不善产生了亏损,则企业只能用自有资金垫支融资的本金和利息,形成财务风险,使企业陷入资金难以为继的泥潭。

中小企业受经济环境的影响较大,除对国家产业政策和金融政策有着较强的敏感性外,还极易受到市场的冲击。经营风险的增大使中小企业的经营稳定性遭到破坏,进而更难满足市场融资的条件,融资更加困难。

三、资金运用不当导致的融资风险

企业生产经营的过程其实就是一个永不停息的资金流转的过程,企业融资就是为了实现资产在"资金——原材料——产品——销售收入(现金)"这一过程中的价值增值,在这一过程中,企业的财务收支每时每刻都会发生,企业的债务也会发生在生产经营的各个阶段。当企业集中付款和偿债同时进行,企业的经营收益小于负债利息时,就有可能造成企业的融资风险;或者企业融得的资金用错了方向,将短期融资作为长期资金营运,致使现金流量减少,危及企业经营发展;或者企业将外部融得的资金投入过多的项目,盲目建设高投入、低回报的项目,一旦企业无力支付巨额的融资利息,企业就将面临严重的融资风险。如果这种风险不能尽快地得到控制,那么它将会影响企业的信誉和形象,使企业陷入信用危机。

四、汇率变动导致的融资风险

改革开放以来,特别是加入世界贸易组织(World Trade Organization,WTO)后,中国利用外资的规模不断增加。随着世界贸易规则在中国经济活动中的推行和对外开放的进一步扩大,越来越多的国外资本把中国作为重要的投资市场。外资的大量进入为中小企业融资打开了国际资本的大门。如果企业融资采取外币融资方式,那么当借入外币贬值时,企业便可得到额外收益;但是,当借入外币升值时,到期偿还本息的实际价值就会高于借入时的价值,企业就要蒙受因汇率变化而引起的损失。

五、管理效率低下导致的融资风险

因管理理念落后、内部管理制度缺乏、人员素质普遍不高、产品研制技术力量有限、对市场的潜在需求和变化趋势研究不足等,中小企业的直接融资和间接融资均面临诸多障碍。

六、信用危机导致的融资风险

一些中小企业存在会计信息不真实、资本虚高、核算混乱等问题,还有一些中小企业存在抽逃资金、拖欠账款、恶意偷税、信息不透明等乱象,这些问题不但增大了银行等金融机构及其他投资者向中小企业贷款和投资的困难,而且给中小企业的融资带来了更高的成本,其融资存在较大的不确定性。

第三节 中小企业融资风险的识别

由于中小企业的发展规模有限,大多数中小企业都没有设立专门的风险管控部门,在财务管理上存在一定的隐患。但是,在管理实践中,企业可以通过财务分析等方式规避融资风险,助力企业发展。

首先,企业可以通过比率分析法,对权益乘数及利息保障倍数进行全面评估。这两个指标可以直观地将企业的长期偿债能力表现出来,企业管理者对企业资产存量可以进行统一评估。针对企业当前的融资数量及金额,企业可以通过模型对资金进行预测,从而辨别当前的融资方式对企业发展是否存在不利影响。企业管理者在这一过程中也要注重资金的投入比例,并非所有投资都可以产生规模效应,管理者更应关注收益与融资成本之间的关系,有效地规划、安排内部资本。

其次,资金调度也会对融资产生一定的风险,企业管理者可以通过分析财务报表等方式进行风险识别。管理者可以通过流动比率、现金比率等短期偿债能力指标来衡量企业当前的资产是否可以偿还债务,进一步评判企业的融资能力。除此之外,存货周转率可以反映企业资产的运作效率;将营运能力融入企业生产经营进行分析,可以更好地进行风险识别,从而做出正确的判断。

最后,资产负债率也能很好地反映企业的资金结构及潜在风险。企业在进行融资时,要考虑不同融资方式所带来的融资风险,并考察其风险是否符合企业当前的承受能力。在经营实践中,企业需要考虑负债对自身发展的影响,并进一步对融资风险进行识别和科学防范,根据资金需求量合理利用财务杠杆。

第四节　中小企业融资风险的管理措施

一、中小企业融资风险管理的基本原则

融资风险管理是企业为了避免各类融资风险的产生,或者控制风险的扩大和蔓延,而对企业生产经营活动、融资活动等进行的自我完善和管理。中小企业在融资前必须充分重视对融资风险的分析,掌握融资风险管理的基本原则。

(一) 转变观念,重视风险

融资风险是客观存在的,实现"零风险"是不现实的。企业可以做到的是通过主观努力,掌握控制风险的技能,把风险降到最低。为此,中小企业首先必须切实转变观念,强化融资风险意识,处理好融资风险和收益的关系。

(二) 分析预测,科学评价

面对不确定性因素和风险时,关键是要对这些不确定性因素和风险进行科学的分析与预测,这是风险防范和控制的前提,是风险管理过程的关键和基础。风险分析与预测是在正确的理论指导下,根据客观事物发展变化的规律,对其未来发展趋势做出的科学推断。科学的预测需要具备三个方面的条件:一是掌握大量的信息,这是预测的依据;二是具有正确的理论指导和科学的预测方法与手段,如损益平衡分析法、概率分析法、比率分析法、综合融资成本分析法、决策树法、偿债时间分散法等;三是具有丰富的经验和推理判断能力。

(三) 统筹兼顾,预防为主

风险管理的过程必须注重以预防为主,提前预测风险可能出现的趋势,对症下药,降低直至消除融资风险。为此,中小企业必须建立严格的、制度化的融资风险管理体系,完善风险规划、风险管理、财务管理制度,选择高素质人员参与融资项目的领导和管理,切实把握融资风险的来源和征兆,未雨绸缪,防患于未然。

(四) 合理组合,分散风险

中小企业在融资工具的具体选择方面,既要注意到不同融资工具的配比,又要充分考虑到各种融资工具的风险性,如果企业能将各种融资工具合理搭配并利用其转换能力,那么将会大大降低融资风险,提高融资成功率。分散风险的方法有很多,如保险、合

资、合作及承包等均是有效的方法。此外,通过组建股份制公司的方法融资,可以将企业经营的高风险分散到众多的投资者身上。对一些资金需求较多、建设周期较长的融资项目,寻找较为熟悉且实力强、信誉好的企业进行合作,用联合投资的方法也能分散和化解风险。

二、中小企业融资风险管理的具体措施

(一)利用财务分析,避免经营中的融资风险

中小企业的融资活动是根据客观实际发生变化的,这就要求中小企业管理者精通财务管理,随时注意融资中的变化,注意企业的财务变化,正确估计企业的偿债能力。而偿债保本收益就是企业息税前利润刚好可以支付利息费用时的经营收益。息税前利润小于利息支出,表示企业经营亏损,存在融资风险;息税前利润等于利息支出,表示企业经营处于盈亏临界点,无融资风险;息税前利润大于利息支出,表示企业经营盈利,无融资风险。

偿债保本收益是企业维持正常生产经营的最低收益,这时候企业净利润为零,处于融资风险临界状态。中小企业运用偿债保本收益指标估算自身的偿债能力,有助于企业合理安排资金结构,进而有效防范融资风险。

(二)合理安排收支,避免资金运用不当引起的融资风险

在日常生产经营过程中,企业一方面在融资到期时要还本付息,另一方面要根据正常的生产经营随时支付资金,这样一还一支如果集中在一起,就很有可能带来资金紧张,问题不能及时解决,持续下去便会引起财务风险。为了避免这种财务风险的发生,企业可以采取以下办法解决:

(1)"套头筹资"法,即短期融资归还的日期应与相应的流动资产变现日期尽量相同,短期融资绝对不能用于长期投资,这样就可以做到及时偿还债务,不至于资金紧张。"套头筹资"法要求企业各项短期资金的筹措和偿还与流动资产的变现相一致。

(2)分散融资和分散归还法。中小企业还可以根据自身的特点,选择采取分散融资和分散归还的办法,做到融资、偿还的支出在时间上交叉进行,防止集中,以保证企业有充足的偿还和经营支付能力,避免财务风险的发生。

(三)合理选择外汇工具,避免汇率变动引起的融资风险

在国际金融市场上,主要有四种办法来控制外汇风险:

(1)货币远期合约。货币远期合约是在未来某个时间实现的外汇交易协议。例如,一家小企业三个月以后将收到一笔外汇货款,为了防止未来汇率的不利变动,该企业就按当前市场上形成的远期汇率将这笔外汇卖出去,三个月后实际交割。这样,不管三个月后汇率如何变化,其本币现金流量已经固定。这种远期交易避免了汇率发生不利变动的影响,当然也放弃了汇率发生有利变动获得额外利益的机会。远期汇率是由即期汇率

和两个国家的利率差决定的。如果两个国家的利率不同,那么同一笔资产投资于不同国家的收益率就不相同,但是金融市场的作用又必然使之一致起来,实现的途径就是使两个国家货币的远期汇率与即期汇率有所差别。远期合约市场是一种银行间市场,或者说是一种场外交易。大部分远期合约的期限低于两年,而且期限越长,买卖价差就越大。

(2) 货币期货合约。货币期货合约的基本特征与远期合约大致相同,只是在期限、数量和条件上完全标准化,可以在期货交易所进行集中竞价和撮合交易。货币期货合约在芝加哥国际货币市场、伦敦国际金融期货交易所、新加坡国际金融交易所均有交易。期货合约的期限最长为一年,因而在为长期外汇风险暴露进行套头保护上,也有其局限性。

(3) 货币期权合约。对卖方来说,期权合约是承担了在规定的时间以某种价格进行交易的义务;而对买方来说,是获得了进行此种交易的权利,但并没有进行交易的义务。这就是说,期权合约的收益与风险是不对称的,为此,期权的买方要向卖方支付一个期权价格。货币期权的购买者付出了这个代价,一方面,他就可以在未来某个时间按已经确定的价格换得所需货币,防止了未来汇率发生不利变动的风险;另一方面,又保留了汇率发生有利变动时在市场上获利的机会。标准化的货币期权合约在正规交易所交易,交易对象限于国际主要货币。在商业银行交易市场上,也有其他货币的期权交易。根据客户防范各种各样不对称风险的需要,场外市场还提供各类异型期权。

(4) 货币互换。双方当事人达成协议,互相交换两种货币的本金并为对方支付利息,到期后再将本金换回。这种交易的实际作用是交易双方能够以自己现有的一种货币,来换得另一种货币一定时间的运用。在此过程中,交易双方不但规避了外汇风险,而且不会蒙受利率差距可能带来的损失。货币互换也是场外交易,通过银行等中介机构进行。其优势是可以对长期外汇风险进行套期保值,并且更有效率。

(四) 跨越文化障碍,避免国际融资风险

不同国家有着不同的文化观念、社会制度、经济环境和法律体系,其中文化是企业国际化经营最大的障碍。中小企业如果能够跨越文化障碍,有效地寻求沟通和理解,则无疑为规避国际融资风险打下了良好的基础。

(1) 谨慎地选择中介机构。美国美林证券、摩根士丹利等专业投资银行主要担任证券承销任务;但由它们代理上市的费用较高。因此,赴美上市的中国企业可以寻找一些信誉较高但成本较低的中介机构;同时,要重视律师、会计师和金融顾问等三方面人才的作用。有些赴美上市的中国企业往往只注重寻找金融顾问做方案而忽视了法律督导,结果造成了违规操作的责任负担。

(2) 加强国外行业动态与信息的系统性收集、整理和分析工作。随着国际产业结构调整和国际分工的日益深化,加强对国外各行业动态与信息的系统性收集、整理和分析工作,可以给中国同类企业进入国际市场提供更多的机遇。

(3) 有意识地在一些世界金融中心扶植一批从事资本市场运作的中介服务机构,充当中国企业走向世界的纽带和桥梁。中国应在世界金融中心培育有利于中国企业融资的资本市场环境;此外,应加速培育几家具有国际水平和实力的投资银行、基金管理公司和企业咨询公司等,为中国企业走向世界提供渠道和平台。

(4) 培育自己的管理队伍。中国企业走向世界,人才是关键。除充分利用当地的人才资源外,中国企业应加速培育自己的管理队伍。由于不同国家在思维方式、文化观念、社会制度、法律体系、市场运作和管理方式等方面存在的巨大差异,大多数派出人员实际上不具备国际企业管理能力。解决这一问题的办法一是加速培育自己的"国际工商管理硕士",二是吸收中国留学生和华人华侨中的优秀人才加入境外附属机构的管理队伍。吸引留学生回国服务固然非常重要,但吸收他们就地参与境外附属机构的管理也是一项重要举措,而且在某种程度上也许能够起到更好地为中国经济建设服务的作用。

拓展阅读

温州企业资金链断裂　问计中小企业融资之道

2011年年初,温州三旗集团因不能偿还银行高达1.23亿元的欠款,资金链断裂,只能转向民间借贷,最终无法收场。知名餐饮连锁企业波特曼的法人代表严某因银行压贷,向民间高利借贷几百万元,最终无力偿还。5月,浙江江南皮革有限公司因银行续贷门槛抬高,资金周转困难,企业陷入债务风波。9月20日,温州信泰集团董事长胡福林离境出走,因银行贷款的缺失而涉及的民间借贷达1.3亿元。9月27日,乐清永久弹簧制造有限公司由于银行无法实现续贷承诺,担保公司及债主的催款使得企业停产整顿。截至2011年10月,据温州市政府提交的报告,仅较为知名的企业跑路老板已达93人之多,而陷入财务危机濒临倒闭的企业更不在少数。里昂证券调研报告称,2011年温州民间未偿贷款总量可能高达8 000亿~10 000亿元,坏账总额最高可能达1 500亿元。

温州债务风险出现后,国家出台了一系列宏观政策进行调整,如中国银监会(2018年3月,根据国务院机构改革方案,中国银监会和中国保监会的职责整合,组建中国银保监会)以及各地政府出台的"国九条""银十条"的补充细则等措施,各商业银行也相应地制定了一些具体措施,如工商银行的"一户一策""一事一策"专业扶持;农业发展银行做好中小企业贷款"五不"的保证;建设银行温州分行将中小企业贷款利率下降10个百分点,最高上浮不超过30%;农业银行温州分行则规定中小企业贷款利率上浮幅度最高不得超过基准利率的30%等。至此,中小企业融资难有了一定的缓解。但这些扶持是行政色彩多于市场运作本身,亦无法从根源上解决中小企业融资难问题,当经济环境、宏观政策再次发生变动时,中小企业债务风险仍会出现。

资料来源:银根收紧　温州多家民企陷困境[N].北京青年报,2011-04-28;连续三家温州企业资金链断裂　问计民企成长之道[N].浙江日报,2011-04-25.

关键术语

融资风险　风险识别　货币远期合约　货币期货合约　货币期权合约　货币互换

复习思考题

1. 中小企业融资风险的特征表现在哪些方面？
2. 中小企业融资风险来源于哪些方面？
3. 简述中小企业融资风险的识别方法。
4. 中小企业融资风险管理有哪些措施？

第九章

中小企业投资管理

> **学习目标**

- 掌握中小企业投资的相关概念及特征,了解中小企业投资的主要方式
- 掌握中小企业投资项目的主要形式,掌握投资项目选择和策划的基本方法
- 掌握中小企业对外投资的方式
- 了解中小企业对外投资存在的风险,学会应用对外投资风险的管理程序

> **素养目标**

通过对拓展阅读和典型案例的分析,培养学生的制度自信、民族自信、社会责任、风险意识、改革精神,以及对责任担当、国家战略、国家发展等问题的认识。

> **案例导读**

我国民营中小企业在美投资成功案例及经验

1. 浙江安吉福浪莱工艺品有限公司由传统制造业进入生物产业

安吉福浪莱工艺品有限公司是浙江省湖州市一家从事竹制品生产的民营企业。该公司有职工 600 多人,产品以出口为主,年销售额约 2 000 万美元。该公司先后在美投资设立两家公司,一家从事竹制品销售的传统业务,另一家从事医用生物制品研发及销售业务。在初始阶段,医用生物制品需要美监管部门认证,市场开拓难度较大,前期投入远远大于利润,但该公司坚持以传统业务为支撑,走转型升级的道路。2012 年,随着各项产

品认证完成,该公司医用生物制品业务开始快速增长,产品先后打入中、美、欧盟、印度、非洲市场。据该公司测算,传统竹制品毛利率在15%左右,而医用生物制品毛利率在50%以上。因市场前景广阔、利润丰厚,该公司已经在国内投资2亿元新建医用生物制品生产基地,以美国子公司为平台开拓国际市场,争取营业收入每年翻一番,走出一条由传统产业向高科技产业进军之路。

2. 河北金环钢结构工程有限公司并购美品牌开拓国际工程市场

河北金环钢结构工程有限公司(以下简称"金环公司")是河北省石家庄市一家民营企业,在国内拥有多项建筑工程承包和设计资质,职工近千人。2008年,为开拓国际市场,金环公司与美国一家老牌钢结构公司洽谈品牌授权,意外得知该公司因受金融危机影响,资金链断裂,面临破产倒闭的困境。于是,金环公司果断将品牌授权谈判改为收购谈判。收购完成后,金环公司留用了全部美方管理人员和雇员,使美方公司起死回生,并购取得了双赢的效果。随着美国经济复苏和国际市场拓展,金环公司业务开始快速增长。美方公司雇员从200余人增长到330余人,年营业收入已达7 500万美元。

3. 青岛金王公司投资美页岩油气开发

青岛金王公司是山东省一家民营企业,公司原先以蜡烛制造及出口为主业,员工1 000余人。2008年金融危机后,美页岩油气资产价格处于低位,一些油气公司资金链紧张,寻求"东家"。金王公司果断抓住机遇,收购了一家美页岩油气开发企业,涉足美页岩油气开采行业。公司先后投入9 000余万美元,目前资产已达数亿美元。金王公司在被其收购的美方公司基础上,高薪聘用页岩油气技术人才,立足于做一个页岩油气开采的"作业者",步步深入美页岩油气开采的核心领域,学习掌握页岩油气的开采技术,成为全美第一家实际参与页岩油气开发的中资企业。

> **案例详情链接**

商务部驻休斯敦总领馆经商室.我国民营中小企业在美投资成功案例及经验[J].国际商务财会,2013(7):7-8.

> **你是不是有下面的疑问?**

1. 民营中小企业对外投资的成功经验有哪些?
2. 中小企业在对外投资过程中需要防范哪些风险?

> **进入内容学习**

投资管理是中小企业经营管理中的一项重要内容,关系到中小企业的生存与长远发展。由于中小企业的资产和规模相对较小,一旦投资决策失败将可能面临严重的财务危机,甚至导致企业破产。现阶段中小企业投资选择的范围较窄,投资地域分散,投资专业化分工水平较低,投资风险较大。因此,合理规划投资项目,提升投资项目的管理能力,扩大投资视野,加强投资风险管理,是中小企业投资管理中亟待解决的重要问题。本章系统梳理中小企业投资的分类及特点,概括中小企业投资的主要方式,明确投资项目的策划流程,深入分析中小企业对外投资的动机、优劣势及投资策略,进一步探讨中小企业投资风险的管理内容和方法。

第一节 中小企业投资管理概述

一、中小企业投资的概念及其分类

中小企业投资是中小企业将自己拥有的货币资金转化为资本的行为过程,是当期投入一定数额的资金而期望在未来获得回报,所得回报应能补偿投资资金被占用的时间、预期的通货膨胀率及未来收益的不确定性。

从投资的资产形态上划分,投资可分为实物投资、资本投资和证券投资。实物投资是以货币投入企业,通过生产经营活动取得一定的利润。资本投资和证券投资是以货币购买企业发行的股票和公司债券,间接参与企业的利润分配。

从投资方向和范围上划分,投资有对内投资和对外投资之分。对内投资是指把资金投放在企业内部,为扩大再生产而购置各种生产经营性资产,即购建固定资产、无形资产和其他长期资产。对外投资是指企业以现金、实物、无形资产等方式或者以购买股票、债券等有价证券方式向其他单位的投资,是对外扩张行为。

从生产经营关系上划分,投资可分为直接投资和间接投资。直接投资是指把资金投放于生产经营环节中,以期获取利益的投资。间接投资又称证券投资,是指把资金投放于证券等金融资产,以期获得股利或利息收入的投资。直接投资在非金融机构中所占比重较大,而随着中国证券市场的完善和多渠道筹资的形成,间接投资也越来越广泛。

二、中小企业投资的特点

1. 产业发展程度一般较低

产业低度化是指企业和劳动力被配置在劳动生产率相对较初级的产业。中小企业投资的第二产业项目,较多生产效率低下、加工程度粗浅、产品附加值较低;从中小企业投资的第三产业项目来看,较多集中于传统的服务行业,如批发零售业、修理业等初级化的服务行业,而一些新兴的服务行业如金融保险业、咨询业等则发展非常缓慢。

2. 投资分布比较分散,产业集群较少

从区域角度考察,中小企业进入的领域主要是产业政策允许的行业和产业,但地域分布比较分散,难以进入激烈竞争的大市场,形成的中小企业产业集群也较少。

3. 投资专业化分工水平较低

中国企业产业分工尚不明确，无论是大企业还是中小企业，都是"大而全""小而全"，专业化分工水平较低，从而分散企业有限的资源。

4. 投资风险大

中小企业的经营环境具有不确定性，其生产经营具有很大风险，因而投资风险极大。同时，中小企业受资金量的限制，又不可能将资金分散投资在多个项目上，往往专注于某一项投资，不能有效地分散风险，更加剧了投资风险。

三、中小企业投资的方式

(一) 直接投资

直接投资也称生产性投资，是指企业把资金直接投放于生产经营环节，以便获取利润的投资，如购置设备、兴建厂房、开办商店等。直接投资的目的除获利之外，还有扩大生产规模、提高市场占有率等方面。

1. 直接投资的特点

（1）对企业的长远发展具有影响。企业进行直接投资的目的除获利之外，还有扩大生产规模、提高市场占有率等方面。因此，企业的直接投资和企业的长远发展战略是联系在一起的。企业为了提高产品的质量，就会采用更先进的生产工艺和生产设备；企业要通过规模化来降低企业产品的生产成本，就会对生产效率更高的设备进行投资。因此，企业的直接投资决策关系到企业的长远发展，甚至影响到企业的命运。

（2）投资金额大，周期长。企业的直接投资金额一般都较大，其考虑的是长期的利益。另外，企业购置的固定资产要在很长的时间内才能收回投资，因此直接投资的周期也较长。

（3）投资风险大。企业直接投资面临很多不确定性因素，如需要增加多少流动资金、能够生产多少产品、产品的销售价格是多少等因素都是未知的。因此，直接投资能否取得理想的效果主要取决于企业对未来各方面预测的准确程度，而预测是无法做到百分之百准确的。所有这些不确定性因素使得企业的直接投资面临很大的风险。

（4）投资的流动性差。企业的直接投资主要是对厂房、机器、设备进行投资。这些资产单位价值较大，且难以应用于其他场合，一旦购入就很难出售，即便能够出售，其价格也往往会大打折扣。

2. 中小企业直接投资的原则

（1）要明确自身的优势和劣势。企业的直接投资是一项周期长、风险大的投资。因为企业的直接投资是通过生产新的产品或者扩大原有产品的产量而获利，所以企业的直接投资往往是和企业的市场竞争联系在一起的，而市场竞争反过来又对企业的投资成效具有重要影响。因此，中小企业在进行直接投资时，必须了解自身的优势和劣势。

（2）要和自身的能力相适应。企业在进行直接投资决策时应对影响其成功的各种因素进行深入分析，尤其应关注以下几个方面：

第一，企业主营业务的发展水平。企业主营业务的发展水平主要决定企业的投资方向和投资规模，即决定企业是否应该扩大原有的生产规模，扩大后的规模应该多大；还是应该采取多元化扩张战略，对其他市场领域进行投资，以获得新的利润增长点。企业主营业务的发展水平对企业的市场竞争力具有决定性作用，也是企业能否发展壮大的关键所在。因此，中小企业在进行直接投资决策时应该明确企业主营业务的发展水平处于一个什么样的竞争位置。

第二，企业资本实力。企业直接投资的特点之一就是投资量大，因此企业考虑资本实力时不仅要考虑初期的投入，而且要考虑正常运转中需追加的周转资本。企业所需资本可通过内部积累与外部融资取得。内部积累不仅包括企业的现有资产，还包括未来的盈利状况。企业自有资金不足时需借款，这时需要考虑企业的融资能力、资本结构、能否顺利筹措所需资金、风险是否可以承受等因素。

第三，企业人力资源水平。企业的直接投资无论是扩大原有生产规模，还是通过投资进入新的生产领域，都意味着企业规模的扩张。企业的人才结构应该随着企业规模的扩张而进行调整，根据企业的需要配备相应的生产管理人才、市场销售人才、科研开发人才及熟练技术人才等。企业的人力资源水平是企业在进行直接投资决策时必须考虑的因素之一。

第四，企业管理控制能力。企业进行直接投资不仅意味着企业生产规模的扩大、企业人员的增加，还意味着企业组织结构的复杂化，这就给企业的管理控制能力提出了更高的要求。因此，企业在进行直接投资之前应该从其组织能力、决策能力、信息反应能力、资源配置能力、成本控制能力、管理人员的层次结构等方面对企业的管理控制能力进行评价。评价的结果可以作为内涵发展的基础，也可以作为判定能否从容应对新经营领域中将出现的问题并取得良好的经营成果，以及决定是否进行外延发展的重要依据。

（二）间接投资

间接投资又称证券投资，是指把资金投放于金融资产，以便获得股利或利息收入的投资，如购买政府公债、购买企业债券和企业股票等。间接投资的主要目的是获取利润。中小企业采用的间接投资方式主要有如下几种：

（1）投资于金融企业，开办或参股银行、保险公司。民生银行、华夏银行等股份制银行及城市合作银行中相当一批战略投资者来自中小企业，这类投资是真正的产业投资。

（2）投资于股票、债券（包括国债）等金融资产。我国每年的股票、债券投资规模以千亿计，其中来自中小企业的比重较高。这类投资具有"中间投资"的色彩，对于出资人来说，投资行为已经完成，实现了货币到资本的转化；但从融资主体来看，真正的投资可能尚未开始。

(3) 投资于产权市场,通过产权交易和企业并购,获得产业能力。一大批中小企业通过参与国有企业并购重组,在不进行项目建设的情况下实现了资本扩张和产业能力提升。

这三种投资方式的共同点在于,它们都不直接进行固定资产投资,从宏观经济的角度分析,它们介于投资行为和储蓄行为之间,具有某种"中间性",且有的方式更接近于储蓄行为。

案例链接

深化新三板改革　北交所重任在肩

2021年9月2日,习近平总书记在2021年中国国际服务贸易交易会全球服务贸易峰会致辞中宣布,继续支持中小企业创新发展,深化新三板改革,设立北京证券交易所,打造服务创新型中小企业主阵地。

北京证券交易所的设立意味着以服务中小企业为己任的新三板将站上改革新起点,中国资本市场改革发展又迈出关键一步。2013年以来,新三板市场为中小企业融资、改制、高质量发展发挥了积极作用,也为设立北京证券交易所打下了市场基础。在北京设立一家规范的证券交易所成为各方的期盼,证券交易所与场外交易市场具有不小的差异,在新三板精选层体系基础上建设一个规范的、辐射全国的、定位准确的证券交易所,还需要做大量的调研准备工作。交易所作为交易平台,承担着塑造市场规则和生态、促进市场化向深度演进的重要使命,因此,证券交易所要以竞争的姿态、市场化的理念,做高质量市场体系的重要推动者。

适时设立北京证券交易所,为创新型中小企业提供更加便利、更具包容性的融资和服务平台,早有酝酿,也是必要之举。北京证券交易所设立之后,将形成京、沪、深三地交易所功能互补、各具特色、各显优势的证券市场新格局。北京证券交易所定位为"服务创新型中小企业的主阵地"。沪深市场的主板将继续为成熟的大中型企业服务,科创板为硬科技产业板块的企业服务,创业板为高新技术企业、战略新兴产业企业和成长型创新创业企业服务。在新的格局下,要进一步深化以注册制改革为核心和引领的全面市场化改革,增强市场的活力、韧性、包容性、适应性,更好地为各类企业竞争发展服务。

充满活力的中小企业多样性、差异化的经济生态,是我国经济韧性最重要的保障。深化新三板改革,设立北京证券交易所,将更加有效地畅通科技、资本与实体经济高水平循环。强化新三板市场投融资功能,针对创新型中小企业量身打造一家证券交易所,有利于完善全链条支持中小企业科技创新的资本市场体系,畅通其利用风险资本做大做强的资本市场成长之路,提升科技、资本与实体经济的循环效率。"专精特新"的灵魂是创新,深化资本市场改革的核心也是创新。我们深信,创新的资本市场制度安排一定能激发出澎湃的改革力量,为创新型中小企业发展构建出一整套契合其特点的资本市场制度安排,补足多层次资本市场发展普惠金融的短板,为中国创新经济发展培育出企业家创新创业热情高涨、投资者踊跃参与且理性投资、中介机构归位尽责的良好市场生态。

资料来源:深化新三板改革 北交所重任在肩[EB/OL].(2021-09-04)[2021-12-08]. http://views.ce.cn/view/ent/202109/04/t20210904_36881485.shtml.

第二节　中小企业投资项目管理

一、中小企业的投资项目

中小企业因原有资产规模有限,需认真分析各类投资的特点及对企业发展的影响,选择符合自身特点的投资项目,以推动企业更好地成长。

(一)技术投资

技术投资是一项适应社会主义市场经济发展需要的重要投资方式,随着我国加入世界贸易组织,我国与世界经济之间的联系愈加紧密,技术投资对于增强中小企业的国际竞争力具有重要的现实意义。技术投资,特别是研究与开发投资的能力差别已成为中小企业和大企业进行差异化竞争、有效巩固市场的重要手段。技术投资是指企业用于研究与开发、引进技术等方面的投资。研究与开发投资是指企业运用基础研究、应用研究的成果,为开发新产品、新材料、新设备、新工艺或是完善老产品、老设备、老工艺而进行的投资。通过研究与开发投资,新技术得以通过试生产进入批量生产,投资性质也由技术投资转变为固定资产投资。引进技术投资是指企业购买、消化现成的技术成果,如特许权、专利、专有技术等知识产权所进行的投资。相较于研究与开发投资,引进技术投资成本较低、风险较小,但在选择销售市场和销售时机等方面则可能会受到转让方一定的制约。

一般而言,中小企业自身所具有的研究与开发力量较弱,引进技术对于企业在较短时间内、以较低的风险和成本缩短与先进企业的差距具有积极作用,但中小企业要进一步发展,仅仅将引进技术作为唯一的投资手段是不够的,必须加强研究与开发投资,实施适度超前发展战略,只有这样才能在市场竞争中真正取得主动。

根据技术创新程度的差别,中小企业技术投资有四个方向,即技术引进、技术模仿、技术改良和技术创新。其中,国外技术引进称为技术引进,国内技术引进称为技术转让。上述四种投资方式均可由企业单独或联合实施。

企业进行技术投资,应从技术的适用性、独创性和经济性等多方面加以评价,以确定投资方向。就中小企业而言,应注意以下几点:

(1)具有一定的独创性,能较好地受到专利法或其他知识产权法的保护,不易被大企业及其他中小企业模仿或采用。

(2) 能适应特殊的专业生产需要或市场规模不大、不宜进行大规模生产,不适宜大企业采用。

(3) 能较好地满足多品种、小批量生产产品(这正是一般中小企业应具备的能力)的需要,对生产的规模经济性要求不高。

(4) 对于需投入较多研究与开发费用、周期较长的技术,宜采取技术引进或联合进行研究与开发的方式,小型技术、专用技术和适用技术应作为投资重点,以形成自身的技术特色。

(5) 中小企业进行技术投资的目的一般是为本企业产品更新换代服务,因而需要加强与技术改造投资的衔接,但同时也不排除企业把技术投资的成果作为知识产品直接对外转让,特别是那些需求量较大、产品销售具有较强的区域性、容易被仿冒的技术,可以在本企业已有一定市场份额的前提下直接向外转让。把技术作为产品销售或向外投资,这是中小企业技术投资的新领域。

(二) 产权投资

产权投资是投资者为取得企业产权而进行的投资活动。作为投资对象的产权,既可以是企业的所有产权,又可以是其部分产权,其内容包括所有权、使用权等。产权投资实质上是对资产存量进行重新调整和配置的活动。在我国企业巨额资产存量中,有相当高的比例属于闲置资产或低效资产,加上企业可用资金短缺,进行建设投资周期较长,这使产权投资具有较大的潜力。产权投资可以根据投资者与被投资者各自的需求,确定相适应的投资方式。一般常见的有企业兼并、企业合并、企业承包或租赁、企业联合等。

(三) 股票投资

股票是股份公司(企业)为筹集资金而发给其股东,证明其所入股份的一种所有权凭证。投资者可以取得股息和红利,或者通过转让所持股票获取差价收入。

中小企业可以通过两种方式进行股票投资,一种是直接购入某一类或若干类股票,这需要对绩优股、成长股等不同表现的股票做一适当组合,在分散投资风险的前提下取得较高的收益。另一种则是通过认购投资基金进行投资。投资基金又称证券投资信托,一般由专门机构管理,由个人投资者和一部分机构投资者认购,基金投向债券、股票和其他方面,根据投资收益确定分红方案,能较好地分散风险。

(四) 债券投资

债券是政府或企业为筹集资金而向投资者提供的一种债权凭证,经借款人发行、投资者认购并持有,一般事先规定偿还期限、计息、付息办法,到期归还本金,债券票面利率则预先规定投资者在持有债券期间可以获得的利息收益。

中小企业在选择债券作为投资对象时,应遵循兼顾安全性、流动性和收益性的原则。一般可选择国库券、金融债券和信用状况良好的企业债券、融资券作为投资对象。国库券、金融债券因发行主体信誉高、发行量大,且易于变现,可作为投资的首选目标。此外,在购买债券时,应注意分析利率走势,如果预计近期利率将上升,则可购买浮动利率债券。

二、中小企业的投资项目选择

在了解了诸多投资项目后,选择什么样的项目进行投资成为中小企业投资成败的关键一步。因为一旦接手一个先天就有缺陷的项目,企业就会面临非常高的失败风险。在分析某个投资项目是否可行时,要依次分析考察四个因素,即人、市场、技术和风险。

第一,分析考察人,要分析考察项目提供者的素质,这是投资分析考察的主要因素。分析考察内容包括创业素质、奋斗精神、经营能力、管理能力、敬业精神和诚信度等多个角度,具体包括项目提供者在其所从事的领域里是否掌握市场全貌并懂得如何去开拓市场,是否懂得利用各种手段去筹措资金,是否有将技术变为现实的能力,是否有较强的综合管理能力,是否能组建一个由具有各方面专长的人才组成的相辅相成的管理层。

第二,分析考察市场。任何一项技术和产品如果没有广阔的市场潜力,就不能达到投资所追求的将项目由无到有、由小到大、由弱到强孵化哺育成长的目标。因此,中小企业在进行投资时,必须根据已有的经验和对市场的认识,分析判断其投资项目和技术的市场前景,如产品是否能被市场接受和喜欢,其市场渗透力有多大,市场前景有多广阔,市场寿命有多长,市场是否有同类但技术不同的产品。

第三,分析考察技术。具体包括分析考察项目技术是否有超前性和突破性,使技术设想成为实用产品的生产工艺是否复杂,生产投资多少,需要什么设备,生产成本高不高,原材料供应有无问题,与同类但技术不同的其他产品相比本技术产品的技术优势何在,等等。

第四,分析考察风险。必须考虑所投资的产品和技术在成长发展过程中各个阶段存在的风险,综合判断哪些风险是可以控制的,哪些是难以控制的,哪些是可以回避的,哪些是不可以回避的。如果是进行风险投资,则风险投资种子期风险最大,除十分看好并有足够把握项目或风险企业能够顺利发展,企业一般很少在这一阶段投资。

也有人认为,在分析考察投资项目时,要利用冰山原理进行尽职调查。尽职调查的主要内容大体分为三类,可以把这些内容形象地比作浮出水面的冰山(见图9-1)。

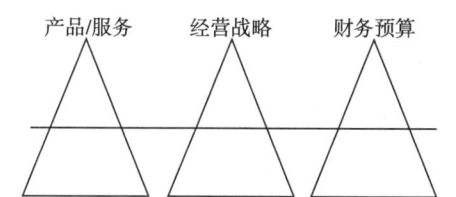

图 9-1　尽职调查内容示意

融资企业做什么(产品或服务)?怎么赚钱(经营战略)?能赚多少钱(财务预算)?这些都是表层上的问题,是冰山露出水面的部分,而投资者必须在尽职调查之前就心中有数。一旦确定该项目具备投资价值,尽职调查工作展开,投资者就必须努力挖掘出这三个问题中潜在的东西。毕竟,对于一座冰山而言,露出水面的部分连整个冰山体积的二分之一都不到,水面以下、看不清楚的东西还有很多,必须一一挖掘出来。

三、中小企业的投资项目策划

(一)市场调查分析与预测

市场是企业发展的基础,任何一个投资项目都必须有明确的目标市场,否则只会以失败而告终。在明确目标市场之后,投资项目的策划者必须对市场的基本情况进行一定的了解,以确定项目的可行性和盈利能力,这就是市场调查分析与预测。市场调查分析与预测是指在投资项目启动之前,对投资项目的资金、原材料、产品、技术、劳务等市场的容量、饱和程度、竞争性及其未来趋势的分析预测。市场调查分析与预测能够帮助企业准确地把握投资项目的可行性和未来趋势,降低企业面临的风险和不确定性,从而有效地控制投资成本。

(二)设计初步的项目方案

在经过市场调查分析与预测之后,投资者应当初步拟定投资项目建设规模、产品方案、设备选择、工艺路线、投资概算、资金来源、预期财务效益及预测可能存在的投资风险,为投资行为奠定指导基础。

初步的项目方案内容主要涉及项目背景、方案设计理念、土地利用、规模概况和资金估算等几个方面。通过初步的项目方案,投资者可以对整个项目的可行性进行一个初步论证,使得项目操作的各个部门对该项目有一个基本的认识,并协调各部门资源进行统筹配置和统一管理。

(三)全面系统的技术要素分析

投资行为实质上是一个要素的配置过程,企业要在投资项目启动之前,先对各类技术要素进行全面的分析,包括土建规划与设计方案,设备选择,国外引进设备或国产设备的型号、数量、价格及其先进性、适用性、可操作性,工艺流程和工艺路线,设备安装调试,辅助配套,调节监控系统,技术方案比较,投资估算等方面的内容。同时,对项目建设投资、建设期利息、流动资金也要进行较准确的分析估算。

(四)资金投入计划及建设进度安排

在投资行为当中,资金分配是一个非常关键的问题,要做到资金投入的数量和时间与建设进度相匹配。如果在投资行为当中出现资金链断裂的情况,那么损失将是十分惨重的,停工损失、商业机会损失等都是必然的,企业形象也会受到很大的负面影响。但是,建立巨大的资金储备成本又太高。所以,企业应提前对资金投入计划及建设进度做好妥善的安排。

(五)资金筹措

与日常的经营行为相比,一个投资项目所涉及的资金运用额度往往是巨大的,投资者往往难以完全依靠自有资金来完成投资行为。所以,投资项目很有可能涉及一些资金筹措的问题。在进行投资项目策划时,资金筹措也成为必要的研究内容,主要包括两个方面:

(1) 资金的筹措渠道和方式。企业可以通过各类渠道筹措资金,在实际业务中可以根据企业自身的状况来自行选择。如果投资项目收益预期较高,而企业又不愿意把利润分割出去,同时具备一定的抗风险能力,则企业就可以选择银行贷款;如果投资项目风险较高,企业想降低风险,则企业可以通过引进战略投资者等渠道来实现筹资。筹资方式上也是多样化的,企业根据自身状况亦可进行不同的选择。

(2) 资金的成本分析。任何资金筹措的行为必然包含着一定的成本,比如银行贷款需要利息,发行债券需要筹措费用等,这一系列的成本都必须依靠投资项目的收益来补偿,如果投资项目的收益难以补偿这些成本,则项目筹资方式是不合适的;如果各种筹资方式都难以从项目投资收益中得到补偿,那么我们认为这个项目是不可行的。

(六) 财务效益分析

企业投资的目的是获得利润,但具体获得多少利润,在投资项目策划时就应该做一个基本预测。预测主要是一些指标的测算,主要包括测算投资利润率、财务内部收益率、借贷偿还期、投资回收期等。虽然这些预测并不能排除投资项目运行过程中可能出现的意外事件,也不可能做到完全准确,但是,财务效益分析与预测是十分必要的,至少它能够告诉我们,该投资项目期待的是什么,企业的财务状况将在一个怎样的框架下运转。

(七) 投资项目风险分析

投资项目风险分析的内容主要包括项目盈亏平衡状况、与项目收益密切相关的因素变化对项目的影响程度、风险因素定性分析预测等。中小企业进行较大规模的投资行为,必然面临一定的风险。有些风险我们可以采取一定的方案进行规避,但是不可能完全消除所有的风险。这时,我们要积极地面对风险,对风险可能性的大小、风险可能造成的毁损程度进行系统的分析,并对可能的风险提出相应的应对措施。

第三节 中小企业对外投资

一、中小企业对外投资的动机

根据动机的不同,中国中小企业的对外直接投资行为可以分为以下几种类型:

(一) 市场保护寻求型

中国制造业生产能力的增强和产品出口数量的增加,给进口国带来了较大的竞争压力,所以针对中国产品的贸易壁垒不断增多,除关税壁垒外,反倾销、反补贴和临时性保障措施等非关税贸易保护措施的使用数量及频率不断增加,增大了中国企业产品出口的难度和成本,刺激了部分中小企业通过对外投资方式进入东道国或周边国家,以保护和寻求扩大产品的国际市场。

(二) 低成本寻求型

中国是劳动力要素丰裕的国家，具有劳动力成本优势，从而形成了劳动密集型产品的价格优势。但是，中国企业在世界市场上仍具有寻求更低生产成本的空间，因为对于许多工业制成品来说，除需要劳动力要素外，还需要其他生产要素，而这些要素在中国国内并不一定是丰裕的，在过去企业不具备对外直接投资能力的情况下，只有通过贸易的方式来获得这些生产要素，但贸易方式并不是企业的最优选择。所以，在具备对外直接投资条件的情况下，较多企业也会进行对外投资行为以从东道国直接获取生产要素。同时，在一些发展中国家，劳动力要素的成本比中国还要低，所以相比较而言，中国企业仍可以通过对外直接投资活动在全球范围内寻求更低的生产成本。

(三) 技术接近和效益寻求型

在中国制造业生产能力迅速增强的过程中，中国企业的技术水平也在不断提升，但不可否认的是，与发达国家相比，中国中小企业的优势在于产品的制造加工等劳动密集型环节，在产品的研发、生产管理和营销管理等方面仍存在较大的劣势。对于存在技术劣势的中国企业来说，提高技术和管理水平有四种基本方式：①以许可证形式购买外国企业的技术；②对进口产品所包含的新技术进行分析研究并掌握这种技术；③利用外国企业对本国直接投资的技术溢出效应；④在技术领先国进行研究类的直接投资，以在研发网络中获得技术领先国新技术的溢出效应。

(四) 全球发展战略寻求型

对于实施跨国经营战略的中小企业，在全球范围内寻求战略资源和网络已成为其对外直接投资的重要目的之一。因为中国许多中小企业正处于成长和发展阶段，国际化经营和战略意识不强，所以对全球发展战略的考虑也不多。但是，随着中国中小企业群体的崛起，对全球发展战略的关注度在快速提升，正试图通过产品贸易、外包式生产、对外直接投资、股权与非股权式兼并等经贸合作的方式谋求全球发展战略，而其中对外直接投资已成为许多企业关注的重点。

二、中小企业对外投资的优势和劣势

(一) 中小企业对外投资的优势

1. 决策优势

与大企业相比，中小企业在投资决策过程中受到的行政干预较少，对市场反应迅速，决策灵活，其决策行为更接近于市场决策。对于中小企业来说，反应迅速就是优势，面对激烈的市场竞争，敏锐地把握市场变化可使其在大公司做出反应之前做出决策，较快适应和开拓国际市场。

2. 管理优势

中小企业组织紧密,沟通障碍少,灵活性高,创新的环境更为宽松和自由。中小企业的管理者更具有企业家精神,更倾向于开拓新的投资市场。对外投资的经营状况在很大程度上取决于企业管理者的投资态度和经营态度,中小企业的管理者在对外投资中,大多经营积极,决策谨慎,敬业精神较为突出,因为中小企业绝大部分是以自身积累进行投资,管理者更关心本企业的经济效益。

3. 成本优势

20世纪90年代以来,中国许多中小企业抓住世界产业结构调整中劳动密集型产业向发展中国家转移的契机,在纺织、服装、玩具等行业形成并不断扩大低成本的竞争优势,取得了较大的国际市场份额,创造了大量的经济剩余。这种经济剩余有利于提高生产要素(如资本与技术)的生成能力,为产业结构的升级奠定物质基础。

4. 企业集群优势

中小企业集群是指基于专业化分工和协作的众多中小企业集合起来的组织,这种组织结构介于纯市场组织和科层组织之间,比市场组织稳定,比科层组织灵活,既具有大企业规模经济的优势,又具有中小企业柔性生产的特点,其具有的技术扩散效应以及核心能力的传播与共享等优势,可以最终形成分散状态下的单个中小企业所不能达到的高效率。在实践中,这种集群优势已经大大提升中国东南沿海地区中小企业的整体国际竞争力。

(二)中小企业对外投资的劣势

1. 信息收集能力弱

中国中小企业对国际信息的收集、处理和反馈能力都比较弱,国内为之服务的信息明显滞后。同时,面对经济全球化潮流,许多中小企业反应迟缓,缺乏危机感,没有长远发展的眼光和对未来形势的客观判断,因而迎接市场挑战的能力较差。

2. 国际竞争力差

中国中小企业在产品、价格、分销乃至整个营销战略和管理方面都仍处于较低级的经营阶段,与国外发达国家的中小企业相比还有相当大的差距。从中国中小企业出口的产品结构来看,主要是劳动密集型产品。

3. 技术开发能力低下

除了一些高新技术企业,多数中小企业的研发投入偏少,技术装备水平和产品技术含量低,这些影响了其进一步的发展。

4. 员工素质偏低

中小企业员工的整体素质与国际化的经营要求相差较大,许多中小企业难以适应国际化经营中的法律、政策以及各种技术要求等,跨国经营人才缺乏。同时,很多中小企业缺乏宏观战略规划,企业的经营活动缺少明确的方向感。

三、中小企业对外投资策略

对外投资已成为世界经济全球化的主要发动机。对外投资的蓬勃发展主要得益于世界宏观经济环境的稳定,信息技术革命的日新月异,贸易自由化、投资自由化以及金融自由化的不断推进,只要这一趋势不变,实施国际化战略的中小企业的对外直接投资活动仍将作为全球化的引擎,推动世界经济向前发展。

中小企业通过对外直接投资活动进行扩张的方式主要有两种:

(1) 新建企业(Greenfield Investment),即在投资目的国或地区建立独资企业,其所有权全部属于投资者,投资者提供全部资金,独立经营,获取全部利润。新建企业的优点是可以有效克服进口限制,比出口能更深入地打入目标国家市场,盈利机会要比使用许可证贸易更多,并且可以更深入地熟悉当地的销售网络和经营方法。其缺点在于创建新企业耗资大、速度慢、周期长、不确定性大。在许多国家实施各种吸引外资政策的影响下,新建企业成为国际企业实施全球化战略的一种重要方式。但随着时间的推移,其弊端日益显现,新建企业在对外直接投资中的主体地位已为另一种形式(兼并与收购)所取代。

(2) 兼并与收购(Mergers and Acquisitions,M&A)。企业兼并与收购简称企业并购。企业兼并是指在竞争中占优势的企业购买另一家企业的全部财产,合并组成一家企业的行为。企业收购是指一家企业通过公开收购另一家企业一定数量的股份而获取该企业控制权和经营权的行为。就世界范围而言,实施国际化战略的企业的跨国并购领域越来越广泛、规模越来越大。空前的并购规模将有可能导致一个行业、一个区域甚至全球经济模式的重大转变。企业并购的优点在于可以使企业迅速进入目标国家市场,迅速扩大产品种类,与"当地化"战略相辅相成,也可以从被"吃"企业的资产价值低估中获取好处。其缺点在于并购过程中价值评估困难;并且各国企业在地理、传统、文化、企业形象等方面存在差异,并购很难使两个企业间的差异在短时间内得到较好的融合,并购后往往会出现貌合神离的局面,导致企业面临经营控制不灵的风险;同时,企业并购使企业出现两极分化,会造成"太少的企业、太少的竞争和太高的价格"的格局,从而导致产品市场价格上涨,要素市场失业者众多,而企业则会滋生惰性、创新动机减弱,以及因规模过大而产生效率低下等问题。

第四节 中小企业投资风险管理

一、中小企业投资存在的风险

1. 利率风险

利率风险是指由于利率变化而导致中小企业投资损失的可能性。随着国家的金融政策和宏观政策以及市场行情等因素的变化,利率会发生升降,从而导致中小企业投资收益不稳定。

2. 汇率风险

汇率风险是指由于币种之间的汇率变化而导致中小企业投资损失的可能性。中小企业在对一些跨币种结构性外汇理财产品进行投资时，应该时刻警惕汇率风险。比如，以澳元投资美元的理财产品，银行在运作过程中一般需要先将澳元兑换成美元，待产品到期后，再将运作本金和收益兑换回澳元。在没有风险对冲措施的情况下，两次汇兑的时间错配便会引发汇率风险。

3. 购买力风险

购买力风险是指由于货币购买力下降而引起中小企业投资损失的可能性。通货膨胀是指因货币供给大于货币实际需求而导致货币贬值，引起物价持续上涨的现象。在高通货膨胀时期，货币会贬值，同等价值货币的购买力会降低。通货膨胀一旦在中小企业投资到期之前发生，就会引起中小企业投资所获的现金购买力下降。

4. 政策风险

政策风险是指由于国家宏观经济政策变化而导致中小企业投资损失的可能性。比如，一些中小企业由于没有考虑到国家某些政策限制而盲目地进行一些违背国家政策的投资，最后企业可能在还没有实现投资回收时就被国家要求停产。所以，中小企业在打算对相关企业进行投资时，应该对国家相关政策进行认真的研究。

5. 市场风险

市场风险是指由于市场供求变化而导致中小企业投资损失的可能性。一些中小企业看见市场上某种产品获利很好，于是就跟风对这种产品进行投资，最后导致这种产品供过于求，产品价格下降。同时，生产该产品的原材料也由于这种产品的大肆生产而供不应求，价格上升。这样，一方面原材料价格上升，另一方面产品价格下降，导致投资这种产品的中小企业利润下降，一些企业甚至因此难以回收自己的投资。

6. 技术风险

技术风险是指由于某种生产技术变得落后而导致中小企业投资很难获得预期收益的可能性，具体有两方面的含义：一是技术的成熟度和可靠性经不起市场的检验，导致收益下降；二是围绕这一技术投资的收益预先难以确定。

7. 经营管理风险

经营管理风险是指由于中小企业管理问题以及企业决策者的自身素质较低，导致中小企业在进行投资时因决策失误而引起企业投资损失的可能性。经营管理风险的另一个表现在于，中小企业不注重自身商标的保护，导致最后丧失自己的商标使用权；设备原材料供应出现问题、组织生产不合理、新技术试验失败、贷款回收不及时、产品推销不力等，都会导致中小企业的利润存在不确定性。中小企业决策者管理水平低，缺乏财务、管理知识,会增加中小企业的投资风险。

8. 财务风险

财务风险是指由于中小企业举债经营而给企业财务成果带来的不确定性。举债经营简单地说就是指企业在一定量的自有资金基础上,为了扩大再生产,通过向外筹集资金(如发行长期债券、向银行长期借款等),以保证企业正常生产经营活动对资金的需要。中小企业举债经营会对自有资金的盈利能力造成影响,还有可能导致中小企业自身陷入财务困境,面临破产的风险。中小企业举债经营伴随着财务风险。

二、中小企业投资风险管理的内容

中小企业投资风险管理的内容包括风险识别、风险估计、风险评价、风险决策、风险处理、风险管理后评价六个环节。

1. 风险识别

在风险事件发生之前,人们通常运用各种方法系统、连续地认识所面临的各种风险以及分析风险事件发生的潜在原因。企业只有全面、正确地识别投资面临的各种风险,才能有的放矢,针对风险进行估计、评价、决策,使风险管理建立在良好的基础之上。通过风险识别,企业应尽可能全面地找出影响企业投资风险管理目标实现的所有风险因素,并采用恰当的方法予以分类,逐一分析各个风险因素的产生根源。

风险识别的方法可以分为宏观领域的决策分析(可行性分析、投入产出分析等)和微观领域的具体分析(资产负债分析、损失清单分析等)。常见的方法有:①生产流程分析法。生产流程分析法又称流程图法。生产流程又称工艺流程或加工流程,是指在生产工艺中,从原材料投入到成品产出,通过一定的设备按顺序连续地进行加工的过程。这种方法强调根据不同的流程,对每一阶段和环节逐个进行调查分析,找出风险存在的原因。②风险专家调查列举法。由风险管理人员将企业可能面临的风险逐一列出,并根据不同的标准进行分类。一般的分类标准为:直接或间接,财务或非财务,政治性或经济性等。③财务状况分析法,即按照企业的资产负债表及利润表、财产目录等财务资料,风险管理人员经过实际的调查研究,对企业的财务状况进行分析,发现其潜在风险。④分解分析法。是指将一个复杂的事物分解为多个比较简单的事物,将大系统分解为具体的组成要素,从中分析可能存在的风险及潜在损失的威胁。⑤失误树分析法。是指以图示方法来调查损失发生前种种风险事件的情况,或对各种引起风险事件的原因进行分解分析,具体判断哪些失误最可能导致风险事件的发生。风险识别还有其他方法,诸如环境分析、保险调查、事故分析等。企业在识别风险时,应该交互使用各种方法。

2. 风险估计

风险估计是对投资中的风险进行量化,据以确定风险大小或高低,为确定风险的影响程度奠定基础。风险估计要解决两个问题:一是确定风险事件发生的可能性(损失概率);二是确定风险事件导致损失后果的严重程度(损失程度),如风险事件导致经济损失的具体数额等。

3. 风险评价

风险评价是依据风险估计确定的风险大小或高低,评价风险对企业投资项目的影响程度。该阶段主要是综合评价风险影响,为风险决策提供依据。

风险评价的方法在很大程度上取决于企业管理者的主观因素,不同的企业管理者对同等货币金额的风险有不同的评价方法。这是因为相同的损益对于不同地位、不同处境的法人具有不同的效用。所谓效用,是指利益或收益存在于主体心目中的满足欲望或需要的能力。

常用的风险评价方法有以下几种:①成本效益分析法,研究在采取某种措施的情况下,取得一定的效果需要付出多大的代价。②权衡分析法,将各项风险所致后果进行量化比较,评价各种风险的存在与发生可能造成的影响。③风险效益分析法,研究在采取某种措施的情况下,取得一定的效果需要承担多大的风险。④综合分析法,利用统计分析的方法,将风险的构成要素划分为若干具体的项目,由专家(如企业各专业团队主管等)对各项目进行调查统计并评出分值,然后根据分值及权数计算出各要素的实际分值与最大可能值之比,作为风险程度评价的依据。

4. 风险决策

风险决策是在风险评价的基础上,针对各种风险的影响程度,制定相应的风险管理措施,拟订多种风险管理方案,统筹考虑企业投资项目现状和长远目标,选择最佳方案、最佳风险管理措施或措施组合。

风险决策的目的是使收益期望值最大或者损失期望值最小。期望值是一种方案的损益值与相应损益可能性(概率)的乘积。

5. 风险处理

风险处理是根据风险管理的要求,针对不同类型、不同规模、不同发生概率的风险,采取相应的对策、措施或方法,使风险损失对企业生产经营活动的影响降到最小限度。风险处理的方法主要有风险预防、风险规避、风险分散、风险转嫁、风险抑制和风险补偿等。

风险预防是指采取预防措施,以降低损失发生的可能性及损失程度。

风险规避是指企业在经营过程中拒绝或退出有明显风险的经营活动,是一种避重就轻的消极处理方式,意味着要放弃某项活动,以回避因从事该活动而可能导致的风险损失。通常在两种情况下进行:一是某种特定风险所致损失概率和损失程度相当高;二是处理风险的成本大于其产生的收益。

风险分散一般是通过实现资产结构多样化,尽可能地选择多样的、彼此不相关或负相关的资产进行搭配,以降低整个资产组合的风险程度。

风险转嫁是指利用某些合法的交易方式和业务手段将风险全部或部分地转移给他人的行为,例如采用担保或保险的方法。

风险抑制是指企业承担风险之后,当风险无法转嫁出去时,则在企业自身的经营过程中予以消除或缩小,并加强对风险的监督,发现问题及时处理,争取在损失发生之前阻止情况恶化或提前采取措施减少风险造成的损失。

风险补偿是指企业采取各种措施对风险可能造成的损失加以弥补,常用的风险补偿方法有:①合同补偿,即在订立合同时就将风险因素考虑在内,如将风险可能造成的损失计入价格之中,订立抵押条款和担保条款等;②保险补偿,即通过保险制度来降低企业风险;③法律补偿,即利用法律手段对造成企业风险损失的法律责任者提起诉讼,尽可能地挽回一部分损失。

6. 风险管理后评价

风险管理后评价是指分析、比较已实施的风险管理方法的结果与预期目标的契合程度,以此来评判管理方案的科学性、适应性和收益性。在投资过程中,企业风险管理者应不断监督检查上述五个环节尤其是风险处理的情况,协调影响投资的内外力量,对风险管理效果进行分析,包括是否遗漏风险因素、投资环境是否变化、是否出现新的风险因素、措施是否恰当、决策是否合理、风险管理计划是否需要补充和完善、风险计划执行是否到位、哪些方面需要加强、风险管理是否达到预期效果等。

拓展阅读

光伏产业财务困境

无锡尚德太阳能电力有限公司(以下简称"无锡尚德"或"尚德")是施正荣于2001年在无锡市注册登记的太阳能制造企业,专门从事晶体硅太阳能电池片及组件的研发与生产。无锡尚德于2005年10月在美国纽约证券交易所挂牌上市,标志着尚德战略升级,走向国际化舞台。2006—2009年,尚德收购日本最大的光伏制造商之一MSK,不断自主研发优化提升产能,联合美国保险商实验室共建光伏组件实验室,可谓发展迅猛。

无锡尚德主营业务为晶体硅太阳能电池片及组件、薄膜太阳能电池、光伏发电系统和光伏建筑一体化产品的研发、制造与销售,处于产业链中下游。自投产运营以来,无锡尚德迅速发展扩张,尤其是产能投资规模方面。

在产能发展的同时,无锡尚德开始持续外延扩张,但屡掷重金投资换来的却是一个又一个的失败。2006年,尚德与美国MEMC公司签订了类似于铁矿石长期采购协议的多晶硅十年采购供货协议,但后来随着多晶硅的价格暴跌,尚德在2011年赔付了2.12亿美元以取消协议。与此同时,尚德的债台也越筑越高。2007—2008年尚德通过各种方式在境外融资近10亿美元,银行贷款则从2005年的0.56亿美元攀升至2010年的15亿美元。据统计,截至2013年2月底,包括工商银行、农业银行、中国银行等在内的9家债权银行对无锡尚德的本外币授信余额折合人民币已达71亿元。持续的投资扩张使得尚德陷入一系列的危机当中。首先,因主导产品价格下降、市场结构性萎缩等,尚德经营业绩不断下滑,营业收入增速放缓。具体表现为,2011年公司严重亏损,净利润为-1 018百万美元。其次,尚德的财务流动性恶化。具体表现为,2011年营运资金为-522.9百万美元,截至2012年8月31日,尚未偿还的债务总额为2 036百万美元,而同期现金及现金等价物仅为244百万美元。

随着危机的加剧,董事长施正荣于2013年3月4日辞去董事长职务。2013年3月18日,无锡尚德债权银行联合向无锡市中级人民法院递交无锡尚德破产重整申请。2013年3月20日,法院依据《中华人民共和国破产法》裁定,对无锡尚德实施破产重整。

无锡尚德投资破产的原因在于以下几个方面:首先,欧美市场"双反"打击。中国光伏产品在遭遇美国实施的"双反"打击前,出口产品中有近六成是针对欧盟,剩下的约有三成多是输出到北美市场,"双反"的出现加大了企业税负,增加了出口产品的成本,降低了企业利润,使清洁能源企业出口销售之路被阻断。其次,高负债给企业带来不利影响,居高不下的负债率和高额负债总金额隐藏了尚德的财务危机。最后,企业投资战略失误和对光伏产品未来发展方向预测不正确,使得企业陷入内忧外患的泥潭。

资料来源:李萍.光伏产业财务困境案例分析[J].全国流通经济,2020(6):144-145.

关键术语

直接投资　间接投资　产权投资　股票投资　债券投资　对外投资　风险识别　风险估计　风险评价　风险决策　风险处理

复习思考题

1. 中小企业对外投资有哪些优势及劣势?
2. 中小企业投资过程中如何进行投资项目的选择和管理?
3. 如何防范中小企业对外投资过程中可能存在的风险?

参考文献

[1] 曾光辉.推进"信易贷"服务中小企业融资[J].宏观经济管理,2021(4):34-39.

[2] 冯珊珊.我国中小企业融资问题研究[M].吉林:吉林大学出版社,2020.

[3] 甘涛.创业企业股权融资研究[M].北京:新华出版社,2018.

[4] 郭娜.中小企业融资困境及对策研究[M].北京:中国金融出版社,2021.

[5] 韩中华.企业融资全解[M].北京:企业管理出版社,2019.

[6] 何勤.中小微企业热点问题研究[M].北京:首都经济贸易大学出版社,2017.

[7] 胡艳,杨青.项目可行性研究与经济评价:面向中小企业及项目[M].武汉:武汉理工大学出版社,2021.

[8] 黄东坡,张菲歌.中小企业融资风险探析[J].现代审计与会计,2020(8):31-33.

[9] 黄东坡.中小企业融资问题研究[M].郑州:黄河水利出版社,2019.

[10] 解云霞.中小企业融资问题研究[M].北京:煤炭工业出版社,2020.

[11] 勒川.中关村科技企业吹响科创板集结号[J].中关村,2020(8):38-39.

[12] 李辉,等.互联网金融视角下中国中小企业融资问题研究[M].北京:中国经济出版社,2021.

[13] 李平.试析融资租赁常见法律风险及防范[J].法制博览,2020(7):165-166.

[14] 李萍.光伏产业财务困境案例分析[J].全国流通经济,2020(6):144-145.

[15] 李庆凤.长春市养老综合项目PPP融资模式案例分析[D].保定:河北金融学院,2020.

[16] 廖连中.企业融资Ⅱ:股权债权+并购重组+IPO上市[M].北京:清华大学出版社,2020.

[17] 刘淑春.新发展格局下中国中小企业高质量发展若干问题的理论与实践[M].北京:企业管理出版社,2021.

[18] 刘小玲.中小企业融资风险的识别与控制研究[J].投资与创业,2020,31(24):97-99.

[19] 吕鹏.政府引导基金运作与风险控制[M].北京:九州出版社,2018.

[20] 齐力然,任谷龙.中小企业融资实务:案例解析与法律风险防范[M].北京:中国法制出版社,2017.

[21] 上海市中小企业上市促进中心.中国中小企业改制上市操作手册2021[M].上海:上海交通大学出版社,2021.

[22] 深圳证券交易所创业企业培训中心.中小企业板、创业板股票发行上市问答[M].北京:中国财政经济出版社,2019.

[23] 宋映忠,张廷军,李勇成,等.PPP项目融资实操指南[M].北京:中国市场出版社,2020.

[24] 孙飞,等.正确发挥政府投资基金作用 促进经济转型升级发展[M].北京:中国发展出版社,2019.

[25] 孙辉,张仁寿.供应链纵向协同创新:来自商业信用融资的证据[J].深圳大学学报(人文社会科学版),2021(1):79-88.

[26] 泰和泰劳动人事法律中心.资本市场实务指引[M].北京:法律出版社,2020.

[27] 滕兴乐.中小企业管理创新研究[M].长春:吉林人民出版社,2020.

[28] 王霖,王勤伟.中小企业资本市场融资实务[M].北京:经济日报出版社,2017.

[29] 王旭良.创业融资:从天使轮到IPO上市[M].北京:电子工业出版社,2020.

[30] 文学舟,蒋海芸,张海燕.多方博弈视角下违约小微企业融资担保圈各主体间信任修复策略研究[J].预测,2020(2):76-83.

[31] 吴彦琳,兰玉,段兰怡,等.解决我国中小企业短期融资困境的路径研究:基于ABCP模式的思考[J].新金融,2020(1):49-53.

[32] 向凌云.私募股权投资解决方案[M].北京:中国经济出版社,2018.

[33] 杨宜.中小企业投融资管理[M].北京:北京大学出版社,2016.

[34] 尹松林.注册制企业IPO实战指南:IPO全流程与案例深度剖析[M].北京:人民邮电出版社,2021.

[35] 张国俊.融资租赁业务实务:项目租赁[M].北京:中国经济出版社,2021.

[36] 马彬,包月阳.中国中小企业2020蓝皮书:大变革、大转型时代中小企业健康发展战略研究[M].北京:中国发展出版社,2020.

[37] 张韶红.中小企业融资风险及应对策略研究[J].商讯,2021(21):128-130.

[38] 张远录.中小企业内部控制与风险管理[M].大连:东北财经大学出版社,2020.

[39] 赵鹏程.中国金融体系变迁与小微企业融资关系研究[M].北京:社会科学文献出版社,2017.

[40] 赵欣宇.政府创业投资引导基金的理论与实践研究[M].天津:天津科学技术出版社,2020.

[41] 周红.企业上市全程指引[M].北京:中信出版社,2019.

教辅申请说明

北京大学出版社本着"教材优先、学术为本"的出版宗旨,竭诚为广大高等院校师生服务。为更有针对性地提供服务,请您按照以下步骤通过**微信**提交教辅申请,我们会在1~2个工作日内将配套教辅资料发送到您的邮箱。

◎ 扫描下方二维码,或直接微信搜索公众号"北京大学经管书苑",进行关注;

◎ 点击菜单栏"在线申请"—"教辅申请",出现如右下界面:

◎ 将表格上的信息填写准确、完整后,点击提交;

◎ 信息核对无误后,教辅资源会及时发送给您;如果填写有问题,工作人员会同您联系。

温馨提示:如果您不使用微信,则可以通过以下联系方式(任选其一),将您的姓名、院校、邮箱及教材使用信息反馈给我们,工作人员会同您进一步联系。

联系方式:

北京大学出版社经济与管理图书事业部

通信地址:北京市海淀区成府路205号,100871

电子邮箱:em@pup.cn

电　　话:010-62767312

微　　信:北京大学经管书苑(pupembook)

网　　址:www.pup.cn